U0154137

Consumption as Translation

消費是一種翻譯

陳智凱 著

序

消費是一個翻譯過程，
除了靈媒，
我什麼也不是！

陳智凱
2010.1.9

目錄

第二篇　消費心理

第三篇 社會脈絡

第四篇 消費行為

索　引

第一篇

文化脈絡

第一章
消費生產了生產
Consumption creates production

本章廣泛地描述各種日常消費，強調消費主義已經讓人產生慣性，它的支配魔性早已超出人們的意識配備。本章首先揭示消費研究的複雜和多元，探討消費循環和跨領域的研究路徑，強調它根植於許多基礎社會科學，包括人類學、經濟學、社會學和心理學。最後，基於不同的史觀學派重新檢視和思辨消費。

1.1
消費的魔性

日常生活中充斥著各種消費活動，無論在工作期間或回家之後，無論是與家人或朋友，這些消費如何進行？存在哪些消費慣性？是否在特定時間和地點進行特定消費？工作中與在家消費是否不同？是否慣性地或忠誠地使用特定產品？這些產品具有何種特殊意義？他們又挑起了何種特殊的記憶和感覺？孤獨、狂歡、或是無意識的消費輪迴？

全球各地明顯地進行各種不同的消費，消費研究除了要掌握總體層次的文化脈絡（第一篇），還包括中介層次的社會脈絡（第三篇），特別是個體層次的思考、感覺和行為（第二篇和第四篇）。圖1.1顯示各種消費行為，消費代表個人或是群體獲得，使用，處置產品、服務、理念和體驗。消費者可以是個人或是群體。後者包括家庭、社團和組織、企業和政府。前述組織包

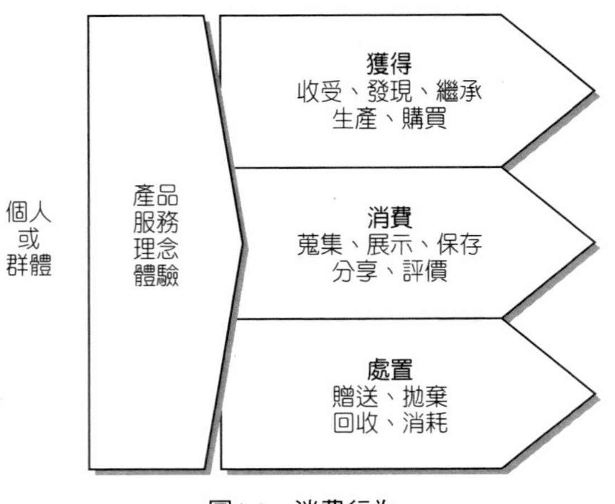

圖1.1 消費行為

含消費合作社和非營利團體，例如，國際特赦組織等；政府則依其消費規模，小至鄉鎮縣市，大至區域或中央政府和國家。

獲得包括系列的活動，例如：收受、發現、繼承、生產和購買，我們將在第十二章討論；消費包含各種不同的行為，例如：蒐集、展示、保存、分享和評價，我們將在第十三章及第十四章討論；處置同樣包括系列的行為，例如：贈予、拋棄、回收和消耗，我們將在第十五章討論。另外，圖1.1顯示消費包含產品、服務、理念和體驗。例如，日常生活中消費的各種有形產品和無形服務，它們可能是透過接受餽贈、花錢購買或是親屬繼承等方式取得；另外，包括政治口號和社會理念，人們也經常加以評價或與他人分享，只是一旦失去了致命吸引，人們可能隨時將理念予以拋棄；其他還包括夢想到法國巴黎親身體驗浪漫的感覺。

總體而言，消費研究（consumption studies）的議題非常廣泛，研究主體和客體跨涉非常多元複雜的領域。例如，行銷人員可以用來研究各種產品和服務的行銷策略；政治人物可以用來操弄政治口號和選戰策略；非營利組織可以藉此宣傳理念和爭取資源；政府和立法部門可以充分掌握民意和協助政策成形。同前說明，消費研究可以包括各種產品、服務、理念和體驗，研究過程必須和心理學、社會學、經濟學、人類學等學術整合。後續章節我們將從不同的角度深入討論。

1.2 消費的輪迴

消費研究的一項重要工具——消費循環（consumption circle），詳如圖1.2，它根植於產品和服務的生產（production）、獲得（acquisition）、消費（consumption）和處置（disposition），它是社會經濟活動循環的一環，本節從不同的角度描述消費流程及其關聯。圖1.2顯示消費循環的一般性流程，不過，它會隨著社會環境產生明顯變化。從經濟角度，消費循環經常是從生產者製造、批發和零售商配銷，到企業買主或最終消費者的獲得或消費為止。至於工業生產或最終消費過程，最後也會分別產生不同的處置方式。後續將討論消費循環類型、步驟、順序及其生成和變化差異。

另外，從行銷角度，消費循環的獲得階段最受關心，因此它某種程度代表著一種購買決策。消費研究可以透過聚焦於消費者如何蒐集資訊、評價和決定購買，透過消費心理分析了解資訊如何被蒐集和評價，不同的品牌如何被取捨，以及如何進行消費決定和解決消費問題。總體而言，直面不同的消費流程可以創造許多的獲利機會，後續我們將逐一說明討論。

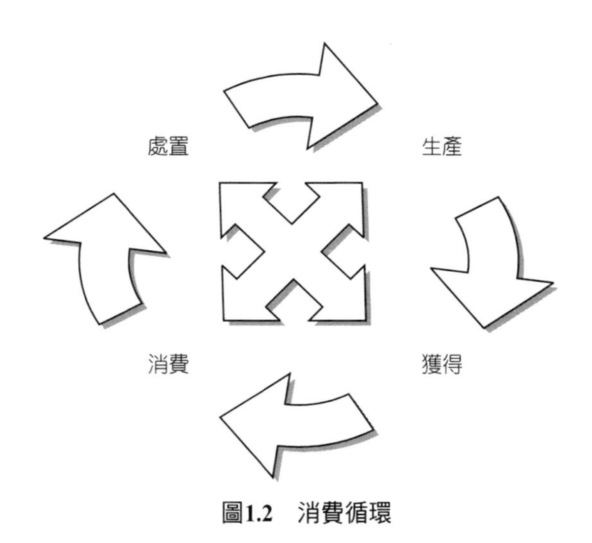

圖1.2　消費循環

生產到消費：許多企業為了未來生產所需，自行研發製造中間零配件，例如，生產系統中所需的滾珠承軸。事實上，在經濟低度發展的世界，人們經常自行生產和消費，範圍可能從飲食、住宅到衣服。不過，在經濟高度發展的世界，消費者可能基於生活樂趣，為了準備一頓獨特的晚餐，親自製作砂鍋烤盤；或是到大賣場採購材料配件，自行拼裝休閒帆船或渡假小棧。

獲得到消費：電力公司購買煤、油、瓦斯立即消費，以及一般消費者訂購食物外賣，都是這種消費流程的典型。另外，原住民直接從大自然獲得並進行消費，包括狩獵山豬野味，或是採集草菇、檳榔直接食用，這些都是屬於這種消費流程。其他案例包括：美國紐澤西州的Noyes博物館，別出心裁地舉辦一場「再造」活動，由五十位藝術工作者現場展演將垃圾變成藝術作品。

獲得到處置：這項消費流程的最佳案例，就是禮品產業。

根據統計美國禮品產業規模達到六億美元。事實上，一般人總習慣在出國旅遊時，購買海外紀念品回國饋贈親友。或是在特殊節日，購買賀卡和禮物送人，例如，耶誕節和情人節。透過跳蚤市場將相關物品銷售出去，也是屬於這種消費流程。另外，有些人會在衝動情境下購買許多產品，然後，再原封不動地轉售出去，或是放在家裡當空間殺手。

處置到獲得：紐西蘭的公益慈善機構，經常集中處理大量的回收衣物，重新洗刷轉送給貧弱團體，或是販售至其他低度開發國家。另外，美國許多民間業者大量蒐購廢棄的英國運動休閒車，修復之後再以中價位轉賣至歐洲其他地區。其他包括許多消費耐久財，例如：洗衣機、冰箱、冷氣機等，也幾乎都被零件業者大量蒐購，只有少數產品被消費者丟棄掩埋。

處置到生產：許多技術先進的環保公司，回收廢棄的塑膠和木材碎片，重新製造出具有防蟻和防雨的窗戶邊框；其他包括回收舊報紙和硬紙板製成鉛筆；利用木漿副產品製成人造香草香料。至於空媒油罐，在西非可以作成公共汲水器，塞內加爾工匠則會把它變成獨特的啤酒瓶。另外，家庭主婦也經常利用廢棄布料，織成獨特的家庭擺飾。

處置到消費：處置是另一種消費。美國餐廳協會（Second Harvest）協調全美各種協力團體組織，透過捐款或是提供免費食物，協助相關收容無家可歸者的照護組織，該協會可以因此獲得稅額抵免。另外，美國許多團體蒐集廢棄橡膠輪胎，將它製成並提供許多低度發展國家兒童遊戲。

1.3 跨領域路徑

消費研究需要廣泛敏銳的觀察，包括從人口結構變化、時尚流行風格、政治法律和社會環境，其他還包括生活態度和感覺認知也很重要。事實上，消費研究對於某些專業人士非常重要，而它根植於一系列的方法和不同目標，同前說明，它跨涉了許多的學門知識，包括人類學、社會學、經濟學、心理學，對於解釋和進行消費研究非常有利。以下將從五項社會科學加以說明。

人類學對於消費研究的影響屬於新近趨勢，它主要聚焦於消費行為，協助了解消費儀式、神話和象徵等現象，另外，包括消費意涵及其重要性，人類學是分析消費意涵轉化的重要工具，尤其是解釋消費循環中的獲得流程。

經濟學方面，總體經濟提供評估總體消費市場規模和差異的重要指標，古典個體經濟的效用極大化模型，則有助於解釋某些消費行為，包括資訊處理、產品選擇和消費行為模型。另外，經濟學有助於了解消費價格的動態均衡和訂價策略。

社會學利於了解社會力量對於消費的影響，例如，宗教和社會結構概念、社會階級、種族地位、性別、生活型態等，以及社會脈絡對於個人或群體消費的影響。另外，社會學也關心行銷和流行文化，包括時尚、流行音樂和文學等。其他包括在道德和象徵意涵的創新研究，例如，消費社會的過度唯物主義和浪費。

對於消費研究影響最大的應屬心理學，包括人格、自我和個人概念，其研究核心直指消費行為。再者包括經驗和行為影響消費學習、態度形塑和決定，也都源於心理學相關理論，其他包括消費行為的黑暗面研究，例如，耽溺和強迫消費（例如賭博）。

歷史和地理對於消費研究的影響相對次要，前者主要聚焦於消費文化的源起和發展，例如，行銷觀念的歷史演進。後者包括行銷地理系統結構模型與配銷通路，對於消費研究的行銷策略具有重要的影響，例如，麥當勞區位選擇主要根植於地理和人口密度；另外，郊區大型購物中心的投資計畫，必須衡量區位周遭的人口效應。

根據上述五種不同的研究路徑，以自行車消費為例，在不同的消費背景、觀點和目標情況之下，消費研究角度將會產生明顯差異，詳如圖1.3。例如，人類學可能聚焦於自行車消費對於個人或群體的意涵，落後地區的消費可能涉及自由移動；反之，先進地區可能為了運動和健康。

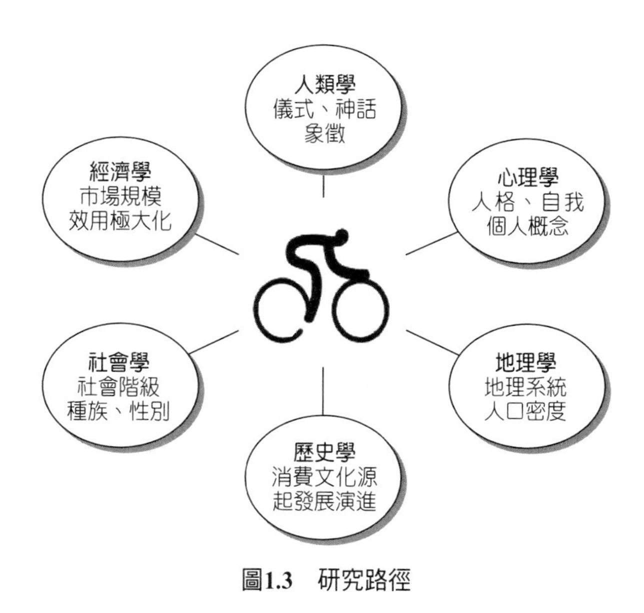

圖1.3　研究路徑

經濟學方面，總體經濟可能從可支配所得的角度切入，衡量自行車及其附屬市場的總體需求。至於個體經濟學可能強調消費的替代方案，意即在眾多的消費方案之下，如何達到最佳的決策目的；其他包括自行車是否屬於奢侈品？背後催化的消費動機因素？市場的供給、競爭、數量和消費頻率。

地理學可能強調於自行車的零售區位，了解配銷通路和零售環境；也有可能聚焦於自行車來源國，是否由當地製造或是進口及如何進口；歷史學可能好奇於不同國家地區何時開始騎乘自行車，何時以及從何處傳到上述國家地區？

心理學可能鎖定於自行車的決策流程，何種因素導致消費，消費行為如何被規劃，其中包括哪些規劃類型？資訊如何被蒐集和評價？誰是決策者？消費目標為何？是功能導向？情感導向？還是地位導向？

社會學可能關心誰是消費決策者？決策是否隨著不同財務重要性產生變化？不同的社會階級在消費上的差異？不同國家或地區的中產階級家庭結構？不同文化下的自行車消費是否隨著年齡性別而改變？擁有自行車如何影響其社會地位？

儘管不同的學科在研究議題上存在明顯差異，不過都能提供消費研究獨特的見解。特別是，消費研究近來已成為一項新興重要的議題。對於個人而言，有許多理由可以支持上述論點。例如，消費研究是成功創業的重要關鍵，同前說明，事業經營不只是從供給的角度進行生產，也不只是為了股東創造利益或是員工管理，而是必須重新描述和定義消費的意義，貼近掌握消費動機和動態演進，透過資源交換（包括資訊、金錢、產品、服務、地位和感情）讓企業和消費者雙方達成雙贏，特別是當企業提問目標消費群為何？如何接近？應該提供何種產品？應該用何種方法催化和激勵消費？如何滿足消費需求？要解決上述問題都有賴於消費研究。

另外，即使不是從商業的角度出發，消費研究對於許多非營利組織也非常有用，例如，政府、藝術團體和慈善機構，如果試圖定義組織的使命和任務，也可以透過消費研究的途徑，了解捐款者潛在的人性動機和需求，藉此提出效率的社會溝通方案。其他包括政府的公益廣告，例如，新型流感的公共衛生宣導。另外，消費研究對於許多公共政策論述也很重要，例如，政府和產業遊說團體和抗議組織。同樣從個人的角度出發，如果希望成功的行銷自己，強化人際關係或是取得工作機會，透過消費研究可以反身了解對方的動機和需求。

最後，面對行銷充斥的二十一世紀，任何的人事物最後都有可能成為消費標的。例如，2001年，紐約911恐怖攻擊事件之後，美國到處充斥著愛國和反恐主題商品。奧薩瑪賓拉登的肖像商品，從古龍香水到廁所用具到處都是。可以想見，上述產品可以吸引無數的消費族群，數以千計的個人或是公司可以因此獲利。然而，上述潛意識催化消費的行銷策略，消費研究也有助於我們了解背後的行銷弔詭；另外，消費研究也能分析行銷如何影響青少年犯罪，據此重新評價其罪犯動機和行為。

1.4 結　論

消費研究旨在解構個人或群體如何獲得、使用及處置產品、服務、理念或體驗。上述過程包括資訊搜尋和產品購買，以及了解消費思維、感情和行動。不同的學門領域，包括人類學、心理學、社會學、經濟學，都能對於消費研究提供有價值的觀點。近年來消費研究深受矚目和重視，許多理由支持上述論點，例如，個人新創事業或面試求職，或是工作中包含觀察和滿足人們的需求和欲望，消費研究都能成為重要的分析工具。另外，非營利或政府組織透過消費研究工具，可以有效地進行社會溝通和公共政策論述。

消費文化反應出經濟系統的根本變化，它強調從交換或生產到消費，消費本質隨著不同的區域、歷史、經濟和文化產生變化。易言之，產品或服務的生產、獲得、消費和處置，都是社會和經濟活動循環的一環，稱為消費循環。儘管生產、獲得、消費和處置的流程具有普遍性，然而，發生的順序和流程會隨著不同的社會結構產生變化。雖然許多消費研究比較關心獲得和購買，然而，購買只是總體消費循環的部份流程。近來全方位掌握消費循環已經成為重要趨勢，包括從獲得到處置、從生產到處置、從消費到處置、從生產到消費、從獲得到消費，以及從獲得到處置。

檢視消費研究的發展史觀，它從早期的強調社會模仿，意即菁英階級財富創造出品味和教養，透過創新下滲的消費向普羅擴散。然而，消費模仿需要相對的花費，而勞動長衫也可能成為菁英流行典範。因此，後續研究轉向「消費作為操弄」，例如，法蘭克福學派揭示假個體主義，強調消費主義造成一種假性需求，它是一種社會控制機制。資本主義之下，工作麻木心智，而文化產業更延續了上述過程。因此，創造消費流行，必先心不在焉，消費之後，更加心不在焉。不過，反法蘭克福學派則認為，消費空間充滿著各種反請求產品，他們隨時都在企圖瓦解競爭產品的吸引力。再次，消費研究轉向「消費作為溝通」，強調炫耀消費、流行、階級和盜獵對於消費的影響。綜合言之，無論消費是一種操弄或溝通，套用葛蘭西學派（Gramscian）觀點，消費創造一個外在（生產），藉由揚升（消費），重新加以內化（創製）。消費像是一個翻譯過程，將客體從一個異化（可讓渡）的條件，翻譯成非異化（不可讓渡）的條件。

誠如傳統的消費觀點，延後滿足是一種沮喪的經驗。然而，對於現代的消費觀點，變成不同欲望完成之間的快樂間隙，透過白日夢來填補，欲望構成的不安，輻射出豐富趣味的情感。易言之，美好的追求在於想望而非擁有。最後，套用後現代主義觀點，消費已經成為一種意識型態，一種深刻的無意識操作模式；意識型態透過召喚讓人回首並且成為主體。意識型態創造一個主體，使主體受制於意識型態的物質實踐。行銷和廣告創造一個主體，消費者被召來製造意義、購買、消費和處置。本書擁抱消費屬性可能包括：操弄和溝通、外在和內化、主體和客體、召喚和被喚。質言之，本書旨在揭示不同學域的不同觀點，包括社會學、人類學、經濟學、心理學，透過經濟邏輯為基底，鑲飾文化研究的外形。特別是將衝向後現代歡愉的文化研究，輕率地燒掉與政治經濟的聯結，透過本書重新加以聯結。

延伸閱讀

1. Arnould, E., Price, L. and Zinkan, G (2002), *Consumers*, 2e, McGraw-Hill.
2. Bocock, Robert (1993). *Consumption*. London: Routledge.
3. Clifford Schulz II, Russell W. Belk, and Güliz Ger, eds., *Consumption in Marketizing Economies* (Greenwich, CT: JAI Press, 1994); and Güliz Ger, Russell W. Belk, and Dana-Nicoleta Lascu, “The Development of Consumer Desire in Marketizing and Developing Economies: The Cases of Romania and Turkey,” in *Advances in*

Consumer Research, vol. 20, Leigh McAlister and Michael L. Rothschild, eds. (Provo, UT: Association for Consumer Research, 1993), pp. 102-7.

4. Colin Campbell, *The Romantic Ethic and the Spirit of Modern Consumerism* (Oxford: Basil Blackwell, 1987); Neil McKendrick, John Brewer, and J. H. Plumb, *The Birth of a Consumer Society: The Commercialization of Eighteenth Century England* (Bloomington: Indiana University Press, 1982); Chandra Mukerji, From *Graven Images: Patterns of Modern Materialism* (New York: Columbia University Press, 1983); and Rosalind H. Williams, *Dream Worlds: Mass Consumption in Late Nineteenth Century France* (Berkeley: University of California Press, 1982).
5. Daniel Miller, *Acknowledging Consumption* (London and New York: Routledge, 1995).
6. Deborah J. MacInnis and Linda L. Price, "The Role of Imagery in Information Processing: Review and Extensions," *Journal of Consumer Research*, March 1987, pp. 473-91; and Eric J. Arnould and Linda L. Price, "River Magic: Extraordinary Experience and Hedonic Aspects of Service Encounters," *Journal of Consumer Research*, 20 (June 1993), pp. 24-45.
7. Dennis Rook, "The Ritual Dimension of Consumer Behavior," *Journal of Consumer Research* 12 (December 1985), pp. 251-64.
8. Don Fuller, *Sustainable Marketing: Managerial-Ecological Issues* (Newbury, CA: Sage, 1999).
9. Don Slater, *Consumer Culture and Modernity* (Cambridge: Polity Press, 1997), p. 8.
10. Elizabeth C. Hirschman, "Innovativeness, Novelty Seeking and Consumer Creativity," *Journal of Consumer Research* 7 (December 1980), pp. 283-95; Nancy M. Ridgway and Linda L. Price, "Development of a Scale to Measure Use Innovativeness," in *Advances in Consumer Research*, vol. 10, Alice Tybout and Richard Bagozzi, eds. (Provo, UT:Association for Consumer Research, 1983), pp. 679-84; and Nancy M. Ridgway and Linda L. Price, "Creativity under Pressure: The Importance of Consumption Situations on Consumer Product Use," *Proceedings of the American Marketing Association Summer Educator's Meetings*, 1991, pp. 361-68.
11. Eric J. Arnould, "Toward a Broadened Theory of Preference Formation and the

Diffusion of Innovations: Cases from Zinder Province, Niger Republic," *Journal of Consumer Research* 16 (September 1989), pp. 239-67; and Güliz Ger, "Human Development and Humane Consumption: Well-Being and the 'Good Life,' " *Journal of Public Policy and Marketing* 16 (Spring 1997), pp. 110-25.

12. Igor Kopytoff, "The Cultural Biography of Things: Commoditization as Process," in *The Social Life of Things, Arjun Appadurai*, ed. (Cambridge: Cambridge University Press, 1986), pp. 64-94.
13. Jacob Jacoby and Robert W. Chestnut, *Brand Loyalty: Measurement and Management* (New York: John Wiley, 1978).
14. Joseph J. Tobin, ed., *Re-Made in Japan: Everyday Life and Consumer Taste in a Changing Society* (New York: Yale University Press, 1993).
15. Julie, Ozanne and Ron Paul Hill, "Juvenile Delinquents' use of Consumption as Cultural Resistance: Implications for Juvenile Reform Programs and Publc Policy," *Journal of Public Policy and Marketing* 17, no. 2 (1998), pp. 185-96.
16. Marta E. Savigliano, "Tango in Japan and the World Economy of Passion," in *Re-made in Japan Everyday Life and Consumer Taste in a Changing Society*, Joseph J. Tobin, ed. (New Haven, CT: Yale University, 1993), pp. 235-52.
17. Mike Featherstone, ed., Global Culture (London: Sage Publications, 1990); Mike Featherstone, *Consumer Culture and Postmodernism* (London: Sage Publications, 1991); Güliz Ger and Russell W. Belk, " 'I'd Like to Buy the World a Coke': Consumptionscapes in the Less Affluent World," *Journal of Consumer Policy* 19, no. 3 (1996), pp. 271-304; and Deborah Sontag and Celia W. Dugger, "The New Immigrant Tide: A Shuttle between Worlds," New York Times, July 19, 1998), pp. A1, A12-14.
18. Paul Bohannan and Laura Bohannan, *Tiv Economy* (Evanston, IL: Northwestern University Press, 1968); *Frank Cancian, Economics and Prestige in a Maya Community: The Religious Cargo System in Zinacantan* (Stanford: Stanford University Press, 1965); Jerry W. Leach and Edmund Leach, eds., *The Kula: New Perspectives on Massim Exchange* (Cambridge: Cambridge University).
19. Press, 1983); Claude Levi-Strauss, *The Elementary Structures of Relationship, trans*. by James Harle Bell, John Richard von Sturmen, and Rodney Needham

(Boston: Beacon Press, 1969 [1947]); *Claude Meillassoux, Maidens, Meals, and Money* (Cambridge: Cambridge University Press, 1981); and Marshall Sahlins, Stone Age Economics (Chicago: Aldine, 1967).

20. R. S. Oropresa, "Female Labor Force Participation and Time-Saving Household Technology: A Case Study of the Microwave from 1978 to 1989," *Journal of Consumer Research 4* (March 1993), pp. 567-579.
21. Richard Bagozzi, "Marketing as Exchange," Journal of Marketing 39 (October 1975), pp. 32-39; George Homans, *Social Behavior: Its Elementary Forms* (New York: Harcourt Brace and World, 1961); and John O'Shaughnessy, Why People Buy (New York: Oxford University Press, 1987).
22. Robin A. Higie, Linda L. Price, and Julie Fitzmaurice, "Leaving It All Behind: Service Loyalties in Transition," in *Advances in Consumer Research*, vol. 20, Leigh McAlister and Michael L. Rothschild, eds. (Provo, UT: Association for Consumer Research, 1993), pp. 656-61.
23. Storey, John (1999). *Cultural Consumption and Everyday Life*. London: Arnold.
24. Terrence H. Witkowski and Yoshito Yamamoto, "Omiyage Gift Purchasing by Japanese Travelers in the U.S.," in *Advances in Consumer Research*, Rebecca H. Holman and Michael R. Solomon, eds. (Provo, UT: Association for Consumer Research, 1991), pp. 123-28.
25. Thomas C. O'Guinn and Ronald J. Faber, "Compulsive Buying: A Phenomenological Exploration," *Journal of Consumer Research 16* (September 1989), pp. 153-54. Chapter 1 Introduction 27.
26. William Rathje and Cullen Murphy, *Rubbish! The Archaeology of Garbage* (New York: Harper Collins, 1992).

第二章
文化意識是深刻的無意識

Cultural awareness is a profound unconsciousness

本章首先探討文化本質，特別是聚焦於消費文化，當人們造訪其他文化時，經常感到驚奇和震撼。體認不同的文化存在明顯的異同，利於突破本身的文化限制和困境。不同的文化價值，產生不同的消費偏好。為了利於了解和管理文化互動和消費研究，本章將探討文化意涵，及其彰顯出來的文化價值、神話、象徵和儀式，以及消費文化的全球化和混合化演變。

2.1 魔鬼藏在細節

社會學、人類學和心理學對於文化的定義，都有不同的見解。同樣地，行銷學對於文化也有不同的定義。圖2.1顯示二種不同的觀點，傳統觀點認為文化是一種相對不變的個人行為前提，包含最初的價值和規範。價值（values）是一種超越特定情勢，結果令人篤定的持續性信仰，它也同時形塑了人類行為。普世的重要價值，包括誠實和信賴。規範（norms）是非正式和未明示的規則，它也同時形塑了人們的行為。人們也許無法完全了解規範，但是必須遵從並且受到它的影響。

傳統觀點提供對於文化的線性思考，由上而下，因果關聯，價值和規範提供決定、感覺和認知的原則。不同於傳統觀點，圖2.1右邊顯示依據人類學定義，社會文化是一種行動和解

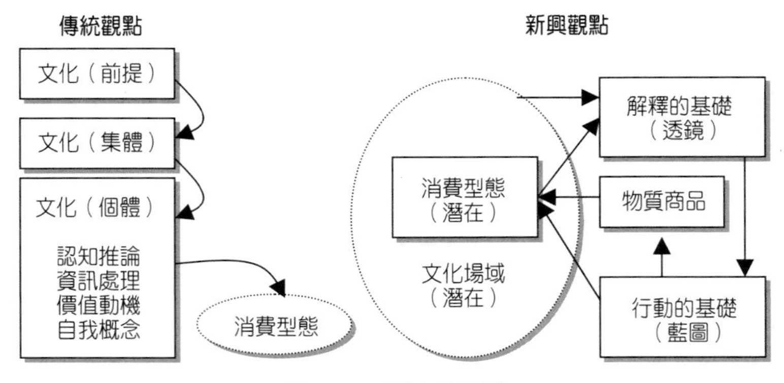

圖2.1　二種文化觀點

釋的動態藍圖，利於人們表現他人可以接受的行為。動態藍圖會隨著不同的文化產生變化。文化成員透過上述藍圖認識週遭世界，透過系列的規則進行理解，以及表現被視為合理的行為。習慣和慣例也是一種文化藍圖，例如，球迷臉上的彩繪，以及獨特的口號和儀式行為。藍圖包括非言語的溝通技巧，例如，如何排隊付款。因此，文化的組成包括共同的藍圖，不論是個人或是企業，都希望在這樣的文化框架之下，成功地運作及行為扮演，然而，文化包含許多不同的要素，我們將在後續章節逐一討論。

行動和解釋的動態藍圖，由二項基本要素構成，包括文化類型和文化原則。文化類型（cultural categories）透過時間、空間、自然、宗教和社會概念進行區別，包括階級、職位、種族、性別、年齡等，例如，父母和小孩（社會類型）、純淨和汙穢（自然和宗教類型）、工作和休閒（世俗類型）。文化類型利於社會系統的建構和分類，不過，隨著全球化的發展趨勢，導致文化類型產生了根本的變化。另外，文化類型也會受到所處文化場域（空間類型）影響，包括在家、工作、休閒、購物、或是聚會等。文化原則（culture principle）意指可以用來區別和排序文化類型的價值、理念、規範和信仰。文化原則利於我們去識別和區分特定產品類型，例如，吉普車可以被歸類為是休旅車；家樂福可以被歸類為是折扣百貨。另外，文化原則利於我們去辨別和表現符合規範的行為，例如，運動場上球迷了解如何參與波浪遊戲。文化原則也可以透過俗諺的方式表現，例如，「擁有勝過一切」、「好奇心殺死貓」、「魔鬼在細節裡」。文化原則的運作有其根本的脈絡，例如，西方人閱讀文案習慣由左至右而非由右至左；阿拉伯文則是採取包裹環繞；中文則是由上而下。綜合言之，文化原則提供一個認知和行動的架構，表2.1指出文化類型、原則和藍圖之間的區別。

表2.1　文化原則、類型和藍圖

文化原則	文化類型	文化藍圖
用來區別和排序文化類型的價值、理念、規範和信仰	透過自然、時間、空間和社會概念進行分類	用來解釋和反應週遭世界的系列有效知識，包括習俗、習慣、儀式、非言語溝通

從新興觀點出發，不同文化的價值、規範和習慣的差異不只是強度，還包括其他要素。細而言之，文化無法被簡約成為只是規範和價值，消費型態和文化場域同樣具有不確定性（indeterminant）或不可預測性。例如，網路將會改變不同的國家社會和文化，儘管影響力顯著但是擴散途徑無法預期。

另外，語言對於行動和解釋藍圖同樣具有顯著影響。人們非常仰賴於使用語言的特性和結構來看待字義，不同語言的使用者（不同的文化原則和類型）產生不同的觀察和評價（解釋），語言不只是描述也是形塑事件的重要工具。在相同的情境之下，觀察者使用不同的語言表現不同的事實，或是使用不同的方法整理相同的事實。

例如，荷蘭人和斯堪地那維亞人（Scandinavian）都使用「親密」（togetherness）來描述「在一起」（being together）的感覺，不過，歐裔美國人（Anglo-American）則沒有這個字。類似的表達方式包括，荷蘭語“Gezellig”、丹麥語“Hyggelig”、瑞典語“Mysigt”、芬蘭語“Kodikas”。丹麥人甚至加入了時間，變成了“Hyggetime”；加入了食物，變成了“Hyggemad”，這些字都隱含著共同情感，特別適用於極隱私的小群體，其他文化成員不易了解這種概念。另外，荷蘭人和斯堪地那維亞人也會將親密概念用在產品廣告，在聚會中代表同在一起（get-together），象徵的食品包括咖啡、糖果、油酥和飲料。長久以來，Sara Lee巧克力蛋糕和Douwe Egbert咖啡研磨機，在荷蘭成功地建立了品牌形象，贏得了普遍的好評和市場占有率。語言對於國際行銷也很重要。但在雙語和多語國家進行廣告，並不容易順利地翻譯及傳達不同的文化價值，這是在單一語言國家，所不容易理解的困境。

另外，文化類型也可以透過物質產品加以建立，由於他們是可以看見的行動和解釋記錄，物質產品提供可以觸及的意涵和象徵，賦予文化明確的意涵和形式，透過獲得、消費和處置產品和服務，人們可以具體地將文化表現出來。物質產品也表現出不同的文化類型和原則，例如，狗和貓在美國都不算是食物，但是其他國家地區則未必如此。例如，韓國人和廣東人吃狗肉，非洲布吉那法索人愛吃貓。

服飾也是一種文化原則，代表一種被認同的意涵。它會隨著不同的文化類型，包括時間、場合、性別、種族和階級產生變化。例如，正式服裝和晚會禮服，代表不同的時間、場合、行為模式。例如，晚禮服不是工作服裝，它蘊含著一種鼓勵品酒閒聊的氛圍。在許多發展中國家，西方服飾和傳統服飾形成對比。正式服飾代表國際、菁英、教養；傳統服飾代表當地和信賴。

衣服代表許多文化類型和原則，褲子和衣服不只代表性別差異，同時也是一種文化原則，藉此可以區別不同的群體行為。例如，當西方女性開始穿著職業套裝，代表著文化原則和商業結合的意涵，女性套裝象徵著專業和效率，人們可以藉此判斷她可能的社會地位，當然這也許並非她真正的角色。

綜合言之，透過日常的消費選擇和消費決策，可以強化不同文化類型之間的差異，不同消費社群可以透過消費行為定義自我、社群、產品和服務的意涵。例如，哈雷重型機車俱樂部、新興教派或是政治團體。除了前述關於文化的基本概念，緊接著將討論文化和消費行為之間的關係，相關議題包括文化價值、神話、象徵和儀式。

2.2 文化的藍圖

消費研究的文化層面主要聚焦於文化價值，意指一種行動的基礎或是文化的藍圖。價值包括「工具性價值」（instrumental values）意指如何行動的共同信仰；以及「目的性價值」（terminal values）意指人們期望的生活目標。工具性價值包括能力、人際、真誠等，其他如自由選擇的信仰，則是普遍留在消費文化當中。企圖也是一項工具性價值，它可以協助個人獲得舒適的生活品質，同時也是一項目的性價值。其他的目的性價值，包括社會和諧、個人滿足、自我實現、安全、愛和影響等。對於安全的需求和欲求，經常被用在保險產業，其他包括薄荷香氣和除臭劑等產品，至於其他許多產品和服務，也經常使用其他的目的性價值。

文化價值在社會中被廣泛地分享，在次文化、種族、社會階級和家庭中，不斷地被學習、強化和修正。文化價值被組織進入系統當中，隨著不同的消費者其重要性產生變化。有人認為價值超越情境，深信行為發展源自於態度，奠基於一般或是抽象的文化價值。根據「價值－態度－行為」層級模型（value-attitude-behavior hierarchy model），抽象的價值會影響態度並導致特定消費行為。因此，部份研究指出價值能夠影響及解釋不同個體和群體的消費行為。例如，抽象的安全和自信價值，可以和下列態度產生聯結，包括預防蛀牙和潔淨牙齒。擁有這些態度的消費者，將會搜尋相關優點的牙膏並且加以消費。

普遍性的文化價值如何衡量及進行跨國比較，經常使用的工具包括LOV（list of values）和Hofstede價值量表。LOV價值量表係由美國密西根大學研發出來，內容包括八項價值：歸屬感、歡樂享受、溫暖關係、自我實現、受到尊敬、成就感、安全和自尊等。量表的強度大小隨著不同的國家，包括美國、挪威、德國產生明顯差異。另外，在美國，LOV也和心理健康、福利和社會適應的衡量有關。無論如何，LOV已經和美國消費行為產生關聯，包括消費支出、營養態度、健康食品選擇、流行時尚、送禮等。例如，人們透過禮物授受來評價人際關係。

另外，Hofstede價值量表則是包含個人主義

（individualism）對集體主義（collectivism）等構面。例如，相較於拉丁美洲和東亞國家，包括日本和中國、美國和英語系國家，具有較高的個人主義水準（高度競爭、獨立和孤獨、自信透過努力可以改變地位）。圖2.2比較美日價值差異，以美國為例，物質主義是明顯的核心價值，擁有物質的數量和品質象徵成就，它可以透過積極努力這項工具性價值而獲得。對於美國人而言，目的性價值就是平等機會，美國人相信透過努力和勇氣（工具性價值）都能成功。美國人的購買動機就是基於回饋自我成就。相反地，和諧是日本人的目的性價值，它強烈地影響產品廣告、設計和包裝。在許多亞洲新興工業化國家，包括台灣和韓國，面子也是很重要的目的性價值。和諧和面子等價值，導致日本人和韓國人送禮時，經常透過知名的品牌來彰顯對方地位，避免造成送禮誤解與失面子，進而繼續保持雙方和諧。其他國家的主要目的性價值，例如，孟加拉五項重要價值，分別為滿足、愛、寧靜、和諧、快樂主義和精神導向。中國大陸，包括勤勞、面子、節儉、容忍、對中國傳統、現代、技術精進的歷史自豪等。最重要的是，溫暖和愛家等價值。由於上述價值具有催化作用，因此經常在中國廣告中出現，作為產品形象定位訴求。

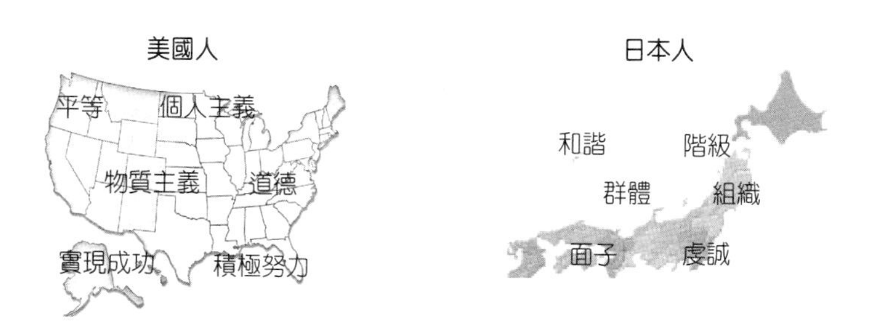

圖2.2　美日文化價值

另一項重要的文化價值，愛國心（ethnocentrism）也是一項工具性價值，提供個人行動基礎和信仰系統，產生相較於外國文化而對本國文化更大的偏好，完全無視於產品真正的品質水準。例如，近來研究指出美國的愛國消費者，相較於日本消費者，對於美國製汽車的品質和設計評價愈高。

最後，物質主義（materialism）是一項重要的目的性價值，意指透過消費以追求生活上的快樂，它是其他價值導向的組合，包括大方、小氣、擁有、妒忌和執著（緊握不放的傾向）。總體而言，無論是工業化和後工業化時代，物質主義已經成為西方文化的特色，物質主義藉由與消費文化的緊密結合，催化人們積極工作提高生活水準。跨文化研究指出，西方文化具有較高的物質主義水準，而非西方文化愈揭露於行銷氛圍，其物質主義水準也相對提高。無論如何，了解文化價值如何隨著不同文化產生改變非常重要。當然還必須體認，個人的價值基礎不只是來自於共享的文化價值，其他還包括區域、社會（人和宗教）、家庭價值及個人生活經驗等。

2.3 神話、象徵、儀式、意識

除了價值之外，社會也包括系列的神話和象徵，代表一種解釋的文化藍圖，利於了解生活中所觀察到的現象。神話（myth）是包含象徵性元素的故事，藉此可以傳達共享的情感和文化價值。神話經常被用來作為傳遞傳統文化的工具，例如，中秋節基於古老的嫦娥神話，月亮上住著美麗女子，還有可愛的白兔。當今許多流行文化，包括電視、廣告、電影、喜劇、卡通，也都建立在類似的神話主題。易言之，神話被製造出來以供消費，成功的神話可以自然化和普遍化消費利益，讓人的生活簡約不再複雜難解，建構一個沒有矛盾和讓人耽溺忘返的世界。

神話可以提供許多重要功能：第一、賦予社會規範，維持社會秩序。德國作曲家華格納（Richard Wagner）歌劇《指環》（*The Ring Cycle*）描寫著古代北歐人神話，強化德國人英雄主義及國家命運。法國喜劇神話Asterix the Gaulois，利用諷刺方式強化法國的社會價值。歐洲人的灰姑娘（Cinderella）神話，教導人們痛苦終將受到庇佑眷顧，最後可以得到快樂和幸福。灰姑娘神話重新轉化為當今許多文化產品，例如，知名影片《麻雀變鳳凰》（*Pretty Woman*）故事內容就是現代版的灰姑娘神話。第二、提供個人行為和認同的心理模型。許多神話教導人們英勇和正確行動。例如，迪士尼影片《獅子王》（*The Lion King*）、《花木蘭》（*Mulan*）、《泰山》（*Tarzan*）等，都是強調正直、英勇和個人主義。演員哈里遜福特（Harrison ford）在好萊塢的相關電影，也是強調男性英雄主義，以及保護家庭等核心價值。三船敏郎（Toshiro Mifune）的日本電影，也是強調傳達責任和榮譽。無論如何，不同文化的英雄形象建構明顯不同。

透過文化象徵也可以更了解社會行為。文化象徵代表一種信仰和價值主體，它是感性有力並且多元意涵。例如，美國和日本的核心象徵，分別是華盛頓和旭日形象。人們經常利用不同方式運用核心象徵，例如，美國國旗代表公共意義，常被用在公共場域和事件上面，丹麥國旗則是代表社會團結。文化象徵也可以用來定位產品和服務。例如，法國酒和起司，經常被標上法國國旗；泰姬馬哈陵（Taj Mahal）是著名的印度建築，它也可以是印度知名飯店。

產品和服務可以用文化象徵來定位，同時消費品也可以成為文化象徵。例如，藍白相間的BMW汽車標誌象徵優質的德國引擎，哈雷摩托車同樣享有類似的全球地位。另外，消費品也能成為國家象徵，例如，象徵法國的雪鐵龍（Citroen）汽車，它是法國戰時首相戴高樂（de Gaulle）的最愛。其他包括象徵美國的麥當勞金黃色拱形。消費品也能成為區域象徵，例如，蘇格蘭Glasgow地區生產的Irn Bru軟性飲料，不僅擁有自己的主題曲和電影，廣告直面挑戰美國的可口可樂，因此深受年輕人歡迎。同樣地，消費品也會與特定地區產生價值聯結，例如，法國香檳（Champagne）與白蘭地（Cognac）地區，成功地塑造了酒品優質形象。

消費品也能傳達其他的象徵意義。例如，衣服、住宅和交通工具可以象徵社會經濟地位，其他包括階級、性別、種族、年紀和職業。例如，黑色面紗或是斗篷之於法國伊斯蘭婦女，它象徵不同宗教意涵和隱含拒絕法國核心價值。對於一般而言，透過不同的消費可以象徵休閒或是工作。

食物也是身分識別的重要象徵，例如，飲食可以傳達他的年齡、性別、健康、身分地位。食物也可以作為文化識別的重要參考。例如，在特定的場合選擇特定的食物，就是期望被他人認知和理解，透過特定食物傳達不同的社會背景。研究顯示當與相同族群或是與混合族群共餐，人們會選擇較具族群色彩的食物。例如，住在紐約的義大利後裔，可能較喜歡吃義大利餐，當共餐者也是義大利人時。其他包括許多轉型和發展中國家的消費者，透過使用產品來傳達自己的現代化和消費能力。另外，在泰國，高爾夫名人老虎·伍茲（Tiger Wood）可以作為國際化和現代化的成功象徵。

文化儀式（cultural rituals）意指作一種相對固定和連續重複的行為，它能作為一種行動和解釋的藍圖。了解文化儀式可以簡化行為選擇，例如，了解結婚儀式如何進行。文化儀式也能提供社會秩序的象徵性陳述，透過文化神話聯結現在和過去並且加以強化。例如，西方的萬聖節和中國的中元節，都具有戲劇化的文化神話，以及聯結過去和現在的功能。文化儀式結構化人類的情感，使人際溝通更為簡單和順利。易言之，儀式結構化生活經驗並賦予意涵，面對充滿風險的環境，包括社會性、情感性、身體性風險，文化儀式都能發揮作用，例如，西方感恩節和中國中秋節，同樣象徵著家庭團聚意涵。

另外，文化儀式可以透過消費品加以表現，或說文化儀式就像是一種消費品，利於建立和穩定文化類型和原則，活化了消費品合宜的社會意涵。沒有文化儀式的消費品容易顯得沒有生命，如何創造消費品的文化儀式價值，可以促進社群共同的經驗和情感，藉此形成動機及形塑消費行為和決策。

四項重要的消費儀式，包括擁有、裝扮、剝奪和交換。擁有儀式（possession rituals）經常表示獲得物品的活動過程，例如，揭開標籤、包裝、訂製、放置、安排、署名，透過上述儀式來敘述或是宣告擁有。裝扮儀式（grooming rituals）讓人在公共和私人形象之間進行轉換，其他的象徵性轉換還包括潔淨和汙穢、工作和休閒等。裝扮儀式經常包含許多產品（例如，洗髮精、化妝品和香水等）和服務（例如，沙龍、Spa、健康俱樂部、減肥中心、休閒館等）。另外，裝扮儀式也和擁有儀式有關，例如，潔淨、重整、恢復、更新事物。剝奪儀式（divestment rituals）則是發生於人們宣告放棄擁有，例如，許多處置行為。交換儀式（exchange rituals）則是過程中充滿物品交換的重要儀式類型，例如，節日送禮、畢業典禮、成年禮等。透過類似的儀式留下記憶，或是象徵生活和社會地位改變。無論如何，文化儀式也有生命週期，它會隨著人口成長衰退產生變化或是消失，不過，全球化消費也興起了許多新文化儀式。例如，耶誕節和世界盃（World cup）足球賽，提供了少數風行全球的儀式慶典。

表2.2　儀式類型

儀式類型	案例
宗教	洗禮、冥想、萬聖節、耶誕節
魔術	治療、賭博
美學	表演藝術
遷移	畢業、婚禮、入學考試
曆法	節慶、假日（耶誕節、新年、世界盃、感恩節）
市民	遊行、選舉、試用
群體	入會、談判、送禮
家庭	作息時間、生日、紀念、遷移、處置
個人	打扮、擁有和家庭習慣
動物行為	問候、交配

文化意識（cultural awareness）意指對於共享文化的留意。文化是一種環繞像是地心引力，很少有人會特別留意，除非面對不同文化規範和信仰。例如，英國和美國廣告強調獨特個人，透過名流口語溝通來保證產品，訴求容易聚焦於名流而忽略產品本身，這與強調個人主義的文化觀念一致。相反地，日本廣告偏向於娛樂導向，非口語溝通更勝於口語溝通，名流只是扮演象徵性

角色，很少傳達明確的訊息，這與集體文化觀念非常契合。

另外，透過一種文化經驗容易對另一種文化產品產生誤解。例如，非洲人多數不認為時間是一種資源，因此，無所謂時間節省或是浪費的觀念。購買時間這是在高度商業化的西方社會才有的想法，時間在非洲根本不會受到任何重視。西方人必須面對這樣的文化差異，特別是第一次到非洲銀行，得耗上半天時間排隊等待。同樣地，法國人認為用餐就是要浪漫地殺時間，而時間觀念極強的英國人，可能難耐浪漫到更想殺人。另外，歐洲人不喜歡美國人過度專業的笑容和問候。同樣地，亞洲莊嚴不愛笑的服務表情，也常令美國人感到極不友善。

雖然人們經常不留意自己的文化，也很少去了解、學習和記憶，不過文化是被了解和學習的。文化涵化（enculturation）意指透過了解學習文化而成長。一般而言，消費涵化的過程很早，行銷溝通提供了文化涵化重要的來源。例如，多數美國兒童可以認知和表達，對於麥當勞法式薯條的偏愛。其他包括聯結象徵產品和對目標群體的想像，藉此反應和強化特定的文化意涵，例如，保險公司推出的《女人計畫》廣告，基於女性獨立文化價值，提升女性自由，掙脫男性掌控，上述獨立象徵的廣告背景，主要成因在於近年來高離婚率和單親家庭。文化適應（acculturation）意指透過直接或是間接經驗，了解其他新的或是國外文化。例如，移民者學習新文化的行動和解釋藍圖。相關研究結果顯示，美國零售商在墨西哥移民的文化涵化過程中及爭取消費忠誠的過程中，一直扮演著非常重要的角色。另外，新移民有時會過度地強化涵化後的消費行為，例如，墨西哥裔美國人比本土美國人消費更多牛肉。無論如何，完全的文化適應是不可能的。

2.4 全球化和混合化

隨著消費產業的集中化、擴張化和跨國化，各國經濟成長、民主化、階級崩解，以及商業媒體催化資訊傳遞，導致全球市場擴張和全球消費文化發展。如同第一章指出，消費文化意指一種被組織化的經濟社會配置，透過市場來管理資源和象徵與生活型態的關係。消費文化透過產品、服務、想像、理念和體驗達到消費全球化（globalization）目的。

全球化品牌就是重要的全球消費文化趨勢，例如，可口可樂成功地建立全球品牌形象，麥當勞提供全球共享的速食消費價值，星巴克咖啡（Starbucks）除了積極全球化行銷，也回應在地化特色需求。除了消費全球化之外，消費混合化（creolization）意指結合在地和國外元素的消費型態。易言之，消費混合化對於在地傳統更加關心。例如，菲律賓的Jolibee速食在當地享有59%的市場占有率，即便全球知名的麥當勞速食，店員親切的問候也要修改為當地用語。同樣地，土耳其傳統速食Kepab烤羊肉串，改以西式零售方式順利在市場推出。菲律賓和土耳其消費者，透過上述選擇去表達不同文化的一致性和差異性。

同樣地，中美洲貝里斯選美大會是當地的重要活動，評審除了依據西方審美標準進行評審，也會參考當地對於女性的美學指標。貝里斯這種融合當地文化價值的多元評審導向，正是消費混合化的最佳案例。消費混合化同樣影響歐美日的消費行為，例如，音樂風格和烹飪方式的混合。例如，日本摩斯漢堡（Mosberger）和土耳其串燒（Mcdonerkepab）。人們為何接受上述消費？理由之一是，消費者除了體驗其他文化價值和信仰，同時不需要捨棄自己的文化。

至於其他消費混合化形式，例如，耶誕節、選美大會、奧運等都是，這種同中存異的全球結構（global structure of common difference）意指透過集體共享的文化價值，進而縮小彼此之間的差異。細而言之，耶誕節在不同文化中通常代表送禮給家人，在英國通常只及核心家庭成員；在格林蘭，則擴及非核心家庭成員；然而，在日本則是擴大到未婚男女。

另外，愛國行為是全球消費文化的第三項趨勢，意指拒絕任何全球化消費型態和價值，或是保護在地傳統抵制外國消費產品。例如，中東國家部份宗教團體，透過各種傳統規範抗拒西方產品。另外，近年來英國興起對於在地食物的喜愛；各國參與當地歷史文化節慶活動者愈來愈多等。

不同文化習俗和行為雖然變化快速，消費研究人員必須隨時留意，不應掉入自我指涉（self-referencing）的陷阱，意指使用自我的經驗或是直觀感覺，嘗試去了解和預測他人的行為，偶爾直觀的預測可能相當準確，然而，當直觀涉及其他的文化社群，很容易陷入錯誤的框架導致誤解。例如，千萬不可假定在英國和格林蘭島的耶誕節送禮，一定都和美國習俗相同，否則就會產生自我指涉的困境。

2.5 結　論

文化是行為和解釋的藍圖，雖然人們不易察覺到自己的文化，文化對於行為提供了重要的架構。文化兼具適應性和動態性，透過本土過程或適應過程可以了解文化的底蘊。另外，儘管不同的文化存在明顯的差異，不過，透過定義文化可以判別其價值核心。同樣地，價值、神話、象徵和儀式也有助於定義文化。透過參考共同的神話和象徵意涵，可以更了解不同社會的消費行為。無論如何，消費品經常成為文化的核心象徵。消費儀式同樣也是重要的參考觀點，它指出了文化如何強化人們的行動和對於外部的解釋。至於儀式的類型，包括擁有、裝扮、剝奪和交換，通常也都緊緊伴隨著許多產品消費。最後，消費文化的全球化，結合各種消費品和消費行為，創造了許多不同的混合文化。無論如何，包括文化意識和消費意識，都是一種深刻的無意識，後者透過系列主體的創造來召喚人心，「當嘿！回首」就完成了上述召喚儀式，包括被召來製造意涵、購買、消費、完成各種處置。至於文化和消費之間的關係，文化並非是系列的文本和客體，而是一個創製（making）和化成（becoming）的動態過程，而文本和實踐的消費，正是創製文化的重要關鍵。綜合言之，意識和無意識與文化和消費，前者的關係並非一成不變，它會隨著時間產生變化，加上後者的溝通和操弄，一代的興奮震撼，可能是，另一代的虛無平常。

延伸閱讀

1. Arnould, E., Price, L. and Zinkan, G (2002), *Consumers*, 2e, McGraw-Hill.
2. Bocock, Robert (1993). *Consumption*. London: Routledge.
3. Storey, John (1999). *Cultural Consumption and Everyday Life*. London: Arnold.
4. Zhengyuan Wang, C. P. Rao, and Angela D'Auria, "A Comparison of the Rokeach Value Survey (RVS) in China and the United States," in *Asia-Pacific Advances in Consumer Research*, vol. 1, ed. Joseph A. Cote and Siew Meng Leong (Provo, UT:

Association for Consumer Research, 1994), pp. 158-90.

5. Lynn R. Kahle, *Social Values and Social Change: Adaptation to Life in America* (New York: praeger, 1983). See also Lynn R. Kahle, Sharon E. Beatty, and Pamela Homer, "Alternative Measurement Approaches to Consumer Values: The List of Values (LOV) and Values and Life Style (VALS)," *Journal of Consumer Research* 13 (December 1986), pp. 405-9.
6. Geert Hofstede, *Cultures and Organizations: Software of the Mind* (London: McGraw-Hill, 1990).
7. Jennifer L. Aaker, "The Influence of Culture on Persuasion Processes and Attitudes: Diagnosticity or Accessibility?" *Journal of Consumer Research* 26 (March 2000), pp. 340-57.
8. Geert Hofstede, *Culture's Consequences* (Beverly Hills: Sage, 1980).
9. Glen H. Brodowsky, "The Effects of Country of Design and Country of Assembly on Evaluative Beliefs about Automobiles and Attitudes toward Buying Them: A Comparison between Low and High Ethnocentric Consumers," *Journal of Consumer Marketing* 10, no. 3 (1998), pp. 85-113.
10. Aaker, "The Influence of Culture on Persuasion Processes and Attitudes."
11. Holt, "Consumers' Cultural Differences as Local Systems of Tastes"; and Holt, "PostStructuralist Lifestyle Analysis."
12. Craig S. Smith, "Moon Cake Madness Hits Again," *The Globe and Mail*, October 31, 1998, p. A21.
13. Joyce Millman, "The X-Files' Finds the Truth: Its Time Is Past," *New York Times*, May 17, 2002, Section 2, pp. 34, 41.
14. "Belgians Close Coke Probe," *Lincoln Journal Star*, April 23, 2000, p. 5G.
15. John Seabrook, *Nob®ow: The Culture of Marketing—the Marketing of Culture* (New York: Alfred A. Knopf, 2000), pp. 143-45.
16. Douglas Stayman and Rohit Deshpandé, "Situational Ethnicity and Consumer Behavior," *Journal of Consumer Research* 16 (December 1989), pp. 361-71.
17. John Brooks, *Showing Off in America* (Boston: Little, Brown, 1981); and Thorstein Veblen, *The Theory of the Leisure Class* (New York: Macmillan, 1899).
18. Russell W. Belk and Janeen Arnold Costa, "The Mountain Man Myth: A

Contemporary Consuming Fantasy," *Journal of Consumer Research* 25 (December 1998), pp. 218-40; Andrew Tanzer, "Tiger Woods Played Here," *Forbes*, March 10, 1997, pp. 96-97; and Yan, "McDonald's in Beijing.

19. Dennis W. Rook, "The Ritual Dimension of Consumer Behavior," *Journal of Consumer Research* 12 (December 1985), pp. 251-64.
20. Rook, "The Ritual Dimension of Consumer Behavior," p. 253; and Mary Douglas and Baron Isherwood, *The World of Goods: Toward an Anthropology of Consumption* (New York: Basic Books, 1979).
21. David A. Ricks, *Blunders in International Business* (Cambridge, MA: Blackwell Business, 1993), p. 30.
22. Ricks, *Blunders in International Business*, p. 25; and Salah S. Hassan and Roger D. Blackwell, *Global Marketing: Perspectives and Cases* (Fort Worth: Dryden Press, 1994), pp. 359-80.
23. Pamela Odih, "The Women's Market: Marketing Fact or Apparition?" *Consumption, Markets, Culture* 3, no. 2 (1999), pp. 165-93.
24. Sammy Bonsu and Russell W. Belk, "Death Becomes Us: Funerary Rituals and Products for Negotiating Consumer Identities in Ghana," working paper (Greensboro: University of North Carolina, 2002); and Jean Kilbourne, *Deadly Persuasion: Why Women and Girls Must Fight the Addictive Power of Advertising* (New York: Free Press, 1999).
25. Russell W. Belk, Kenneth D. Bahn, and Robert N. Mayer, "Developmental Recognition of Consumption Symbolism," *Journal of Consumer Research* 9 (June 1982), pp. 4-17.
26. Grant McCracken, *Culture and Consumption* (Bloomington, IN: Indiana University Press, 1988), p. 123.
27. Ger and Belk, "Measuring and Comparing Materialism Cross-Culturally." See also Albert O. Hirschmann, *Shifting Involvements: Private Interest and Public* (Princeton: Princeton University Press, 1982); and *Utne Reader*, no. 90 (November-December 1998).
28. Don Slater, *Consumer Culture and Modernity* (Cambridge: Polity Press, 1997), p. 8.
29. Anna Husarka, "The First Casualty," *The New Yorker*, April 19, 1993, pp. 57-65.

30. Herbert Blumer, "Fashion," *International Encyclopedia of the Social Sciences* (New York: Macmillan, 1968), pp. 341-45.
31. Akita Morita with Edwin M. Reingold, *Made in Japan* (New York: Dutton, 1986); and Leon E. Wynter, "Minorities Play the Hero in More TV Ads as Clients Discover Multicultural Sells," *The Wall Street Journal*, November 24, 1993, pp. Bl, B7.
32. Richard Wilk, "Learning to Be Local in Belize: Global Structures of Common Difference," in *Worlds Apart*, ed. Daniel Miller (London and New York: Routledge, 1995), pp. 110-33.
33. Carol Hendrickson, "Selling Guatemala: Maya Export Products in U.S. Mail Order Catalogues," in *Cross-Cultural Consumption*, ed. David Howes (London and New York: Routledge, 1996), pp. 106-24.
34. Daniel Miller, ed., *Unwrapping Christmas* (Oxford: Clarendon Press, 1993); Colleen Ballerino Cohen, Richard Wilk, and Beverly Stoeltje, eds., *Beauty Queens on the Global Stage* (New York and London: Routledge, 1996).
35. Fuat Firat, "Consumer Culture or Culture Consumed?" in *Marketing in a Multicultural World*, ed. Janeen Arnold Costa and Gary Bamossy (Thousand Oaks, CA: Sage, 1995), pp. 105-23.

第三章
消費是一個翻譯過程

Consumption is a process of translation

本章探討消費意涵如何影響消費動機和行為。消費活動經常受到重要意涵和價值的召喚。如果要深入了解人們為何購買、擁有、保存和處置，必須了解背後的意涵和價值。消費隱含著許多重要意涵，包括作為一種人際溝通的媒介，傳達意涵及與他人分享的社會現象。消費是一種個人化歷程並與自我產生強大的關聯。本章將探討符號化及其解釋過程，以及消費意涵、轉化和延展。

3.1
符號化的溝通

消費行為建立在特定的意涵基礎，上述意涵奠基於成功的產品、服務和體驗，然而什麼是意涵？了解它能提供消費者何種價值非常重要。消費者珍惜特定的事物，除了成本和價格等衡量變數之外，價值就是重要的消費意涵。例如，廉價卻又無可替代的心愛玩偶。

透過符號語意學（semiotics）可以了解消費意涵，符號語意學意指一種符號化（semiosis）的溝通模式，特定的符號代表特定的事物，例如，ΦßK代表兄弟會。如果用在市場行銷，符號就成為公司商標（logo）、品牌標誌（symbol）或是名稱（name）。例如，米其林寶寶（Bibendum）。品牌形象顯著地影響消費行為，它可以傳達特定的產品象徵和企業價值。例如，萬寶路牛仔和迪士尼米老鼠等。相關文化研究指出，當品牌形象和實際的或理想的自我產生聯結，該項產品品牌被消費的可能性愈高。例如，年輕幫眾會選擇知名的運動產品品牌，藉此宣告所屬幫派獨特的排外象徵。另外，年輕人也較年長者更容易受到品牌形象的影響。

符號化的解釋過程可以獲得符號意涵。符號化包括符號（signs）、目標（objects）和符解（interpretants）等三項要素組成語意三角形（semiotic triangle），詳如圖3.1。例如，星巴克咖啡的海上女神賽壬（Siren）代表符號，星巴克咖啡是目標，浪漫是符解。透過上述三項要素，消費者可以輕易地聯結符號、目標和符解。無論如何，語意三角形存在於特定的文化脈絡，它能提供轉譯符號所需的知識。

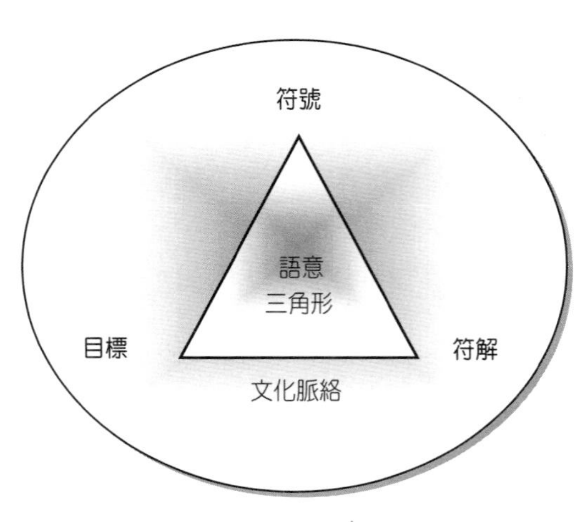

圖3.1 語意三角形

符號具有許多類型，它能聯結各種目標（產品或服務）。例如，泰迪熊象徵著一種索引符號，它可以代表一種安全感。索引符號和目標存在著因果關係。例如，在北美，檸檬味可以提高清潔用品的銷量；*Ralph Lauren*馬球標誌象徵著社會菁英。品牌符號則是另一種類型，英國知名網站*Virgin*品牌符號，象徵品質、創新、樂趣和挑戰的價值。美國運動鞋*Nike*的品牌符號，代表快速飛奔的意涵；其他包括麥當勞的金色拱形、賓士汽車的星星標誌。西方消費市場經常利用外形、顏色包裝和其他屬性標識產品的獨特意涵。圖像（icon）則是最後一種類型，例如，泰迪熊圖像讓人聯想到軟性、舒適和擁抱，就像裸露（“bare”音似“bear”）的皮膚一樣；塑膠檸檬圖像用來象徵檸檬果汁；日式午餐盒俗稱便當（Bento）或是驛便（Ekiben），也經常採用圖像符號來表現菜色，例如，蟹肉便當秀出蟹形；栗子便當搞成堅果形狀；乾貝便當就成了扇貝殼狀。

了解產品的消費意涵，可以透過以下幾種途徑：首先，了解擁有在定義自我和創造認同上所扮演的角色，擁有可以具體化個人價值和意義。論述是理解生命的一項重要工具，品牌可以成為個人生命故事的重要象徵，它可以扮演參考或是索引意涵（indexical meaning）的角色，不過，它會隨著不同社會環境產生變化。另外，當消費社會愈趨於複雜和多元，自我認同選擇也愈趨於變動和模糊。特別是面對不同的或是衝突的認同選擇，透過消費可以突顯不同的自我，後續我們將說明各種消費意涵的轉化活動。除了個人價值之外，擁有也具有公共價值，意指產品在特定文化溝通系統下的消費意涵。例如，「Chevy卡車，堅如磐石」，由於該款卡車的效能非常卓越，因此，選用者容易讓人產生信賴。另外，日本婚禮中的蛋糕和清酒，具有幸福和美滿的社會意涵。不過，上述意涵會隨著不同文化脈絡和社群產生變化。在不同文化背景之下，對於產品的象徵意涵可能產生錯誤的認知，例如，丹麥和英國人呈現不同的客廳擺飾，結果導致彼此譏笑對方的品味不佳，丹麥人可能誤認英國人的擺飾老舊，而英國人可能錯估丹麥人是貧窮。無論如何，產品意涵會隨著時間趨勢產生變化，例如，澳洲年輕人動輒滿口*bonzer*、*in*、*hip*、*phat*、*fly*或是日本人的*holic*，在在顯示年輕次文化用語的快速變遷。

其次，了解意涵在不同群體之間存在明顯差異，確認意涵的傳達符合消費期望並不容易，通常消費者會萃取屬於自己的意涵，透過獨特的解釋方式描述個人經驗。因此，研究顯示只有半數的消費者對於熟悉的產品，可以描述出共同的消費意涵。例如，只有三成八受訪者表示〇〇七電影和性感女郎有關；只有五成五的受訪者認同Breyer冰淇淋象徵天然。另外，研究發現男性和女性關心的媒體主題明顯不同，他們甚至在認知和描述上存在根本性差異。

3.2 從功能到感動

消費意涵具有許多類型，實用性（utilitarian）代表產品在操作上或是功能上，具有可以察覺有用的功能屬性。功用價值（functional value）來自於實質的功能屬性，它與性能、信賴、耐久、特色、類型和價格有關。例如，對於許多農民而言，基因改良種子的重要功能屬性，就是它對於有毒農藥具有抗藥性。

功能意涵對於產品和品牌選擇非常重要。例如，具有生命財產保障功能的保險；具有氟化物、抗結石和清新功能的牙膏品牌。另外，企業之間的交易行為，可能會選擇具備ISO 9000品質標準、交貨信用，以及其他功能屬性的供應商。

廣告中經常可以看到實用性主題。例如，在四百個中國廣告研究中發現，廣告中九成九屬於實用性資訊，其中，功能屬性四成八，品質屬性二成三，更是明確提到價格更占一成七。實用性資訊對於低收入和高涉入消費都很重要。在中國，官方也著重於在廣告中傳遞實用性資訊。相對地，美國和日本廣告較少傳達實用性資訊，大約三成九廣告經常包含二種以上的資訊提示，相較之下，中國廣告約占七成七。另外，第三世界消費也經常屬於實用性導向。

另一種消費意涵，就是神聖性（sacred）和世俗性。消費行為有時會表現出神聖性，詳如表3.1。神聖性依附於被設計或是被發現的神聖事物當中，將產品形象與自然界、家庭或是特殊情感（帶點神秘）產生聯結，它能有效地傳達神聖性意涵。表3.2

表3.1　神聖屬性

- ▸經常不具有現實屬性。
- ▸引發激烈和逃避的反應。
- ▸透過犧牲和神聖溝通。
- ▸神聖事物異於普通事物。
- ▸對於神聖事物聚焦情感。
- ▸經常透過有形的象徵示現。
- ▸經常環繞著獨特的儀式。
- ▸經常重複發生神聖事蹟。
- ▸除了神祕無法被邏輯了解。
- ▸產生令人著迷的體驗。
- ▸神聖事物經常無法被轉讓、購買和銷售。

表3.2 神聖類型

神聖類型	案例
地點	耶路撒冷、麥加、紫禁城、羅浮宮、凡爾登戰場、吳哥窟神殿、黃石國家公園。
時間	二次大戰盟軍攻擊日（D-Day）、基督教復活節、伊斯蘭教祈禱日、競賽之前國歌演奏。
人物	耶穌、阿拉、菩薩、孔子；籃球：麥可喬登；棒球：貝比魯斯；貓王、約翰藍儂、麥可傑克森。
經驗	麥加朝聖、激流泛舟、攀登玉山、環法自行車賽（Tour De France）。
有形事物	宗教遺風；偉大藝術品、理念或事物；美國憲法。
無形事物	神奇處方、舞蹈、儀式、祕密。

顯示六種神聖類型，若將消費和各種神聖類型聯結可以因此獲利，例如，在宗教聖地販賣隨身物品。另外，神聖性對於行銷健康、綠色環保與有機產品也都有很大助益。

埃及開羅的伊斯蘭商品是神聖化消費的最佳案例。民眾透過消費印有可蘭經的念珠和旗幟，表現出對於阿拉真神存在的虔誠信仰。同樣地，多數的西非國家男性表示熱愛帶有伊斯蘭色彩的產品。另外，大多數的孟買印度人對於宗教產品同樣表現出狂熱，例如，印度大師（Guru）玉照等。

神聖性消費通常傾向於詮釋經驗而非產品。例如，某些博物館將經營定位為神聖事件。因此，博物館特別強化特定的行為規範和空間設計，藉此創造一種獨特的神聖氛圍。世俗性（secular）則是神聖性的反轉，例如，Static Guard噴液強調可以降低令人尷尬的衣服靜電問題；歐蕾保濕乳液訴求可以對抗自然老化現象；Nuprin止痛藥可以治療令人討厭的頭痛問題。上述案例顯示，強調產品的世俗性意涵，協助人們對抗不想要的自然事件，企業可以因此獲利，其他包括運動設備、服飾、金融產品等。世俗性意涵和實用性意涵可以重疊運用。

產品、服務和體驗可以基於快樂（hedonic）或是美學意涵。圖3.2指出快樂意涵建構於四種情感要素象限之中。例如，令人亢奮的單車之旅，快樂和清醒是構成要素；反之，讓人滿足的夏日水岸休閒，愉快和昏沉是構成要素，同樣地，情感的撫慰也在這個象限之中。音樂、藝術、宗教、消費地點都和快樂意涵有關。快樂意涵通常來自於消費體驗。例如，旅遊、休閒、觀光和娛樂服務，都是傳遞快樂意涵的重要產業。另外，消費購物場域經常結合娛樂和感動，例如，主題商品門市Niketown、ESPN Zone、eBay拍賣網站，都是以傳遞快樂意涵而知名。綜合相關研究報告顯示，上述體驗象徵著自由和夢想實現，其他包括個人成長、自我認同、逃避現實，也都可能產生快樂的意涵。

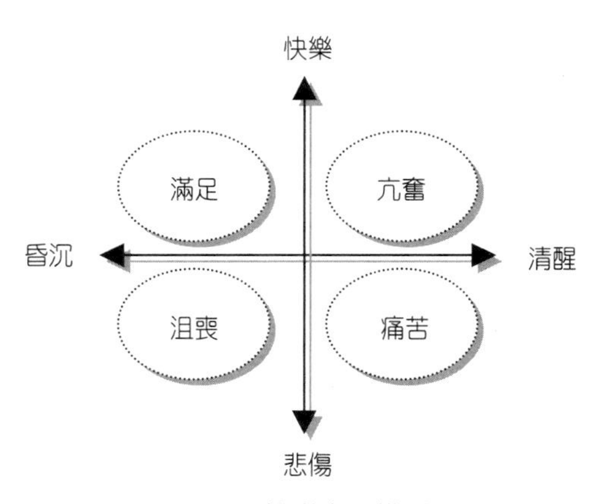

圖3.2　快樂意涵模型

消費意涵並非全然都是正面。耽溺（addiction）、強迫消費（compulsive consumption）、終極物質主義（terminal materialism）都是負面的消費意涵。強迫消費具有強烈的物質慾望，儘管持續性的消費，但卻沒有任何的滿足感覺，由於不滿足因此又持續消費，其他還包括衝動性購買。至於耽溺則是一種極端的案例，例如，耽溺產品（例如，毒品和酒精）或是體驗（例如，賭博），藉此建立和維持一個平衡的扭曲自我意識。相較於耽溺或是強迫消費，終極物質主義所受的折磨較小，他們經常透過大量蒐集藝術品、手工藝、書籍、投資等帶有權力意涵的商品，藉此獲得個人化的永恆。

社會性在產品消費上扮演重要的影響力。產品消費和社會關係之間具有反身關係（reflexive relationship），反身代表人們透過產品傳達自己是誰，屬於或是不屬於那些群體，人們也經常透過觀察他人消費來判斷其身分。因此，產品可以用來表示其社交關係。另外，產品也能表達社會意涵。例如，早期歐洲強制殖民地學童遵從西方服飾規範，藉此達到殖民教化的目的，西方服飾代表西方文明和價值。至於當代的行銷案例，蘋果電腦象徵商界的藝術社群。

消費社群和品牌之間的互動，也能產生獨特的社會關係和品牌意涵。消費社群內部除了分享獨特的品牌經驗，也可以藉此和社群外部產生區隔。例如，年輕英國女子因為消費Häagen-Dazs冰淇淋而形成獨特的消費群體。另外，透過產品和服務與消費社群之間的互動，企業可以藉此改變社會意涵。因此，Tommy Hilfiger服飾搭配嘻哈生活成為一種流行時尚。同樣地，象徵性產品可能與獨特的社會意涵產生聯結，進而導致激烈的抗爭和反應，例如，伊斯蘭面紗和恐怖主義產生聯結。

無論如何，品牌權益（brand equity）是產品社會意涵的最佳表現，它代表消費者對於特定品牌的忠誠和信仰。品牌權益通常具有持續性，例如，除汙產品Persil在二次大戰期間停止生產，然而，戰後該公司成功地占有市場領導地位。對於企業而言，品牌權益是極具價值的重要資產，特別是在高度經濟發展的國家，高品牌權益的產品較一般品牌更具有擴散力，價格可以訂得更高，並且具有更高的獲利率。

意涵的轉化

產品和服務的意涵從何而來？意涵發展經常從最初的模糊狀態，一直到最後的穩定狀態。意涵形成之後，也可能產生消退或是崩解，透過社會互動，回應他人的認同或是否定，並且讓消費經驗相似者發展共同的意涵。

圖3.3意涵轉化模型顯示，消費意涵在三個區位之間移動：(1)文化建構的世界；(2)產品、服務和體驗；(3)消費群體。意涵在產品和世界及產品和消費群體之間移動。如同第二章討論，世界被文化類型和原則所建構，其他包括時間、空間和自然、社群、階級、地位、性別、年紀和職位。文化類型可以產生區別系統，組織現實的世界，以及組合消費意涵。文化原則是一種概念、價值和組織理念，它可以形塑、識別和排列各種消費意涵。透過文化原則、類型、藍圖提供行為準則。透過消費表現出實用性、個人化、神聖性、世俗性和快樂性社會意涵。在面對及解構所處的世界，透過消費來定義自我意涵、社群、產品和服務。

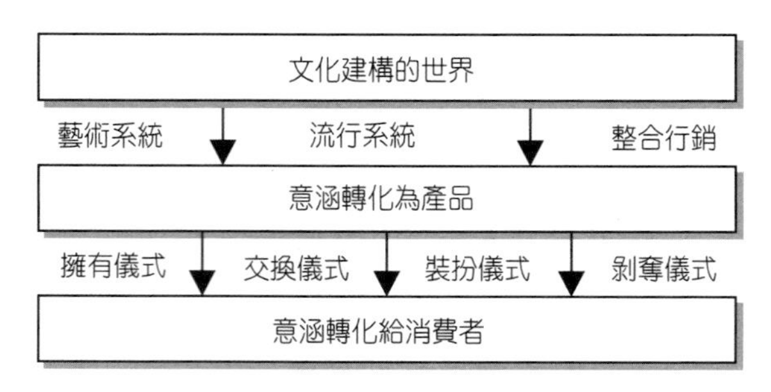

圖3.3　意涵轉化模型

背書過程

為了有效地聯結文化意涵和特定產品，可以透過下列幾種途徑，包括廣告文本、視覺圖像、人物角色等。廣告文本是一種聯結符號、符解和意涵的象徵性陳述，表3.3指出各種廣告文本形式。雖然廣告文本無法完整地描述文化意涵，不過透過聚焦於特定意涵，可以有效地與目標群體溝通。例如，動物的文化意涵容易被了解，因此，動物商標被大量地使用在品牌象徵，藉此可以催化消費意涵的轉化。

廣告也經常透過象徵性語言聯結符號、符解和目標，包括直喻（similes）演說方式明確表現，例如，就像（like）或是如同（as），Citizen Nobilia手錶採用直喻廣告訴求：「美麗地就像是孔雀」，將目標（手錶）和動物（孔雀）有效聯結。隱喻（metaphors）則是另一種表現，就像直喻一樣，它還潛藏著被遺漏的語句。例如，Fosters啤酒指涉澳洲；Alitaliz航空指涉義大利；Jaguar XJ-S休旅車指涉傳說英雄。易言之，澳洲、義大利和傳說英雄都是有意義的符號，廣告希望藉此和產品產生有效

表3.3　廣告文本形式

演說	強調資訊內容並直接訴諸讀者，透過辯證提高訴求效用，提供支持訴求的重要理由。
報導	透過特殊的資料或是一般性原則支持訴求，比較性或推薦式廣告可以強化產品優勢訴求。
推論	透過先前的訴求和發現，引導讀者去推論產品的優勢訴求，例如，預告型廣告。
劇情	透過故事、隱喻和其他文學手段傳達意涵，引人注目的廣告沒有明顯的訊息來源。例如，勁量電池粉紅兔成功逃脫金剛追擊。
寓言	透過象徵而非事實的廣告推論訴求。例如，美國運通旅行支票在海外遺失。

地聯結。另外，廣告視覺效果也能喚起與符號有關的象徵意涵。

象徵（symbol）則是重要的廣告符號類型，不同於上述二種表現手法，象徵是意涵轉化非常有用的工具，讓人積極涉入並喚起相關意識。例如，荷蘭阿姆斯特丹Ajax足球隊，使用古希臘武士形象；加拿大多倫多冰上曲棍球隊，則是採用楓葉形象。然而，並非所有的符號、目標和符解都有相關。它必須在相對能被了解的文化原則和類型基礎之下，誇張和簡約意涵更有利於傳達象徵性意涵。

視覺圖像方面，西方國家廣告傾向於減少語言的使用，特別是印刷媒體；反之，視覺表達的重要性逐漸增加。視覺的象徵意涵來自於文化建構的世界，它未必存在於真實世界，它可能只是溝通上的純然虛構，特殊的視覺圖像可以達到意涵的溝通。對於特定的目標群體，廣告中的視覺圖像代表一種概念，創造一種虛構，指涉特定的形象。

若要理解上述形象，必須體認廣告視覺像是一種象徵性的溝通，它不代表是一種真實物體。例如，充滿想像的米其林寶寶（Bibendum）代表彈性和舒適；麵糰寶寶（Pillsbury Doughboy）代表著可愛和依靠；俄羅斯民間傳說的金色夜鶯，則是隱喻著華麗。一般而言，廣告不必訴求合理的解釋，不過，最好還是與文化產生關聯，並且運用於跨國廣告時必須留意。

人物角色方面，真實或是虛構代言人都能傳達文化意涵。例如，利用名流或是專家來背書，廣告效益取決於其信賴度和被喜愛度。圖3.4指出透過名流背書如何轉化意涵。例如，影星哈里遜福特（Harrison Ford）和茱莉亞羅柏茲（Julia Roberts）。背書過程可以讓意涵從名流移向產品，透過消費達到接近和認同的目的。籃球大帝麥可喬登代言一系列的運動球鞋，由於麥可象徵著強力籃球的形象，產品透過麥可的背書（包括專業和信賴），一旦進行消費，上述意涵就會完成移轉，進而獲得和享受名流傳達的意涵。

消費意涵無法簡單地透過廣告被賦予，消費者在聯結產品和消費意涵上，始終扮演積極重要的角色。如同圖3.3顯示消費者積極涉入意涵轉化，透過獲得產品和解釋意涵，進而創造自我形

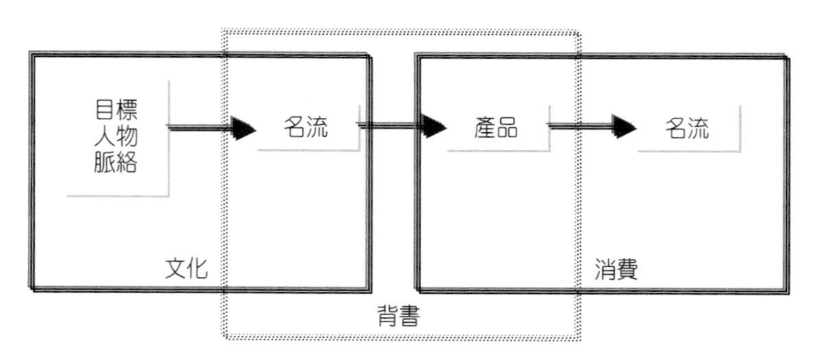

圖3.4 意涵移動與背書過程

象。消費者通常透過其象徵性的認知，對於產品或是廣告意涵進行解釋。易言之，廣告本身有時並未創造出任何意涵，而是消費者透過自我解釋加以創造。

人們可以透過廣告和產品獲得意涵，透過產品使用和特定意涵產生聯結，以及與其他消費群體產生區別。例如，女性使用香奈兒五號（Chanel No 5），該項產品廣告係由法國女星凱薩琳丹妮芙（Catherine Deneuve）代言，不同於美國女演員海明威（Margaux Hemingway）代言的嬰孩（Babe）化妝品。透過消費特定產品涉入產品相關意涵，代言人提供該項產品特定的符號象徵，消費者透過使用產品去創造意涵，並且區別自我在群體之間的差異性。不過，消費意涵有時不是為了回應廣告，而是為了認知和純粹的表達自我。

轉化儀式

意涵轉化的最後階段，除了行銷溝通解釋，還包括產品和服務的暫時性或永久性獲得，各種行動儀式能將產品意涵轉化給消費者。表3.4指出四種主要的意涵轉化形式，包括體驗、扮演、整合和分類。體驗和扮演是快樂意涵的轉化活動；整合和分類則是實用意涵的轉化活動。扮演和分類屬於較社會化的活動。體驗和整合則是較個人化的活動，前者旨在協助建立社會身分，例如，透過衣著顏色區分屬於哪個足球隊的球迷；至於體驗和整合則在協助建立個人的認同。

表3.4 意涵轉化形式

形式		定義	案例
體驗	說明	透過豐富說明傳達特殊意涵和價值	體育運動和表演藝術的現場實況
	評價	比較及評價過去和現在	比較披薩的麵皮、配料和價格
	欣賞	賦予目標行動獨特的美學感動	討論運動美學和棒球場熱狗的特殊風味
扮演	溝通性	消費成為一種與他人分享的互動經驗	於運動、旅遊、宗教慶典等發展出暫時性社群關係
	社會化	利用過去或現在的消費經驗去招待他人	說明各種消費故事，像是一位市場專家
整合	吸收	成為忠誠的消費參與者	加入特定消費群體和使用特定術語
	產出	深刻涉入目標行動	提出評論和建議；預測運動賽事結果
	個性化	增加其他元素去表達個人與目標行動的關係	產品創新使用；客製化服飾、汽車、房屋和其他產品
分類	透過目標	分享消費意涵，藉此定位自我及與他人的區別	包括紀念品、服飾、珠寶、腳踏車或是汽車
	透過行動	透過體驗過程，藉此定位自我及與他人的區別	處理新手／專家行為；運動、工藝或是藝術行家

另外，意涵轉化可以透過一些特殊行為。例如，消費者將產品轉化為自我意涵，可以透過擁有儀式、裝扮儀式、交換儀式和剝奪儀式。擁有儀式包括客製化、裝飾、個人化、潔淨、展示等活動，讓人藉此表達擁有，其他還包括移除標籤、包裝或是相關行銷資訊。例如，為了宣告擁有英國出版的*paperbound*書籍，消費者會扯掉其封套和標籤，避免未來被轉售。相關研究結果也發現，都市小孩會保留衣服標籤並展示給同儕，代表是在知名賣

場上購買，作為個人形象的有力陳述。

客製化則是一項精緻化的擁有流程，它將個人意涵直接鑲入產品。例如，流行服飾的花色圖樣，讓消費者突顯其獨特的擁有訴求。另外，重複的擁有可以證明意涵和價值，包括重新處理和配置。例如，收藏家蒐藏特定的郵票，透過獨特的配置敘說郵票故事（或稱郵政歷史），明顯增加了郵票的價值。另外，蓋過郵戳的郵票價值更勝於全新的郵票。

裝扮也是傳達意涵的重要手段，它是一種身體語言，可以傳達個人的社會地位，以及讓人獲得權力和魅力。除了消費者之外，產品也需要裝扮以利於傳達特定意涵。例如，在日本，包裝除了是重要的藝術表現形式，其所傳達的意涵遠勝過於禮物本身。

3.3 意涵的延展

產品和服務的意涵具有高度展延性，由於消費意涵具有相當的變異性，因此，了解產品意涵的多元概念非常重要。一般而言，產品意涵可以分為四類：(1)有形屬性；(2)文化關聯；(3)次文化關聯；(4)獨特和個人關聯。上述類型屬於連續性概念，從有形的產品屬性，到無形的和獨特的個人意涵。例如，大多數的英國人可以接受皮革沙發。但從文化角度，多數人認為皮革代表奢侈。從次文化角度，有些人認為皮革沙發只適合放在書房，但是不適合放在客廳。同樣地，顏色也能扮演某些角色，例如，黑色皮革讓人聯想到單身公寓，白色讓人聯想到悠閒富裕。綜合言之，皮革沙發象徵的個人意涵，充滿著無數的可能性，某些人購買沙發表徵地位，某些人則是懷想兒時回憶。無論如何，相較於獨特的個人意涵，沙發的有形屬性更為重要。

產品可以展現不同的文化、次文化、獨特和個人關聯。透過產品選擇和消費可以表現自我定義（self-definition）。消費者慣於表達多元的個人意涵，例如，搭配鑲飾各種文字和圖案的領衫，可以表現獨特的自我形象；名牌領衫可以讓人和品牌意涵產生聯結，突顯出名貴的身分象徵。另外，哈雷機車儘管已經具有一定的形象，不過，在不同的次文化之下，它也可能象徵著亡命歹徒。依據上述四種意涵類型，可以改變市場需求及重新定位產品。例如，北美牛肉業者塑造牛肉為低脂食品，藉此降低消費者對於紅肉脂肪的疑慮，業者透過牛肉再造計畫，改變牛肉的有形屬性，回應消費者對於牛肉脂肪和健康導向的信仰。另外，改變產品的次文化消費意涵，經常也是產品重新定位的重要策略，例如，木材和五金門市，傳統上對於男性較有吸引力，然而，Lowe訴求「自己動手」形象定位成功地吸引女性。同樣地，拉斯維加斯賭場為了尋求擺脫賭博、犯罪和色情形象，重新定位為家庭、友善的休閒渡假勝地，藉此將目標市場由利基小眾轉為普羅大眾。

3.4 結　論

消費意涵是產品需求的核心（產品、服務、理念和體驗），解構消費需求就是了解理念或意涵的符號化。細而言之，

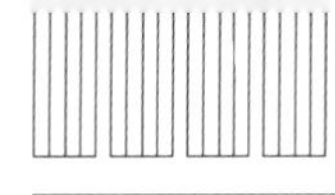

廣　告　回　信
臺灣北區郵政管理局登記證
北台字第 2970 號
免　貼　郵　票

106-70

台北市大安區和平東路二段339號4樓

博雅書屋有限公司

姓名：

縣市

鄉鎮市區

路街

段

巷

弄

號

樓

□新讀者

□老讀者

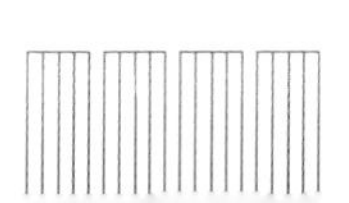

「博雅書屋」讀者回函卡

感謝您購買博雅書屋的書籍，為了提供您更好的服務，請您費心填寫以下資料，即可成為貴賓讀者，享有書訊服務與優惠禮遇。

◆購買書名：____________________

姓名：　　　　　　□男 □女　　　　生日：　年　月　日

E-Mail：

學歷：□國中（含以下）□高中．職 □大學．大專 □研究所以上

職業：□學生 □生產．製造 □金融．商業 □傳播．廣告
□軍人．公務 □教育．文化 □旅遊．運輸 □醫藥．保健
□仲介．服務 □自由．家管 □其他

電話：__________（手機）__________ 傳真 __________

◆您如何購得本書：□網路書店 □郵購 □書店　　縣（市）　　書店
□業務員推銷 □其他

◆您從何處知道本書：□書店 □網路及電子報 □五南書訊 □廣告DM
□媒體新聞介紹 □親友介紹 □業務員推銷 □其他

◆您通常以何種方式購書（可複選）：
□逛書店 □郵購 □信用卡傳真 □網路 □其他

您對本書的評價（請填代號 1.非常滿意 2.滿意 3.尚可 4.待改進）：
□定價 □內容 □版面編排 □印刷 □整體評價

您的閱讀習慣：□百科 □圖鑑 □文學 □藝術 □歷史 □傳記
□地理、地圖 □建築 □戲劇舞蹈 □民俗采風
□社會科學 □自然科學 □宗教哲學 □休閒旅遊
□生活品味 □其他

請推薦親友，共同加入我們的讀書計畫：

姓名__________ 地址____________________

姓名__________ 地址____________________

您對本書或本公司的建議：____________________

____

____

劃撥帳號 01068953　戶名：五南圖書出版股份有限公司
電話：（02）2705-5066　傳真：（02）2709-4875
網址：http://www.wunan.com.tw/　讀者服務信箱：wunan@wunan.com.tw

符號化就是聯結目標、象徵和意涵的產出過程。例如，星巴克咖啡代表目標，海上女神賽壬代表符號，星巴克浪漫代表意涵。人們經常透過消費產品和服務，萃取自我意涵和社會意涵，而產品消費意涵具有以下幾種類型：實用性、神聖性、快樂性和社會性。上述類型經常同時用在單一產品，不過，產品的特殊意涵也會隨著不同的市場環境產生變化。

透過意涵轉化模型，有助於了解意涵如何在文化、產品和消費之間移動。文化建構了現實的世界，文化原則和類型利於組織和分類嶄新經驗。其次，透過廣告系統和流行系統，文化意涵可以被轉化成為產品，進而透過口語傳播包括隱喻和直喻，以及視覺圖像包括名流、動物和卡通角色，提示給受訊者去解構產品意涵。在上述意涵的解構過程中，人們始終扮演積極重要的角色。無論如何，消費意涵會隨著不同的文化產生變化，我們無法確切地分類所有的消費意涵。本章標題指出：「消費是一個翻譯過程。」從一個疏離和價格的象徵，翻譯成特定不可分割的意涵。易言之，產品透過文化消費的作用，被重新脈絡化和翻譯理解。然而，理解永遠只是一種詮釋，詮釋則是不斷增加的機率而已。另外，與其說詮釋是一種解析，不如說詮釋是一種建構。消費意涵永遠都是鬥爭和協商，文本的結構性存在，人們的主動性也存在。

延伸閱讀

1. Arnould, E., Price, L. and Zinkan, G (2002), *Consumers*, 2e, McGraw-Hill.
2. Bocock, Robert (1993). *Consumption*. London: Routledge.
3. Storey, John (1999). *Cultural Consumption and Everyday Life*. London: Arnold.
4. Kent Grayson and David Shulman, "Indexicality and the Verification Function of Irreplaceable Possessions: A Semiotic Analysis," *Journal of Consumer Research* 27

(June 2000), pp. 17-30.

5. Hirschman, "Comprehending Symbolic Consumption"; and Richins, "Valuing Things."
6. Brad Herzog, "They're Great!" *Attache*, August 1999, pp. 54-59.
7. Mark Ligas and June Cotte, "The Process of Negotiating Brand Meaning: A Symbolic Interactionist Perspective," in *Advances in Consumer Research*, vol. 26, ed. Eric Arnould and Linda Scott (Provo, UT: Association for Consumer Research, 1999), pp. 609-14.
8. Kathleen Brewer Doran, "Symbolic Consumption in China: The Color Television as a Life Statement," in *Advances in Consumer Research*, vol. 24, ed. Merrie Brucks and Deborah J. MacInnis (Provo, UT: Association for Consumer Research, 1997), pp. 128-31.
9. Russell W. Belk, Melanie Wallendorf, and John F. Sherry Jr., "The Sacred and Profane in Consumer Behavior: Theodicy on the Odyssey," *Journal of Consumer Research* 16 (June 1989), pp. 1-38; and Annette Weiner, *Inalienable Possessions* (Berkeley: University of California Press, 1989).
10. Elizabeth C. Hirschman, "Point of View: Sacred, Secular, and Mediating Consumption Imagery in Television Commercials," *Journal of Advertising Research* 36 (December-January 1991). pp. 38-43.
11. Douglas B. Holt, "Why Do Brands Cause Trouble? A Dialectic Theory of Consumer Culture and Branding," *Journal of Consumer Research* 29 (June 2002), pp. 70-90.
12. Crockett and Wallendorf, "Sociological Perspectives on Imported School Dress Codes."
13. Grant McCracken, "Culture and Consumption: A Theoretical Account of the Structure and Movement of the Cultural Meaning of Consumer Goods," *Journal of Consumer Research* 13 (June 1986), pp. 71-84.
14. Herbert Blumer, "Fashion," in *International Encyclopedia of the Social Sciences* (New York: Macmillan, 1968), pp. 341-45; see also Ligas and Cotte, "The Process of Negotiating Brand Meaning."
15. Holt, "Why Do Brands Cause Trouble?" and John W. Schouten and James M.

McAlexander, "Subcultures of Consumption: An Ethnography of the New Bikers," *Journal of Consumer Research* 22 (June 1995), pp. 43-61.

16. Clammer, "Aesthetics of the Self"; and Dorinne Kondo, "The Aesthetics and Politics of Japanese Identity in the Fashion Industry," in *Re-Made in Japan*, ed. Joseph J. Tobin (New Haven: Yale University Press, 1993), pp. 176-203.
17. Anthony Lewis, "Boom Box," *New York Times Magazine*, August 11, 2000, pp. 36-41, 51, 65-67; and Barbara J. Phillips, "Advertising and the Cultural Meaning of Animals," in *Advances in Consumer Research*, vol. 23, ed. Kim P. Corfman and John G. Lynch (Provo, UT: Association for Consumer Research, 1996), pp. 354-60.
18. Edward F. McQuarrie and David Glen Mick, "On Resonance: A Critical Pluralistic Inquiry into Advertising Rhetoric," *Journal of Consumer Research* 19 (September 1992), pp. 180-97.
19. Barbara B. Stern, "How Does an Ad Mean? Language in Services Advertising," *Journal of Advertising* 17, no. 2 (1988), pp. 3-14.
20. William Leiss, Stephen Kline, and Sut Jahly, *Social Communication in Advertising: Persons, Products, and Images of Well-Being* (Toronto: Methuen, 1986).
21. Lance State, "The Cultural Meaning of Beer Commercials," in *Advances in Consumer Research*, vol. 18, ed. Rebecca H. Holman and Michael R. Solomon (Provo, UT: Association for Consumer Research, 1991), pp. 115-19.
22. Judith Williamson, *Decoding Advertisements: Ideology and Meaning in Advertising* (New York: Marion Boyars, 1993), pp. 7, 12; and Coleman, Lipuma, Segal & Morrill, Inc., *Package Design and Brand Identity* (Rockport, MA: Rockport Publishers, 1994).
23. Arthur J. Kover, "Copywriters' Implicit Theories of Communication: An Exploration," *Journal of Consumer Research* 21 (March 1994), p. 603; and Williamson, *Decoding Advertisements*, pp. 40-44.
24. Kover, "Copywriters' Implicit Theories of Communication"; and Williamson, *Decoding Advertisements*.
25. Kopytoff, "The Cultural Biography of Things."
26. Elizabeth Chin, "Fettered Desire: Consumption and Social Experience among Minority Children in New Haven, Connecticut," unpublished Ph.D. dissertation

(New York: Graduate School of the City University of New York, 1996).

27. Hirschman, "Comprehending Symbolic Consumption."
28. Marsha L. Richins, "Special Possessions and the Expression of Material Values," *Journal of Consumer Research* 20 (December 1994), pp. 522-33.
29. "Lowe's Is Sprucing Up Its House," *Business Week*, June 3, 2002.
30. Nancy Foster and Robert J. Foster, "Learning Fetishism? Boys Consumption Work with Marvel Super Heroes Trading Cards," paper presented at the 93rd annual meeting of the American Anthropological Association, Atlanta, November 30, 1994.
31. S. R. Howarth, "Corporate Art: An Integral Part of the Company Image," manuscript, The Humanities Exchange/International Art Alliance, Largo, FL.
32. Belk, Wallendorf, Sherry Jr., and Holbrook, "Collecting in a Consumer Culture," pp. 178-215.
33. Nancy Rosenberger, "Images of the West: House Style in Japanese Magazines," *Re-Made in Japan*, ed. Joseph J. Tobin (New Haven: Yale University Press, 1992), pp. 106-25.
34. Marieke de Mooij, *Global Marketing and Advertising: Understanding Cultural Paradoxes* (Thousand Oaks, CA: Sage Publications, 1998).

第二篇

消費心理

第四章
愈是記不得，愈是忘不掉

A higher unconscious motive implies a higher conscious behavior

人們為何表現特定的行為？為何消費特定的產品、服務、品牌和體驗？上述問題核心都直指內在的動機驅力。本章探討人們的動機和需求，如何受到總體環境和社會脈絡的影響，古典動機理論為何？上述理論的核心概念和限制？文化脈絡下的消費動機為何？動機之間是否衝突？何種策略可以解決？最後聚焦於消費涉入，指出不同涉入類型和特性，以及如何刺激和衡量消費涉入。

4.1 內在的魔性

動機（motivation）意指喚起目標導向反應的內在驅力。驅力（drive）代表一種內在刺激，包括飢渴或疼痛等生理經驗，以及歸屬和自尊等情感需求。目標（goals）意指驅動人們採取行動的目的或欲望，動機驅動了行為和目標取得一致，提高人們達成目標的意願。例如，希望提高形象魅力的動機，驅動了人們涉入有關運動、減肥和美容等產品。易言之，內在驅力的結果就是對於產品、服務或體驗的需求。涉入（involvement）代表動機的心理結果，在特殊情境下對於重要事物的認知水準，包括興趣、興奮、焦慮、承諾等與目標有關的情感。由於人類擁有多元和衝突的目標，因此，必須經常在不同的目標之間取捨，結果導致目標追求可能被延遲、改變或遺忘。事實上，目標可以具有許多不同的層級，我們稱它為目標層級（goal hierarchy），例如，減肥是焦點目標（focal goal）；達成焦點目標的理由可以同時讓人感覺舒適，我們稱它為主要目標（superordinate goal）；達到焦點目標所採取的行為如運動，我們稱它為次要目標（subordinate goals）。

無論如何，動機和目標都會受到文化和社會脈絡的影響，它反應了人們對於生命享受、希望和承諾的欲望。儘管人類文化可能享有共同的動機基礎（基於生物特性），不過，迄今沒有適用於所有文化的普遍性動機模型，最多只能解釋不同行為和表達的情境差異。易言之，個人獨特的因素和文化與社會脈絡因素，都會顯著地影響動機。圖4.1動機脈絡模型指出總體環境、社會脈絡，特別是個人生命歷程、生活型態、價值和計畫如何影響動機行為。總體環境包括全球脈絡、消費文化，以及文化生產系統，例如，製造商、廣告主、零售商、媒體和流行產品，都會影響個人的生活型態、價值和計畫。社會脈絡包括家庭、朋友和組織，以及經濟和社會結構，同樣也會影響動機、目標和偏好。社會脈絡是影響動機和目標的重要來源，圖4.2動機動態（motivational dynamics）模型指出社會脈絡如何影響動機，其一，透過與他者的歸屬整合；其二，尋求與他者的差異區隔，例如，相同球隊球迷具有共同的歸屬，彼此會分享相同的球隊符號、顏色和商品；反之，與其他球隊球迷就會產生區隔差異。

最後，包括自我人格、個人生命歷程、生活型態和計畫，也都與個人動機和行為緊密聯結。生活型態（life style）意指日常關注的焦點，例如，教育和品味；生活計畫（life projects）意指識別和維持生活的主要角色，例如，成為稱職的母親、忠誠的

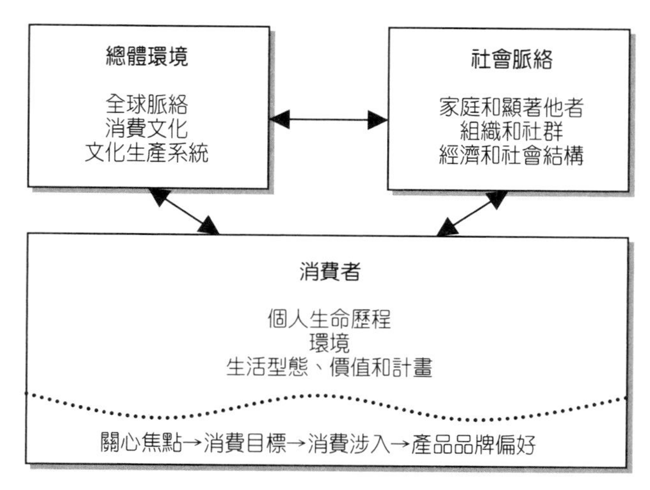

圖4.1　動機脈絡模型

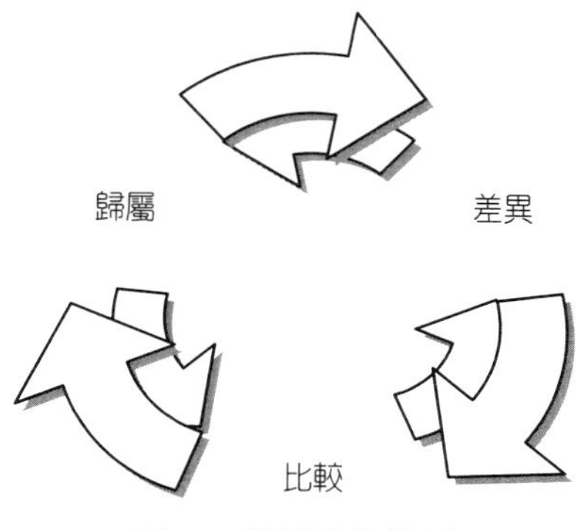

圖4.2　動機動態模型

員工、成功的老師等。多數人經常同時擁有不同的生活計畫，包括成為好員工、好學生、好朋友，上述不同角色之間經常存在衝突。例如，成為好員工爭取企業最大利益，同時也可能傷害客戶和社會。另外，雖然生活計畫長期可以維持相對穩定，不過，角色轉換（role transition）可能導致生活計畫產生變化。例如，個人被社會群體期望的主要權利和責任產生變化，自我概念改變和角色轉換都會衝擊動機和目標。另外，動機驅力並非始終都是有意識的，它只是反應了日常多數的行為選擇。上述選擇維持了社會不同階級、年紀、種族地位、生活型態、職業、人格和國籍差異。易言之，動機是一種經常被忘記的事物，但卻顯著地影響人類的行為。

4.2 古典動機理論

探討消費動機很難不提到弗洛依德、馬斯洛及其追隨者，儘管上述學者都試圖了解人類的行為動機。不過，理論觀點眾多也混淆了我們對於需求的認知。另外，由於動機背後的心理因素，以及儘管假設需求存在，但卻無法直接觀察和證明。我們無法看到或接觸到需求、動機和欲望，只能推論這些概念確實存在，本節將討論下列四種動機理論：

- 弗洛依德（Sigmund Freud）的驅力概念，例如，本我、自我和超我。
- 榮格（Carl Jung）的原型概念，例如，母親和英雄。
- 馬斯洛（Abraham Maslow）的需求層級概念，例如，心理需求和安全需求。
- 馬瑞（Henry Murray）的需求表單概念，例如，獲得、次序和保留需求。

弗洛依德

弗洛依德指出人類心理可以分為意識（conscious mind）和潛意識（unconscious mind）。自我（ego）代表意識心靈，它由認知、思維、記憶和感情所組成。自我賦予人格一個認同和連續的感覺。弗洛依德的自我概念是現代自我理論的先驅。本我（id）代表潛意識心靈，它由與生俱來的本能（instincts）和心理能量（psychic energies）所組成。某種意義來說，本我（擴大解釋）是由生理所決定，動機來自於潛意識心靈，潛意識力量強大並且必須被滿足，忽視它可能造成自我理性過程扭曲，包括導致官能症（neuroses）、恐懼症（phobias）、妄想症（delusion）、無理性（irrationality）行為。易言之，弗洛依德強調不容於社會和他人的異常動機和行為。

超我（superego）代表傳統社會理念和價值，這些價值在孩童時被學習並由父母加以認定。超我扮演一種企圖控制情感和本我的意識，本我是野性的和未馴服的，代表原始的動物本能。超我企圖發揮教化的力量，超我同時也和自我產生衝突，超我企圖強迫自我，去追求符合社會和文化道德上的目標。總體而言，弗洛依德對於動機理論的貢獻，在於提供一個簡單的架構，勾勒出各種相互影響的力量，包括生理力量（本我）、社會力量（超我）和人類意識（自我）。上述三種力量，可以解釋動機和需求如何影響行為。

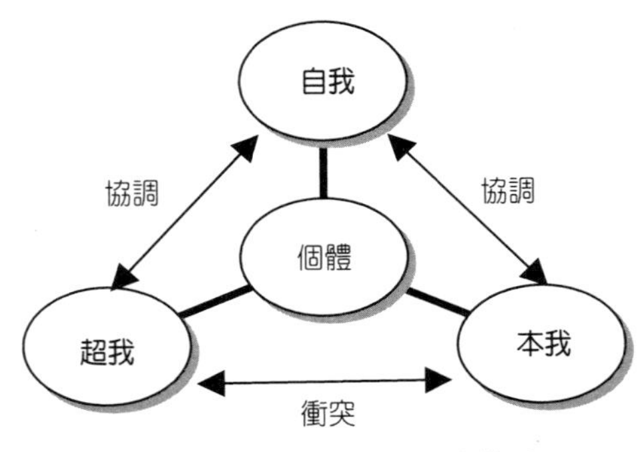

圖4.3　自我、本我、超我模型

榮　格

榮格指出潛意識可以分為個人潛意識（personal unconscious）和集體潛意識（collective unconscious），前者代表被保留的先前表達、遺忘、壓迫和忽略的意識經驗。雖然它們被儲存於潛意識中，透過直覺和類似無法言說的強烈企圖，其核心與相關經驗可以成為意識。後者像是一個原型（archetype）或一個重要橋樑，介於意識思維和表達與直覺和視覺之間。原型代表一個被儲存的共同印象、一種集體潛意識、一個潛伏的記憶痕跡，或是繼承自人類或動物祖先的過去。榮格指出在不同的文化之下，人類分享著某種程度的相似神話和形象。例如，母親象徵溫暖和養育，黑暗和蛇代表恐懼。無論如何，榮格理論提供了一個探索神話、想像和象徵的方法，揭示人類分享著深層的和永恆的相似價值，對於描繪全球化的溝通象徵提供了一個有效的路徑。

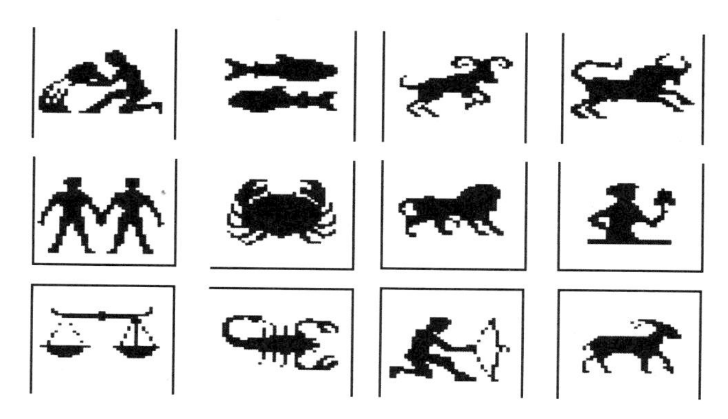

圖4.4　原型印象

馬斯洛

人類需求理論很多，其中馬斯洛需求層級（hierarchy of needs）理論最為知名，該理論指出從較低水準到較高水準，可以分為五種需求：

- 生理需求：包括食物、水和睡眠。
- 安全需求：包括庇護、保護和安全。
- 社會需求：包括情感、歸屬和接受。
- 自我需求：包括名望、成功和自尊。
- 自我實現需求：包括自我實現和豐富體驗。

較低需求是驅動較高需求的基礎，追求較高需求必先滿足較低需求。例如，如果生理和安全需求獲得滿足，才會進一步去關心他人，包括追求社會需求和較高需求水準。至於馬斯洛認為的自我實現，代表渴望極大化和實踐自我潛力。易言之，當所有較低需求已被滿足，自我實現需求欲望會被挑動。雖然馬斯洛需求層級理論，可以提供一個完整的需求動機架構。不過，它過於簡化並且忽略了需求強度，例如，較低需求感覺要多強才會進階到較高需求？貧窮國家或地區對於奢侈品的強烈渴望；低度經濟發展的家庭販賣謀生用的牛奶，去購買廣告促銷的糖果滿足自家小孩。另外，較高需求可能超過基本需求，例如，早期人類除了努力滿足基本需求，但也同樣投入藝術創作和蒐集。另外，三萬年前的洞穴壁畫顯示，人類對於美學的欲望甚至超過基本需求。

馬斯洛的需求順序會隨著不同文化產生變化。研究結果顯示，東西方的需求層次明顯不同，某些文化強調社會和歸屬需求，較少強調自我實現需求。另外，不同的文化也會改變不同的自我概念，影響他們如何評價自我實現和集體實現。無論如何，馬斯洛需求層級提供了有用的動機分類，讓人可以進一步了解消費行為。若從行銷角度，馬斯洛需求層級利於了解產品如何設計，例如，核心的產品設計理念應該是滿足：生理需求（飽足舒適）、信任和保證（消費安全）、歸屬（客戶互動），通常廣告都會同時訴求一個或多個需求。

馬　瑞

馬瑞是透過目標導向去思考動機，並將重點轉向內部狀態或驅力的研究先驅。馬瑞表列了二十二項人類基本動機需求，並且賦予不同的優先排序。如同弗洛依德、榮格和馬斯洛，馬瑞的自我和動機理論，奠基於心理學及其揭示的文化藩籬（culture-bound），意即並不存在普遍性的文化價值。儘管上述動機需求表單容易理解，並且可以運用在不同的文化傳統，不過，表單過於龐雜讓人感到不切實際。

馬瑞表單詳列了許多和目標有關的需求。例如，獲得需求（acquisition needs）意即取得財產的擁有權利；次序需求

（order needs）意指使事物有序、潔淨、安排、組織和平衡；保留需求（retention needs）意指保留事物的擁有，包括貯藏、儉約和吝嗇。在上述基本需求之間，行銷策略經常強調獲得和保留兩項需求。獲得是人類的基本需求，然而，許多宗教並不鼓勵過度獲得並且加以抑制，例如，猶太教和基督教、佛教、道教、印度教，以及美國土著傳統，他們皆強調抑制物質欲望。儘管上述擁有的重要性隨著不同文化產生變化，不過，多數人在獲得需求和保留需求上具有相當的普遍性。

4.3 獨立和互依

文化核心可以分為獨立目標（independent goals）或互依目標（interdependent goals），前者強調獨特（unique）、獨立（self-contained）、自治（autonomous entity）等理念，例如，美國和許多西歐文化，這些文化的父母期望小孩學習獨立，包括晚上自行上床睡覺等，若以馬斯洛的最高目標則是自我實現（self-actualization）。然而，許多文化強調互依自我（interdependent self）理念，例如，亞洲、非洲、拉丁美洲和部分南歐文化，這些文化強調自我是社會關係的一環，行為受到與他者的關係行動、思維、感情和認知的影響。自我和目標都會受到社會脈絡和社會單位的影響。在上述文化當中，父母教導小孩去學習與社會融合和尋求人際和諧。例如，在行銷廣告策略上，強調長輩和專家說服的廣告，在中國比在澳洲有效，因為前者屬於互依目標文化；另外，相較於澳洲人，中國人較少抱怨產品瑕疵，因為這種行為與強調順從的文化一致。無論如何，在不同的文化下，自我需求概念經常被運用在各種媒體廣告。其中，權力和獨特兩項需求，用在獨立文化明顯高於互依文化；至於實現、歸屬和自尊三項需求，對於兩種文化其地位同等重要。不過，不同的文化可能存在不同的意涵和行動關聯，綜合言之，各種廣告經常強調上述一項或多項需求。

權力動機（power motive）意指控制和影響他人或群體的需求，具體的表現方式（合宜或不合宜）就是引人注意或創造激情。透過擁有可以達成對於權力的需求，例如，擁有信用卡、手錶、汽車等。其他包括即將進行一項重要的訪談，男性可能會別上獨特的領帶，女性可能穿上專業的套裝。因此，許多產品和服務經常訴求權力的象徵意涵，藉此挑起和滿足人們對於上述動機的需求。

根據前述動機動態模型，融合和低調（例如，整合或歸屬）與獨特和比較（例如，差異或區別）都很重要。獨特動機（uniqueness motive）意指體認自我不同於他人或追求差異化的需求。蘋果電腦訴求「換個腦袋思考」（think different），點出了追求獨特的動機需求。多數西方文化和美國人，特別堅持並且努力提升獨特的自我。另外，面對當前量產的消費社會，為了表達獨特自我的動機需求，透過消費稀有和新奇的產品，可以維持異於他人的特殊感覺。例如，西方國家年輕人經常訴求另異和疏離。

實現動機（achievement motive）意指個人體驗和評價成果的需求，可以分為個人導向和社會導向的動機實現，前者代表努力達成自己的目標，後者代表追求符合他者的期望。例如，中國小孩努力達成他人的目標，包括父母和老師。

歸屬動機（affiliation motive）意指接觸人群的需求，它代表著最基本的社會行為。人類演化從較小的群落開始，歸屬始終是一項普遍性的需求，許多社會透過放逐（ostracism）來處罰異己。歸屬是人類重要的動機需求，在互依文化中比獨立文化更被強調。不過，歸屬意涵和行為方式會隨著不同環境產生變化，例如，在互依文化中人們會隨時調整自我，以便站在與他人有利互動的最佳位置。另外，消費社會和媒體爆炸造成人際更加疏離，人們偶爾會尋求與特定族群產生聯結，藉此克服疏離、人格解體（depersonalization）和孤立的感覺。許多產品和服務經常訴求歸屬的象徵意涵，透過消費可以建立與人互動的需求滿足。

自尊需求（self-esteem need）意指維持正面自我觀點的需求，它可以用來說明個人成就、合理解釋失敗、正面看待自己，它代表著一種個人自我提升（self-enhancing bias），相反的概念則是自我抹煞（self-effacing）。總體而言，自尊是西方文化的根本，核心在於表達和扮演自我，它經常被用在西方廣告中，不過，這些訴求在日本文化中則是負面象徵，意即表達內在的自我不是重點，重點在於如何控制內在的自我表達，滿足與他人和諧才是處事關鍵。研究結果顯示，日本人較美國人更少強調情感和行動一致。無論如何，在互依文化中，為了滿足歸屬需求，人們經常採取自我控制和自我限制。

4.4 趨近和避免

面對多元的目標和各種障礙，人們必須隨時權衡如何分配資源，其間始終包含各種複雜的和矛盾的情緒，例如，上大學、買房子、生小孩、換工作等。西方文化通常較鼓勵去解決上述複雜的情緒，強調這些都是源自動機衝突的經驗和焦慮。反之，東方文化認為上述衝突非常普遍和自然，經常抱持寬容態度並且較少尋求衝突解決。無論如何，在特定的文化中，人們處理動機衝突的方式也未必相同。例如，教育水準和動機需求較高者，面對複雜的或延展的決策，通常較能有效地處理和接受這些衝突。動機衝突如何被解決和避免，主要取決於背後的文化脈絡，例如，置身於互依文化中，個人決策聚焦於目標避免（選擇汽車為了抗拒意外事件）；反之，置身於獨立文化中，個人決策聚焦於目標趨近（選擇汽車為了享受駕駛經驗）。以下將說明三項主要的動機衝突。

趨避衝突（approach-avoidance conflict）意指目標同時具有愉快和厭惡，代表滿足一項目標就會造成其他目標的不滿足。易言之，追求特定的目標資源就無法兼顧其他的目標資源。例如，感性上了解投資於教育是對的，但是沒有充足的資金讓人氣餒；優質的產品和低廉的價格始終是兩難。行銷經常採取趨避策略作為廣告訴求，例如，信用卡二個月無息貸款，分離了獲得和付出，避免了不愉快感覺，透過溝通強化利益接近和風險避免。成功的趨避衝突廣告訴求，例如，鼓勵不必全然地抗拒熱量（卡路里），只要適量和合宜就是健康。廣告不僅明確地維持上述衝突，傳達仍然可以自由選擇和進行消費。

雙趨衝突（approach-approach conflict）意指面對二個或更多的欲望取捨。例如，手排汽車可以滿足權力和控制，自排汽車則是具有便利和舒適。澳洲VR-X廣告為了解決上述二項目標衝突，因此，廣告訴求同時擁有上述二種傳動裝置。

雙避衝突（avoidance-avoidance conflict）意指必須在相同的厭惡選項中取捨，包括看牙醫、買保險，或是產品維修更換。例如，儘管不願意花數百美元換輪胎，但更不願意開一輛高風險的汽車。如何讓不同的替代方案更具魅力，許多產品和服務會訴求雙避衝突的行銷策略，例如，牙醫推出例行性檢查，讓人感到正面愉快的經驗。其他包括保險公司表示購買該公司保險可以抵銷或降低風險。

4.5 涉入的連續帶

動機會喚起消費涉入（involvement）的經驗，它是動機的心理結果，消費涉入是目標、個人和決策情境的函數。消費興趣和涉入會隨著情境變遷產生變化。在特定的情境之下，刺激會挑起個人需求、價值或自我概念並且產生涉入。消費涉入目標包括各種不同的產品、品牌、廣告、媒體和活動。例如，消費涉入哈雷機車或獨特的摩托車廣告，它讓人想起年輕歲月，男性探險雜誌也會產生上述效應。消費涉入女性化妝品廣告，它會挑起女性對於魅力的需求，彩妝雜誌提供各式化妝品品牌和媒體活動，同樣也會產生上述效應。

認知涉入（cognitive involvement）意指強化思考和處理目標資訊的過程，例如，廣告詳述和比較各種產品資訊，藉此提高消費認知涉入。情感涉入（affective involvement）意指強化或轉換態度、感覺和情感的過程。例如，廣告鼓勵人們實際體驗產品。另外，同等級的汽車可能強調不同訴求，有些汽車廣告會詳列各種資訊，目的在於吸引消費認知涉入。反之，有些汽車廣告則是訴求駕駛樂趣，目的在於提高消費情感涉入。另外，持續涉入（enduring involvement）意指對於特定產品和活動的長期關心。反之，情境涉入（situational involvement）意指對於消費過程的暫時性興趣。消費的決策情境明顯地影響消費涉入。例如，消費的社會壓力愈大，消費涉入的程度愈深；消費的決策愈重要和無法改變，消費涉入的程度愈深；消費的財務和社會風險愈高，消費涉入的程度愈深。湧動涉入（flow involvement）意指知覺和行動完全被目標活動所吸引的一種體驗。上述體驗需要一個明確的目標，可以感受到產品和目標完成契合。許多休閒活動提供湧動參與的感覺，例如，極地之旅。

消費涉入高低會導致注意力、資訊搜尋和滿意水準產生差異。高涉入（high involvement）消費代表有意願投入更多心力，關心消費和感覺對於生活的影響。易言之，高涉入消費代表願意付出更多的時間、金錢、拜訪更多的商店。高涉入代表對於目標刺激的注意力增加，記憶力提升，消費流程相對複雜，消費決策相對細緻，會大量搜尋相關產品資訊；最後決策之前，會充分地評價和比較各種方案；對於產品和品牌，具有較大的認知差異和信念，並且經常擁有獨特的品牌偏好和忠誠。另外，高涉入消費經常表現出較高的滿意度，由於願意付出更多的時間，努力避免消費之後的不滿意感覺，因此，經常表現出較高的滿意和較低的不滿意。然而，滿意會隨著時間變遷產生變化。例如，研究顯示購買汽車二個月之後，高涉入者的滿意度呈現下滑；反之在二個月之內，低涉入者的滿意度逐漸上升。如同其他消費行為，涉入程度在長時間如何衰退和湧現？涉入和其他變數之間的關係為何？值得未來深入討論。

另外，低涉入（low involvement）消費代表並不關心消費決策和情境，例如，不受廣告影響直接購買紙巾和轉換品牌，因為生活中的其他決策更勝於購買何種紙巾。根據美國超級市場統計，平均每家門市擁有一萬種產品品牌，面對資訊氾濫和簡化決策的唯一路徑，就是消費決策採取低涉入態度，意指對於資訊蒐集並不積極，較少比較不同產品品牌屬性，不在意品牌之間的差異性和替代性，沒有特定偏好的品牌，也不具有強烈的品牌忠誠，消費決策通常只是貨架上的認知。由於較少關心因此容易造成消費混淆或錯誤。不過，通常也不甚在意可能的消費錯誤。儘管策略運用只能暫時性地挑動低涉入消費，提高對於特定產品品牌的涉入水準，例如，促銷抽獎或換季清倉。不過，低涉入消費偶爾會嘗試不熟悉的品牌，或是在未充分搜尋資訊與尚未形成明顯品牌偏好的情況，長期策略可以強化品牌購買和使用後的正面感覺，成功地吸引和掌握更多的低涉入消費群。

無論如何，消費涉入可以作為重要的市場區隔變數，例如，根據產品品牌類型的涉入程度，可以將消費群體分為以下四類：品牌忠誠者（brand loyalists）意指高度涉入特定產品品牌；資訊搜尋者（information seekers）意指高度涉入特定產品但對品牌無特殊偏好；慣性購買者（routine buyers）意指非高度涉入特定產品但是涉入特定品牌；品牌轉換者（brand switchers）意指非高度涉入特定產品和品牌。

在涉入衡量方面，儘管迄今缺乏一套對於涉入本質的明確定義，並且各種衡量方式存在極大的差異，例如，部份衡量指標強調於認知涉入，部份則較關心涉入結果或行為。不過，大多數都認同應該聚焦於擁有產品，以及對於促銷和消費的經驗，並且應該採取連續帶（continuum）模式，而非二元（dichotomy）或多元（multi-item）模式。迄今以修正後個人涉入量表（revised personal involvement inventory, RPII）最受歡迎，詳如表4.1。該量表採用語意差異法（semantic differential method）包含系列的兩極化題目，每項都以七等尺度表現，該量表具有三項優點：第一、量表只有十項題目，很容易配合各種調查和實驗。第二、認知和情感二大構面與涉入理論一致。第三、配合不同的目標刺激，可以衡量各種產品、廣告和消費決策涉入。

表4.1　修正後個人涉入量表

認知構面	情感構面
▸重要／不重要	▸相關／不相關
▸有意義／無意義	▸有價的／無價的
▸需要的／不需要	▸有趣的／無趣的
▸興奮的／無聊的	▸吸引的／乏味的
▸極美的／俗氣的	▸涉入的／無涉的

4.6 結　論

動機和行為受到文化脈絡和社會環境的影響，包括如何解釋總體環境、當地脈絡和社會網路，以及個人生命歷程、環境和生活價值。雖然人類文化可能分享某些共同的動機基礎，然而，迄今沒有適用於所有文化的普遍性動機模型。過去以來，弗洛依德、榮格、馬斯洛、馬瑞及追隨者，都努力投入於了解人類的動機。不過，各種理論仍無法提供全面性觀點，包括在強調獨立文化或互依文化環境之下，人們如何解釋週遭環境。例如，儘管獨立文化較互依文化更強調權力和獨特，並在實現、歸屬和自尊等需求沒有明顯差異。不過，人們仍然擁有不同的動機意涵和行動反應。

動機是喚起目標導向反應的內在驅力，目標是驅動人們採取行動的目的或渴望，動機驅動了行為和目標取得一致，催化人們投入時間精力達成目標。涉入則是動機的心理結果，經由特殊的情境刺激，反應個人認知事物的重要性。另外，高度涉入和低度涉入消費非常不同，特別是背後擁有不同的知識、態度、決定、體驗和目標追求。人們經常擁有許多不同的目標，包括產品、品牌、廣告、決定和活動。上述目標之間也經常存在衝突，人們必須克服各種障礙、能力、機會，並在不同的目標之間取捨。如何掌握影響動機和目標取捨的重要因素，包括不同的文化、社會脈絡、個人生命差異都是重要的資訊來源。本章標題指出，動機驅力是一種讓人無法記憶和掌握的事物，但它卻深深地影響人類的行為反應。

延伸閱讀

1. Arnould, E., Price, L. and Zinkan, G (2002), *Consumers*, 2e, McGraw-Hill.
2. Bocock, Robert (1993). *Consumption*. London: Routledge.
3. Storey, John (1999). *Cultural Consumption and Everyday Life*. London: Arnold.
4. Brian Mullen and Craig Johnson, *The Psychology of Consumer Behavior* (Hillsdale, NJ: Lawrence Erlbaum, 1990), p. 3.
5. Robin A. Coulter, Linda L. Price, and Lawrence F. Feick, “Origins of Product Involvement and Brand Commitment: Women and Cosmetics in Post-Socialist Central Europe,” working paper, University of Connecticut, Storrs, CT (2002).
6. Donnel A. Briley, Michael W. Morris, and Itamar Simonson, “Reasons as Carriers of Culture: Dynamic versus Dispositional Models of Cultural Influence on Decision Making, *Journal of Consumer Research* 27 (September 2000), pp. 157-78.

7. Paul DiMaggio, "Culture and Cognition," *Annual Review of Sociology* 23 (1997), pp. 263-87.
8. Claudia Strauss, "Models and Motives," in *Human Motives and Cultural Models*, ed. Roy D'Andrade and Claudia Strauss (Cambridge: Cambridge University Press, 1992), p. 3.
9. Cynthia Huffman, S. Ratneshwar, and David Glen Mick, "Consumer Goal Structures and Goal-Determination Processes: An Integrative Framework," in *The Why of Consumption: Contemporary Perspectives on Consumer Motives, Goals, and Desires*, ed. S. Ratneshwar, David Glen Mick, and Cynthia Huffman (New York and London: Routledge, 2000), pp. 9-35.
10. Huffman et al., "Consumer Goal Structures," pp. 15, 18; and David Glen Mick and Claus Buhl, "A Meaning-Based Model of Advertising Experiences," *Journal of Consumer Research* 19 (December 1992), pp. 317-38.
11. Gerald Zaltman and Melanie Wallendorf, *Consumer Behavior* (New York: Wiley, 1979), p. 365.
12. Carl G. Jung, M. L. von Vranz, Joseph L. Henderson, Jolande Jacobi, and Aniela Jaffe, *Man and His Symbols* (Garden City, NY: Doubleday, 1964).
13. David G. Meyers, *Psychology* (New York: Worth Publishers, 1998).
14. Güliz Ger, "Human Development and Humane Consumption: Well-Being beyond the Good Life," *Journal of Public Policy and Marketing* 16 (Spring 1997), pp. 110-25. Recent research on the brain, discussed later, also lends support to the primacy of beauty/aesthetics as a need.
15. Edwin C. Nevis, "Cultural Assumptions and Productivity: The United States and China," *Sloan Management Review* 24, no. 3 (Spring 1983), pp. 17-29.
16. Mike Herrington, "What Does the Customer Want?" *Across the Board* 30 (April 1993), p. 33.
17. M. M. Suarez-Orozco, "Psychological Aspects of Achievement Motivation among Recent Hispanic Immigrants," in *Anthropological Perspectives on Dropping Out*, ed. H. Trueba, G. Spindler, and L. Spindler (London: Falmer Press, 1989), pp. 99-116.
18. David C. McClelland, *The Achievement Motive* (New York: Appleton-Century-

Crofts, Inc., 1953), p. 79.

19. Constance Hill and Celia T. Romm, "The Role of Mothers as Gift Givers: A Comparison across Three Cultures," in *Advances in Consumer Research*, vol. 23, ed. Kim Corfman and John Lynch (Provo, UT: Association for Consumer Research, 1996), pp. 21-29.
20. D. G. Winter, *The Power Motive* (New York: Free Press, 1973).
21. J. Veroff, "Assertive Motivations: Achievement versus Power," in *Motivation and Society*, ed. D. G. Winter and A. J. Stewart (San Francisco: Jossey-Bass, 1982).
22. David C. McClelland, *Human Motivation* (New York: Cambridge University Press, 1987).
23. Courtney Leatherman, "A Prominent Feminist Theorist Recounts How She Faced Charges of Sex Harassment," *Chronicle of Higher Education*, March 7, 1997, p. A45.
24. C. R. Snyder and Howard L. Frornkin, *Uniqueness: The Human Pursuit of Difference* (New York: Plenum Press, 1980), p. 198.
25. M. Lynn, "Scarcity Effects on Value: A Quantitative Review of Commodity Theory Literature," *Psychology and Marketing* 8 (1991), pp. 43-57.
26. C. R. Snyder, "Product Scarcity by Need for Uniqueness Interaction," *Basic and Applied Social Psychology* 13, no. 1 (1992), pp. 9-24.
27. A. Fuat Firat and Alladi Venkatesh, "Postmodernity: The Age of Marketing," *International Journal of Research in Marketing* 10 (1993), pp. 227-50.
28. L. T. Doi, *The Anatomy of Conformity: The individual versus Society* (Tokyo: Kodansha, 1986).
29. Lynn R. Kahle, Raymond R. Liu, Gregory M. Rose, and Kim Woo-Sung, "Dialectical Thinking in Consumer Decision Making," *Journal of Consumer Psychology* 9 (January 2000), pp. 53-58.
30. Linda M. Scott, "Images in Advertising: The Need for a Theory of Visual Rhetoric," *Journal of Consumer Research* 21 (September 1994), pp. 813-38.
31. Jagdish N. Sheth, Banwari Mittal, and Bruce Newman, *Customer Behavior: Consumer Behavior and Beyond* (Fort Worth, TX: Dryden Press, 1999).
32. William D. Wells and David Prensky, *Consumer Behavior* (New York: John Wiley,

1996).

33. John Allen Paulos. *Once Upon a Number: The Hidden Mathematical Logic of Stories* (New York: Basic Books, 1998); and Catherine Kohler Riessman, *Narrative Analysis* (Newbury Park, CA: Sage Publications, 1993).
34. Jerry Zaltman and Robin Higie Coulter, "Seeing the Voice of the Customer: Metaphor-Based Advertising Research," *Journal of Advertising Research* 35, no. 4 (1995), pp. 35-51.
35. Robin A. Coulter, Gerald Zaltman, and Keith S. Coulter, "Interpreting Consumer Perceptions of Advertising: An Application of the Zaltman Metaphor Elicitation Technique," *Journal of Advertising* 30 (Winter 2001), pp. 1-21.
36. Mihaly Csikszenthmhalyi, *Flow: The Psychology of Optimal Experience* (New York: Harper and Row, 1990); and Celsi, Rose, and Leigh, "An Exploration of High-Risk Leisure Consumption through Skydiving."
37. Brian Ratchford, "The Economics of Consumer Knowledge," *Journal of Consumer Research* 27 (March 2001), pp. 397-411.

第五章
隱形和盲眼
Invisible vs. blind

認知是賦予感覺刺激意涵的重要過程。人們的行動和反應根植於認知基礎，意即對於週遭世界的感覺和解釋。感覺偏好是人們喜歡的視覺、聲音、味覺、嗅覺和感覺。其他包括文化、家庭、朋友、動機和經驗也會影響感覺偏好。管理上述感覺和認知，可以提升行銷溝通和創造體驗氛圍效益。本章將探討生理、心理和文化的認知基礎。首先聚焦於感覺系統及其限制。其次探討認知本質及其過程，包括前注意過程、選擇、組織、解釋和推敲等。

5.1 感覺的世界

感覺刺激（sensory stimuli）是感覺的投入要素，人們透過感覺接受器（sensory receptors）偵測刺激。一般熟知的感覺器官，包括視覺、嗅覺、聽覺、觸覺和味覺。然而，感覺器官不僅只是如此，研究顯示人類約有卅二種感覺系統，例如，眼睛的感覺路徑包括顏色、移動、形式和深度；皮膚的感覺路徑包括壓力、痛苦、溫度；嗅覺的感覺路徑包括鼻子和大腦結構，例如，腦皮層、杏仁核、海馬迴等。我們將以傳統五項系統加以討論。

感覺系統

感覺是否是自動回應（autonomic responses）極受爭議，例如，自律神經或學習回應（learned responses）。無論如何，討論這項議題非常重要，因為透過簡單的實體刺激，可以了解人們如何產生行為回應。

視覺：人的眼睛具有許多細微機制，例如，蒐集光線、擷取重要或新奇形象、聚焦和標識空間。眼睛像是精密的雙筒立體望遠鏡，視覺（vision）可以快速地流覽外部空間。人類七成的感覺接受器都在眼睛，它可以清晰地記憶日常或過去生活場景，放在心眼（minds eyes）並且完整地圖示形象或事件。相較於其他感覺系統，視覺是人類最重要的感覺工具。研究結果顯示，曝露於溫暖的顏色之下，包括紅、橘和黃，會提高人類的血壓和心跳。反之，曝露於涼爽的顏色之下，包括綠和藍，則會產生相反的效果。在商業應用方面，例如，黃色的公用電話亭，可以提高路人的使用效率；黃色的圍牆和屋頂，可以催化人們走向商店；橘色的速食店屋頂，可以提高人們的飢餓感覺；藍色和粉紅色的病房，可以減少病患的病苦焦慮。在行銷刺激方面，顏色同樣扮演重要的角色。顏色效應也被廣泛用在廣告和包裝設計，例如，一項模擬的平面廣告研究顯示，廣告顏色會挑起消費者的興奮感覺。一般而言，餐館採用紅色非常有效，它會提高想吃的念頭，紅色也會使人喪失時間知覺，對於賭場是有效的顏色。另外，當消費環境由紅色轉為藍色，人們會產生更多的正面感覺。全彩比全黑或全白的廣告，可以獲得更多的消費者喜愛。然而，資訊複雜的廣告也會讓人分心，因此，全黑或全白廣告反而更具說服力。儘管顏色效應會隨著不同的研究產生變化。不過，顏色明顯影響潛在意識和消費行為。除了顏色之外，視覺研究還包括複雜的視覺刺激，例如，文字和圖像、尺寸和面積。研究結果顯示，消費者對於尺寸、面積或產品的評估，會影響其願意支付價格的判斷。例如，相較於小型包裝物，矩形或圓形的大型包裝物，消費者願意付出更高的價格。事實上，雖然二個盒子的內容物完成一樣，但多數人明顯地會產生低估和錯誤認知。

嗅覺：相較於其他動物，嗅覺（smell）對於人類較不重要。不過，味道具有持續性和圍繞性，人們通常很難逃脫。味道的描述也會隨著文化產生變化，對於某些無法判斷味道的事物，人們經常透過自我感覺加以描述，例如，令人作嘔或令人愉快。事實上，嗅覺是人類最直接與讓人記憶的感覺。許多味道根植於孩童時的記憶，它可以挑起回到孩童時的經驗和感覺。行銷充分了解嗅覺的特性，產品帶有香味可以正面影響消費者心情。例如，三種法國香水，嬰兒粉香味比濃艷香味更具吸引力，主要是它與溫馨的感覺產生聯結。味道強烈地影響人們對於事物的評價，例如，二種清潔劑，一種帶有香味，另一種則沒有，前者可以讓消費者感到愉快的氛圍。另外，研究發現蘋果香具有穩定和舒緩的效果，它能夠降低人們的血壓。無論如何，挑起消費者對於香味的直接感覺和記憶，芳香產業已經成為一項重要的新興產業。味道也是產品溝通的重要屬性，例如，香味成為居家清潔劑的主要訴求；研磨咖啡和新鮮麵包香成為烘焙坊的重要味道。另外，即使與銷售的產品無關，香味也會影響消費者感覺、思維和行為。例如，研究發現令人愉快的香味，會增加消費者的逗留時間，以及在商店中的消費金額。

聽覺：人類擁有神奇的聽覺（hearing）去感受週遭環境，即使是來自背後極為細微的聲音。例如，戶外的卡車聲隆隆作響，母親都能敏銳地聽到小孩哭聲；在熱鬧的舞會中，人們可以清楚地聽見隔壁房間有人呼叫自己的名字。另外，不同的聲音類型也可以舒緩或激勵人心，例如，宗教儀式經常使用音樂，它可以催化人們進入寧靜的心理狀態；速食店內的熱門搖滾音樂，可以加快消費者的用餐速度；大型賣場內播放特定的音樂，可以減少同仁曠職和提高效率。近年來，音樂節拍對於消費行為之影響研究受到重視。例如，數位音樂對於消費者的時間認知，會隨著不同的節拍頻率產生變化。相關研究結果顯示，音樂可以控制消費者對於廣告時間的認知，讓消費者感覺廣告時間較實際更短，藉此降低無趣的感覺和提高觀眾注意力。另外，音樂節拍對於用餐的實際和認知時間及消費金額的影響，研究結果顯示，緩慢的音樂會增加消費者的時間用餐，同樣地也會增加在餐廳的食物消費金額。

觸覺：皮膚是人類和世界接觸的介面，它提供了許多重要的功能，例如，保護、限制、塑形，它讓人冷靜，也讓人溫暖，它提供人類許多複雜的感覺。觸覺（touch）相較於身體其他部位它更為敏感。觸覺在文字語言上具有許多隱喻，我們稱為感情（feeling），它的重要性不僅反應在文字語言，還包括其他許多不同的途徑，觸覺全面性地影響我們。研究指出觸覺顯著地影響生命活力，例如，被輕撫的嬰兒較沒被輕撫的嬰兒，成長速度提高五成。對於心理和生理的發展，觸覺扮演重要的角色，持續性的接觸可以降低和穩定心跳；輕撫寵物同樣可以達到類似的效果。一項長壽研究指出，心臟病病人有寵物陪伴非常重要。由於羊毛織品、絲和軟毛等寵物產品，可以直接喚起和刺激病人的自然觸覺，加上近年來動物權受到各界關心，因此，接近天然感覺的人造毛製品逐漸受到大家歡迎。

味覺：飲食方式可以判別不同的文化，其中重要的關鍵就是味覺（taste）。例如，Masai人飲牛血；韓國人吃狗肉；德國人吃臭甘藍；北美人吃爛黃瓜；越南人吃椒辣發酵魚；日本人吃草菌；法國人吃醉酒蒜頭蝸；其他奇怪的食材還包括：蝗蟲、蛇、鳥、袋鼠、大螯蝦和蝙蝠。據說探險家Livingston博士當年死於非洲，他的器官被二位隨從的土著，透過一種特殊的儀式給吃了，目的是為了吸收他的智慧和勇氣。味覺是一項熟悉的感覺，它就像是個人的指紋一樣。不同的文化飲食就像內部共享的符碼，透過超自然的力量，飲食可以被象徵化和儀式化，並且規範人類的心智和生活。總體而言，飲食在人類的生活中，它是生理和心理愉快的重要來源。因此，行銷賦予日常飲食更多的美好風味和健康概念，並且深受廣大消費者的喜愛。

感覺門檻

感覺投入的改變或達到感覺門檻會激起感覺。感覺門檻（sensory thresholds）包括絕對門檻、差異門檻、恰辨差異，它會隨著不同的感官產生變化，詳如表5.1。絕對門檻（absolute threshold），意指不同的感覺接受器察覺到的最小刺激水準，詳

表5.1　感覺門檻

感官形式	門檻
光線	一盞蠟燭火焰在晴空黑夜下，在三十哩外被看見
聲音	一只手錶滴答聲在安靜環境下，在二十英呎內被聽見
味覺	一匙糖加入二加侖的水中
嗅覺	一滴香水散佈在三個公寓臥房裡
觸覺	一隻蜜蜂翅膀從一公分距離掉落到你背上

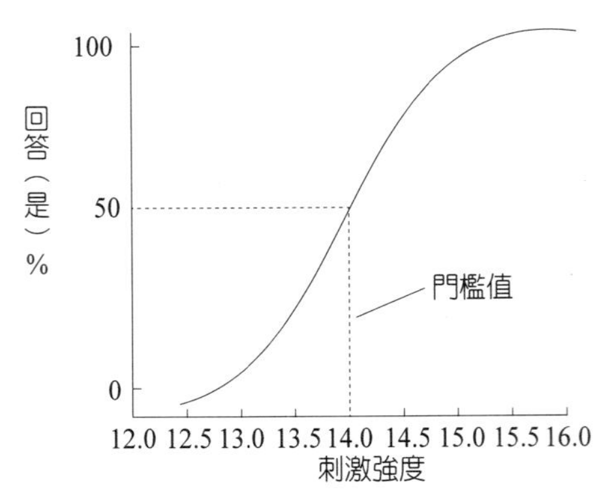

圖5.1　絕對門檻

如圖5.1。絕對門檻不應該和意識門檻產生混淆，認知科學家發現感覺會影響人們的注意力，如果感覺超出絕對門檻可能影響人類的行為。

行銷刺激必須達到絕對門檻才會影響消費者。由於感覺接收者很快就會適應環境，因此，任何持續性低水準的感覺很快就會變成背景，意即消費者感覺很快就會停止反應。事實上，絕對門檻可以提高人類的生理動機，不過，隨著年紀增長等生理因素，對於某些感覺投入的接收程度可能降低。例如，年輕人較年長者對於嗅覺更為敏感。另外，絕對門檻也會隨著人口統計因素產生變化，例如，女性較男性具有更敏感的味覺。

在媒體資訊滲透的西方社會，外部環境充滿著豐富的資訊刺激，消費者除了適應敏感的外部環境之外，也會透過認知過濾（perceptual filters）篩選不需要的資訊刺激。例如，根據美國西北保險公司經驗顯示，在通訊郵件中放入十美元折價券，結果沒有任何人詳細閱讀、發現和使用它。行銷經常為了激起消費者再注意，會透過許多特殊的方式跨越絕對門檻：方法一，改變廣播電視廣告的聲音頻率，可以增加消費者的注意；方法二，蓋過其他的聲音干擾，例如，低頻風速導致汽車音響受到干擾，為此廣告可能嘗試過濾並蓋過其他聲音，使音質軌道變得更為平靜。研究發現二至六千赫聲頻最為人們接受。因此，透過音頻操作可使聲音停在上述波段，藉此提高消費者的收聽效應，其他還包括透過不同方法，讓商業廣告更具有差異性，例如，使耳朵對於子音較母音更為敏感。

恰辨差異（just noticeable difference, JND）或稱差異門檻（differential threshold），意指可以辨別差異的最小刺激，恰辨差異不同於絕對門檻，前者強調感覺的變化，後者強調最小的感覺，詳如圖5.2。韋氏定律（Weber's Law）意指若要產生不同的感覺認知，如果最初的感覺刺激愈強，第二次的刺激強度就要愈大，第二次刺激水準就是恰辨差異，但它必須能讓多數人感覺二者的差異。

韋氏定律對於行銷而言，代表必須決定恰辨差異和最佳的行銷組合。問題在於當前的行銷組合，或是特定的行銷環境或市場

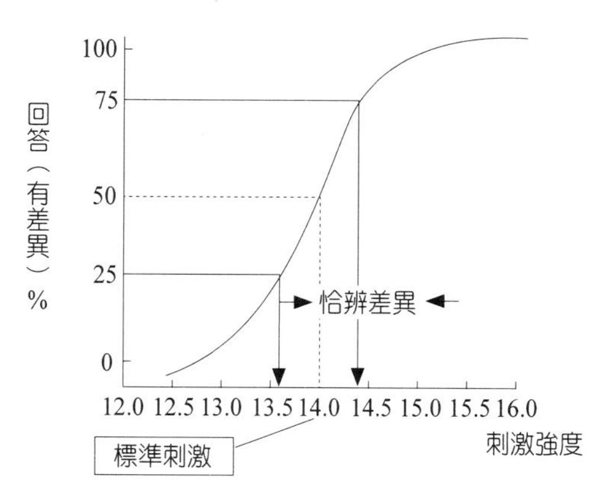

圖5.2　恰辨差異

區隔，行銷組合的變化規模要多大？易言之，如果低於恰辨差異的刺激是浪費，因為它不被消費者認知，如果高於恰辨差異的刺激也是浪費，因為它並未提高反應或消費。例如，清潔產品應該增加多少檸檬香味，相較於最初味道它能提高消費者知覺。

依據韋氏定律，恰辨差異依最初刺激強度而定，因此，相對上恰辨差異非常符合經濟原則。例如，節省五美元之於十美元和一萬美元的差異。韋氏定律認為之於十美元，節省五美元可能受到注意；相反地，之於一萬美元，節省五美元可能不被關心。另外，消費者對於零售商的價格促銷，通常對於較小折扣沒有反應，除非折扣在門檻水準以上，知名品牌門檻較普通品牌低，意即普通品牌可以較小折扣吸引消費者，不過，知名品牌的折扣效應優於普通品牌。韋氏定律應用還包括許多刺激，例如，不鹹的產品只要加入少量的鹽很快就被發覺，鹹味相當的洋芋片則不會受到消費者注意。另外，廣播電視廣告也經常操弄聲音，儘管美國政府立法加以禁止。例如，節目時段中的聲音呈現正常波動，不過，廣告時段則會達到最高水準，透過這種差異化的聲音，廣告可以提高觀眾的注意。無論如何，儘管行銷經常採取產品或服務改變策略，包括包裝設計、顏色或廣告用語等，不過，由於改變的幅度過小，以致於消費者經常未能察覺其中的變化。

5.2 神祕的認知

從科學角度，認知仍然保持相當的神祕性。我們愈了解神經科學，包括對於光線、聲音、味覺、嗅覺和觸覺，對於認知的本質反而愈不了解。我們經常難以確認這個由假設推論所建構的世界，如同心理學家指出絕對主義（phenomental absolutism）的偏誤現象，意即我們經常假設他人與自己的認知相同，如果回應不同，我們很容易認為是他人的錯誤或有不良意圖。問題在於我們經常站在不同的推論角度。易言之，認知學習就像是一種涵化（enculturation）的過程，認知是可以被操弄和改變。

感覺系統像是一套選擇系統，目的在於拋棄無關的或無用的資訊。由於感覺系統的限制，造成我們的感覺非常相似。在我們的生活經驗中，包含了許多的認知類型和潛意識推論，它們大多是來自於個人的經驗創造。本節將詳述感覺系統如何選擇、組織和解釋外部刺激，依據上述目的，我們將認知過程分為前注意過程、選擇、組織、解釋和推敲等。

前注意過程

偵測事物並轉化為注意的感覺過程，稱為前注意過程（pre-attentive processing）。例如，在擁擠的人群、在吵雜的房間，名字突然被喚起。研究指出前注意是對於刺激選擇的特別處理，它會影響消費偏好和態度。選擇性接觸（exposure）意指人們會主動持續蒐集和權衡各種資訊，並且傾向於接受與個人價值、信仰和態度一致的資訊，以及避免與認知不一致及存在落差的資訊，進一步表現支持的態度和行為。選擇性接觸可能造成錯誤的態度和決策，例如，人們預期未來決定可以被修正，通常會選擇性接觸不一致的資訊環境。

選　擇

人們面對大量的資訊，如同前面提到的感覺門檻，即使背景資訊一直滲透著人們的感覺，不過，只有部份的內容會被選擇或過濾。認知選擇（perceptual selection）意指在潛意識過程中，被揭露的刺激只有小數會被選擇，我們稱為焦點注意（focal attention），它會引起人們的注意和增加感覺衝動。例如，影音豐富較單調沉悶的廣告，更容易引起觀眾的注意。另外，由於人們習慣於聚焦在特定的刺激，並且容易忽略其他的事物和訊息。因此，即便提高刺激強度試圖喚醒認知和注意，其最終結果仍然無效。無論如何，許多因素造成了人們的選擇增加，導致許多粗劣的直接郵寄廣告，最終不是被拋棄、未被開封，就是未被閱讀。

影響刺激選擇的另一項重要因素，即是消費者的動機和目標。通常一般消費者較喜歡留意，與他們自己或當前需求有關的刺激。另外，消費者目標會直接影響其注意，特別是與自己目標有關和重要的資訊。例如，當對於特定產品感到興趣，週遭就會突然出現各種產品資訊。或是在購買新車之後，似乎無時無刻都可以看到類似的車型。上述案例即是認知警覺（perceptual vigilance），意即對於特定資訊的選擇性注意。

認知警覺對於行銷非常重要，特別是面對需求改變的消費者，例如，個人生命週期面臨轉型，包括長距離的搬遷，為了建立一個全新的關係，可能必須搭配許多新服務（例如，新學校、洗衣店和美髮店）或產品（例如，家具）消費。另外，許多媒體研究發現，消費者具有高度的認知過濾，例如，無意識的頻道切換（zipping），以及進入廣告時快速轉台（zapping）。西方國家消費者對於行銷溝通經常抱持負面的態度。近年來網路互動媒體的素材豐富多元，提高了消費者選擇內容和時間上的自由度。上述趨勢代表行銷資訊揭露和互動媒體的商業溝通，將會提高消費者的主動搜尋權力。從行銷角度，意即行銷溝通必須達到相關性、及時性和優質性，快速地鎖定目標消費者並且接受上述資訊。例如，強調靜音的空調產品採取無聲的電視廣告策略，容易挑起消費者對於產品屬性的認知和正面態度。

認知刺激透過定向反射（orientation reflex）偶爾可以產生消費者非自願性的注意（involuntary attention）。另外，包括驚奇、威脅、失望，以及各種另類異常的刺激形式，可以激起消費者的注意和認知選擇。例如，全黑或全白的電視或雜誌廣告，意即透過對比效應（contrast effects）可以吸引消費者的目光；其他案例包括，Benetton廣告描述神父和修女熱擁、死在父母懷裡的年輕愛滋病患、重大的船舶或飛航災難等，廣告目的都在排除複雜的環境喧擾，吸引消費者進行選擇性的注意。

組　織

運用過去的分類知識稱為認知組織（perceptual organization），意指將認知區分和組織進入不同的範疇。分類是包含刺激、情境和形式的基本感覺活動。例如，在樹上移動的目標，可以判斷牠是一隻小鳥，這是一種分類；當有意採取任何行動，例如，討論某一件事、喝一杯汽水、參加一個班級、參與一項運動，我們都在進行分類。分類讓人對於他人、目標和情境等知識產生連貫。在特定情境和分類之下提高刺激，可以影響消費者的行為反應，例如，餐廳外觀和內部陳設，可以讓人判斷它是屬於速食店或高級餐廳，進而影響消費認知行為和對於服務的期待，其他還包括燈光調性和座位安排，也可以產生不同的分類刺激。

分類的重要特質，就是透過個人目標、價值和需求賦予功能意涵。不同的背景脈絡，可以創造不同的分類，滿足不同的目標。例如，週末俱樂部，代表在週五下午與朋友聚會，這是一項特別的分類，反應出獨特的背景脈絡和目標需求。分類的另一項重要特質，它是被社會和文化所建構和學習。例如，澳洲Dyirbal土語*balan*代表女性、火和危險事物，其他非洲土著則難以理解上述分類。

另外，人們經常自動性和非意識性地分類刺激，不過，究竟哪些原則影響人們的最初分類（primitive categorization），意即第一次將特定目標列入特定類別，統整和了解相關認知意涵非常重要。事實上，人們經常透過部份資訊進行認知和分類與推論。例如，看到窗外雪花紛飛，於是推論外面很冷。行銷經常利用上述分類傾向，特別是三種人類共有的傾向，包括聚集、主題和背景、閉合原則等。上述傾向指出人們如何透過模糊的刺激，根據其認知的觀點去賦予事物熟悉的分類。

聚集（grouping）意指人們傾向於將刺激予以聚集，並且用最可能和最接近的物體加以解釋。行銷廣告經常利用聚集去創造一個認知氛圍，特別是創造商品和服務的特殊形象。例如，Ralph Lauren創造和傳達Polo品牌兼具古典和地位的形象；美國酒類製造商Gallo，透過廣告提升逐漸下滑的產品形象，廣告搭配各種美食和精緻餐具，讓人將Gallo與高級晚餐情境產生聯結。電視廣告也經常運用聚集策略，把新的節目放在強檔節目之後播出，藉此喚起消費者的注意。

主題和背景（figure and ground）意指人們嘗試去聚焦和決定確切的刺激。人們傾向於將重要刺激放在前景（foreground），將較不重要刺激當作背景（background），詳如圖5.3，上述主題和背景造成人們的視覺混淆，最初只能察覺

圖5.3　主題和背景

表面，無法認知到主要的目標主題。行銷上經常採取類似的廣告策略，例如，知名的absolut伏特加酒廣告，經常刊登主題（伏特加酒瓶）和背景模糊的平面廣告，讓消費者尋找酒瓶位置，提高消費涉入和詳閱廣告圖像。另外，零售環境也經常採用背景文案和前景音樂等組合。前景音樂不同於背景音樂，前者明顯地揭示流行藝人和歌曲資訊，後者則是將上述資訊加以隱匿。研究顯示在零售環境播放節奏緩慢（slow-paced）、軟性和療傷性的背景音樂，可以提高較少選購、高價和高風險產品的銷量，若在餐廳則會提高酒類產品消費，另外，背景音樂對於提高與消費者互動非常有用。

閉合（closure）意指運用部份的提示完成一個形象。例如，廣播電視廣告經常出現重複的聲調和廣告語，最後殘留一種未完成的廣告閉合和想像，藉此可以強化消費涉入水準。其他包括平面和戶外廣告，也經常採取類似的閉合策略，例如，J&B Scotch威士忌耶誕節廣告，搭配Jingle Bells歌曲推出廣告猜字遊戲（謎底J&B）；歐洲Schweppes生髮水品牌推出二款巴士亭，一種外形印有Schweppes品牌字樣，另一種則沒有任何的品牌字樣，它讓消費者自行產生聯想。

完形心理學（gestalt psychology）可以整合上述三種分類傾向。在德文中，完形（gestal）代表模式（pattern）或構形（configuration），意指個人如何感覺被揭露的刺激，其基本主張強調，任何心理現象都是有組織的和不可分的整體。心理上的總體經驗得之於總體認知，而總體認知並非由分散的認知總和所構成。完形心理學既反對強調心理元素的結構論，也反對分析態度的行為論。易言之，行為論強調的刺激反應聯結，在學習中積少成多是錯誤的解釋。完形心理學認為學習是個體對於總體刺激

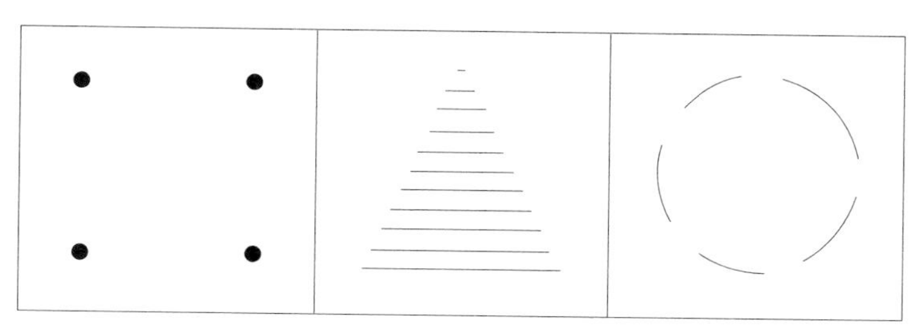

圖5.4　完形心理圖形

情境所做的總體反應，而非對於部分刺激做出的分解反應。若從圖形認知角度，我們傾向於察覺完整封閉的圖形，儘管事實上沒有真實的輪廓存在，但在心裡還是存在心理實境（psychological reality）。例如，圖5.4左邊四個點可以看出正方形；中間眾多水平線可以看出三角形；右邊五個弧形可以看出圓形。

解釋和推敲

解釋（interpretation）意指作出理解的意識過程，它和認知組織彼此緊密聯結。解釋根植於個人預期、動機和經驗、文化傳統，特別是基於以下二種個人知識結構：第一、基模（schemas）意指對於目標、理念與人或情境的一系列信仰和情感。例如，法國餐廳讓人擁有一種象徵頂級的情感。第二、底稿（scripts）意指與目標、理念、人和情境有關的接續行動。例如，進入法國餐廳，消費者會期望被貼心問候，或是期望服務生揭示菜單，或是期望享受浪漫紅酒。

認知推論（inferences）是超出資訊給予的解釋過程，我們無法了解人們如何與何時進行推論。迄今，我們了解消費者很少擁有完整的資訊，他們經常在不完全的資訊情況之下，進行產品的判斷和消費決策。消費者經常在很少的提示下進行推論。例如，西方人習慣將棕色與咖啡及巧克力味道聯結，只要加深產品的顏色，就可以讓人認知產品豐富的味道。許多案例顯示，人們經常在潛意識裡運用相關提示進行推論。

除了對於認知刺激的解釋之外，偶爾也會採取許多較高水準的推敲過程，推敲（elaboration）意指認知刺激和先前知識結構整合的程度。解釋始終包含某些推敲的過程，代表對於先前知識結構的評價。低度推敲可以視為是簡單認知；高度推敲可以視為是反駁（counterarguing）和幻想（fantasizing）等。推敲可以提供記憶和態度的自由度，脫離最初資訊甚至造成飛盤效應（boomerang effect），意即態度反應和刺激完全相反。高度推敲較低度推敲更能產生正面效應，意即類似的刺激可以被長期記憶，態度可以被更明確地形塑。高度推敲包括角色扮演（role taking），它讓自我被放在廣告或產品經驗中，透過扮演轉化讓人進入廣告情境之中。轉型廣告（transformational advertisement）讓人投射體驗情境創造鮮活感覺，特別是廣告具有充分的提示，觀眾具有較高的處理動機。例如，喝軟性飲料不只是解渴，透過廣告意象可以影響感覺，如同與好友置身於美麗的夏日午後。

5.3 結　論

潛在的認知是感覺，代表感覺系統對於刺激的快速回應。感覺會隨著個人、社會群體和文化產生變化，透過多元的感覺接受器可以察覺外部刺激。二種重要的感覺門檻包括：第一、絕對門檻。第二、恰辨差異或差異門檻。韋氏定律認為最初的感覺刺激愈強，後續的刺激需求強度愈大。感覺系統的主要功能在於避免無關的或無用的資訊，它就像是一個選擇系統，認知開始於外部刺激的接觸，其他還包括前注意過程、選擇、組織、解釋和推敲。前注意過程代表偵測事物並轉化為注意的感覺過程。另外，人們也經常主動地蒐集各種資訊，評價資訊與個人價值一致程度，進而決定是否接受或加以避免。

認知組織代表運用過去的分類知識，將認知區分和組織進入不同的範疇。分類是包含刺激、情境和形式的基本感覺活動。分類的重要特質，就是透過個人目標、價值和需求賦予功能意涵。不同的背景脈絡，可以創造不同的分類，滿足不同的目標。另外，人們也經常自動性和非意識性地分類各種刺激，最初的分類代表第一次將特定目標列入特定的類別，人們經常透過部份資訊進行認知和分類與推論。上述分類具有幾項共同傾向，包括聚集、主題和背景、閉合原則等。無論如何，本章標題指出，儘管各種感覺刺激可能產生認知差異，不過，無法產生認知差異的各種感覺刺激，如同隱形之於盲眼，顯性或隱性，過多或過少，除了只是表象宣告，可能不存在任何的實質效應。

延伸閱讀

1. Arnould, E., Price, L. and Zinkan, G (2002), *Consumers*, 2e, McGraw-Hill.
2. Bocock, Robert (1993). *Consumption*. London: Routledge.
3. Storey, John (1999). *Cultural Consumption and Everyday Life*. London: Arnold.
4. Thomas Hine, *The Total Package* (Boston: Little, Brown and Company, 1995).
5. Edmund Blair Bolles, *A Second Way of Knowing* (Englewood Cliffs, NJ: Prentice Hall, 1991).

6. Marshall H. Segall, Donald T. Campbell, and Melville J. Herskovits, *The Influence of Culture on Visual Perception* (New York: Bobbs-Merrill, 1996); and Linda M. Scott, “Images in Advertising: The Need for a Theory of Visual Rhetoric,” *Journal of Consumer Research* 21 (September 1994), pp. 252-73.
7. Bolles, *A Second Way of Knowing*; Alan R. Hirsch, “Effect of Ambient Odor on Slot Machine Usage in a Las Vegas Casino,” working paper, Smell and Taste Treatment and Research Foundation, Chicago, 1994; and Michael E. Long, *National Geographic* 182 (November 5, 1992), pp 3-41.
8. Gerald J. Gorn, Amitava Chattopaduyay, Tracey Yi, and Darren W. Dahl, “Effects of Color as an Executional Cue in Advertising: They’re in the Shade,” *Management Science* 43, no. 10 (1997), pp. 1387-400.
9. J. Argue, “Color Counts,” *Vancouver Sun*, June 10, 1991, p. B7.
10. Robert E. Krider, Priya Raghubir, and Aradhna Krishna, *Asia Pacific Advances in Consumer Research*, vol. 3, ed. Kineta Hung and Kent Menroe (Provo, UT: Association for Consumer Research, 1998), pp. 216-17.
11. Mitchell, Kahn, and Knasko, “There’s Something in the Air”; and Susan C. Knasko, “Lingering Time in a Museum in the Presence of Congruent and Incongruent Odors,” *Chemical Senses* 18 (October 1993), p. 581.
12. Jochen Wirtz and Anna Mattila, “Congruency of Scent and Music as a Driver of In-Store Evaluations and Behavior,” *Asia Pacific Advances in Consumer Research*, vol. 4, ed. Paula Tidwell (Provo, UT: Association for Consumer Research, 2001), p. 363.
13. John Koten, “To Grab Viewer’s Attention, TV Ads Aim for the Eardrum,” *The Wall Street Journal*, January 26, 1984, Eastern Edition, p. B1.
14. Sunil Gupta and Lee G. Cooper, “The Discounting of Discounts and Promotion Strategies,” *Journal of Consumer Research* 19 (December 1992), pp. 401-11.
15. John B. Hinge, “Critics Call Cuts in Package Size Deceptive Move,” *The Wall Street Journal*, February 5, 1991, p. B1.
16. Robert E. Ornstein, *The Psychology of Consciousness* (New York: Pelican Books, 1972). See also Jerome Bruner, “On Perceptual Readiness,” *Psychological Review* 64 (1957), pp. 123-52; and George Kelly, *The Psychology of Personal Constructs*,

vols. 1 and 2 (New York: Norton, 1955).

17. Anthony G. Greenwald and Clark Leavitt, "Audience Involvement in Advertising: Four Levels," *Journal of Consumer Research* 11 (June 1984), pp. 581-92; and Chris Janiszewski, "Preconscious Processing Effects: The Independence of Attitude Formation and Conscious Thought," *Journal of Consumer Research* 15 (September 1988), pp. 199-209.
18. James Heckman, "Say 'Buy-Buy': Baby Product Makers School Marketers in Reaching Elusive Targets," *Marketing News* 11 (October 1999), pp. 1, 19.
19. Anat Rafaeli, "When Appearance Matters: Visible Aspects of Organizations as Precursors of Service Expectations," in *Proceedings of the Fourth International Research Seminar in Service Management*, ed. Pierre Eiglier and Eric Langeard (Aix-en-Provence, France: I.A.E., 1996), pp. 83-86.
20. Thomas H. Davenport and John C. Beck, "Getting the Attention You Need," *Harvard Business Review*, September-October 2000, pp. 118-26.
21. Gestalt psychology was founded by Max Wertheimer (1880-1943). Other influential pioneers in this area include Kurt Koffka and Wolfgang Kohler.
22. Roger Schank and Robert Abelson, *Scripts, Plans, Goals and Understanding* (Hillsdale, NJ: Erlbaum, 1977).
23. Deborah J. MacInnis and Linda L. Price, "The Role of Imagery in Information Processing: Review and Extensions," *Journal of Consumer Research* 13 (March 1987), pp. 473-91; and Greenwald and Leavitt, "Audience Involvement in Advertising."
24. John Hall and Maxwell Winchester, "Empirical Analysis of Spawton's (1991) Segmentation of the Australian Wine Market," *Asia Pacific Advances in Consumer Research*, vol. 4, ed. Paula Tidwell (Provo, UT: Association for Consumer Research, 2001), pp. 319-27.
25. Peter W. J. Verlegh and Jan-Benedict E. M. Steenkamp, "A Review and Meta-Analysis of Country-of-Origin Research," *Journal of Economic Psychology* 20, no. 5 (1999), pp. 521-46.
26. Francis Piron, Go Kiah Kiah, Pang Kah Meng, and Wong Li Peng, "Country of Origin Effect on Product Usage Conspicuousness," in *Asia Pacific Advances*

in Consumer Research, vol. 4, ed. Paula Tidwell (Provo, UT: Association for Consumer Research, 2001), p. 97.

27. Dorothy George and George M. Zinkhan, "Why People Get Tattoos," *Skin & Ink*, July 2000, pp. 25-34.

第六章
記憶是用來拯救現實

Memory is for solving reality

人們如何學習和了解週遭世界，特別是如何整合其過去的經驗、記憶和知識。記憶如何影響其未來的信仰和行為。本章旨在了解消費經驗、學習、記憶之間的關係。消費經驗是消費行為的核心，它深刻地影響消費學習和記憶。在消費經驗方面，我們將從預期消費、購買和消費經驗與記憶等構面加以討論。其次，我們將討論學習在其間扮演的角色。最後，我們將討論人類的記憶有哪些特質、存在哪些類型、人類的記憶如何產生失靈，以及如何有效地提升消費記憶。

6.1 經驗是技術和挑戰

人類就像是世界的解釋者，在特定的文化脈絡和社會環境之中，透過經驗、學習和記憶，去解釋和了解周遭的環境。圖6.1指出經驗、學習、記憶的互動模型，特別是消費經驗、學習和記憶。經驗（experience）意指在特定環境之下，身體、認知和情感之間的互動，例如，觀賞電視不必投入太多的技巧和心力，情感回應也很簡單；反之，駕駛汽車則包括了許多身體運動，例如，自排、手排和智慧導航等。它也需要具備許多的認知元素，例如，白天或夜間。同樣地，駕駛也會產生各種的情感，例如，無趣、恐懼和放鬆。無論如何，經驗是消費行為的重要核

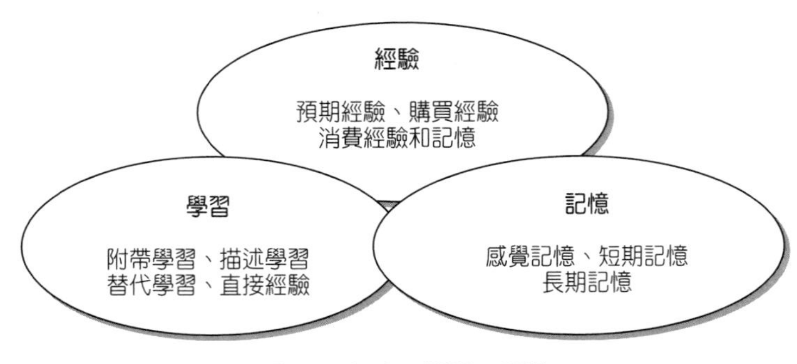

圖6.1 經驗、學習、記憶

心，例如，行銷汽車就是行銷駕駛經驗；行銷清潔產品就是行銷清潔經驗。對於消費者而言，直接經驗通常比動機和認知更能提高消費學習。

最佳的行銷方式就是與生活經驗產生聯結，包括許多的零售商和製造商（網路到實體）提供系列的產品、服務、體驗。例如，在美國運動用品專賣店REI，攀登模擬高牆；在耐吉運動鞋Niketown，漫遊虛擬運動博物館；在匈牙利布達佩斯Polus購物中心，參觀西方主題館。無論是世俗或非凡，經驗都會影響學習和記憶，正面的經驗導致重複的行為，負面的經驗導致避免的行為；湧動的經驗（例如，攀登玉山）提供圓滿的感動；其他的經驗（例如，觀賞電視）很快就被忽略。

策略行銷強調提供優質的消費者價值，它讓人擁有終生難忘的體驗和感動。例如，冒險旅行、急流泛舟、獨特的現場消費氛圍、有趣的網站購物經驗。購買和消費經驗通常包含了心智活動和情感狀態，有些消費經驗屬於快速瞬間，例如，在一般零售店購買飲料；有些消費經驗則是長期保留，例如，休閒渡假或參加演唱會，透過投入時間和金錢於上述消費，進一步發展出自己

表6.1　消費經驗

預期消費	購買經驗	消費經驗	消費記憶
搜尋（個人；新舊媒體；朋友） 規劃未來購買 白日夢（幻想） 預算	選擇 付款 包裹產品（運輸目的） 接受服務 愉快氛圍（購買環境）	感官（味覺、觸覺、感覺、視覺、聽覺） 飽足 滿意和不滿意 激勵和湧動 轉型	過去經驗 看照片 說故事 比較（過去和現在） 假設（談論的語調） 白日夢（幻想）

獨特的轉型經驗。表6.1指出許多消費經驗類型，包括預期消費（包括搜尋行為）；購買經驗；消費經驗和記憶（可以維持一段時間，幾週或幾個月，然後被再次體驗，或是重新和他人分享）等。

預期消費（anticipated consumption）經驗包括解答消費問題或滿足欲望的購前搜尋（pre-purchase search）。例如，大學生希望購買女神卡卡（Lady Gaga）唱片和參加演唱會，因此流覽卡卡的官方網站，挑選最近的演出地點，與好友談論活動日期，安排活動行程和評估相關成本，包括票價、旅費、食宿、可支配的預算，確認學校考試日期，最後作出沒有衝突的決定。預期消費也包括圍繞著即將發生事件的思維、感情和感覺，例如，已經準備參加卡卡演唱會，導致上課經常心不在焉，滿腦子只想著演唱會，下課之後找朋友討論，上網搜尋演唱會相關資訊等。預期消費也可以發生在長期的購買行為。例如，許多父母籌備小孩的大學基金，即使小孩才剛出生；許多男孩不到法定年紀便開始想著購買跑車，他們貼近關心汽車資訊作為未來購車參考。當然，許多預期消費最後並未發生真實購買。另外，預期消費也和消費期望有關，主要基於環境、知識和經驗，例如，商業媒體傳達大量的產品資訊，挑起和改變了消費者的期望，透過相關消費貸款方案，降低消費期望和認知之間的落差。

至於消費經驗方面，俄羅斯心理學家Csikzentmihalyi指出區別消費經驗的二項重要構面，包括技術水準和挑戰水準，例如，當技術水準和挑戰水準都較低時，人們擁有乏味的經驗；當技術水準較高和挑戰水準較低時，人們擁有愉悅的經驗。當挑戰水準較高和技術水準適中時，人們擁有覺醒的經驗。學習就是一種覺醒經驗。圖6.2指出湧動（flow）經驗發生於技術水準和挑戰水準都是最高的情況，這種經驗包括進行高空跳傘、執行外科手術、簽定契約過程、建立親密關係、參加現場錄影、攀登一座高山、參與專業研討等。湧動經驗對於特定的人可能是無趣的，但是對於其他的人可能是刺激的，它受到活動的技術水準和挑戰水準所影響。無論如何，只有少數的消費經驗可以歸類為湧動活動。但是，我們應該正確地評價消費經驗，圖6.2提供一套有用的消費經驗分類模型。

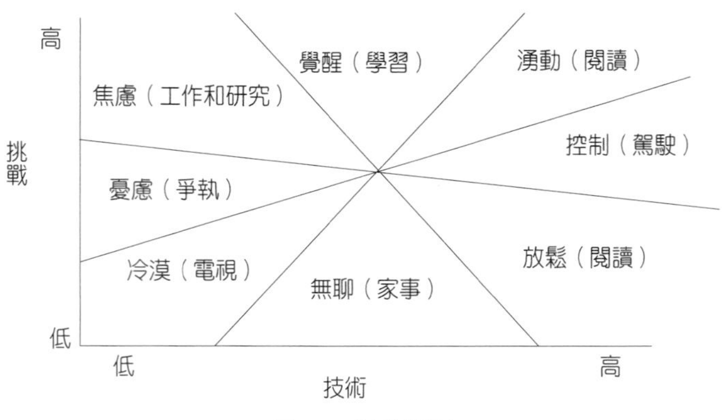

圖6.2　湧動模型

6.2 學習是認知和行為

對於神經科學家而言，學習（learning）是一項神祕的概念。例如，人類（包括其他動物如鴿子、狗和猴子）第一次遇到不確定的事件或目標（或是特定環境），會透過適應性的分類和認知判定一致性的組合。學習是一項複雜的過程，特別是在消費行為中扮演的角色。消費者透過猜想或對於世界的假設，對於預期目標作出適應性的行為反應。上述猜想可能是無意識性，但從消費文化脈絡角度，猜想可以是理所當然。例如，第一次拜訪丹麥，不會說丹麥語，到了零售店買東西，只能透過包裝圖片加以猜想，原本以為是巧克力冰淇淋，結果卻是當地特有的甘草冰淇淋。

圖6.3消費學習簡化模型顯示，消費學習是一系列基於消費猜想和資訊接觸、編碼和整合的過程。易言之，人們在接觸特定的事件當中，藉由接觸和解釋資訊的行為，依照過去的經驗和當前的信仰，發展出持續性有動機的學習和預期反應。編碼（encoding）意指透過選擇文字或視覺形象去認知目標的過程。整合（integration）意指評價過去信仰和資訊相關的程度。編碼和整合受到文化和經驗的影響，其他影響因素還包括性別和年

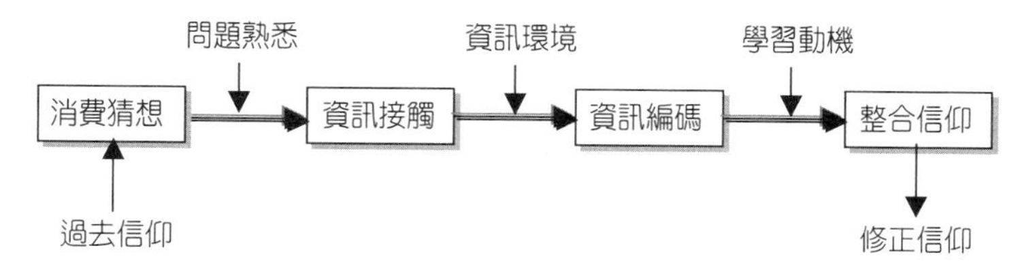

圖6.3　消費學習簡化模型

齡。例如，包裝顏色被用來傳達產品屬性，主要是基於心理和文化等因素。在日本，黃色是國民顏色經常被用在包裝，但是對於美國人而言，黃色象徵廉價產品。例如，麥當勞的金色拱形，就是由黃色逐漸轉為金色，因為金色代表純淨和優質。最後，資訊環境特徵也會顯著地影響消費者接觸、編碼和整合資訊和目標達成。

學習的類型

描述學習（leaning by description）意指透過接觸各種資訊進行學習，包括父母、老師、書本、朋友、電視、廣告、雜誌、銷售人員、網站、包裝標籤、操作手冊都是描述學習的重要途徑。透過行銷廣告接觸消費者就是基於描述學習，例如，觀賞音樂節目模仿時尚流行；依照食譜學作美食；搜尋官方網站評論電影。附帶學習（incidental learning）意指人們無意地透過觀察和模仿重複學習。另外，名人代言廣告提供消費者替代學習（vicarious leaning）或稱觀察學習（observational leaning）的機會，卡通人物也可以扮演這項角色。雖然消費者沒有直接的接觸經驗，不過，廣告經驗可以提供觀察學習的機會。例如，兒童可以透過品牌、圖片和顏色的有效聯結，分辨各種不同的產品品牌。

直接經驗（direct experience）意指不同於間接或替代學習的經驗，由於雙向互動和直接接觸等特性，它更為鮮活具體和更容易記憶，相較於描述學習，它更為可信且更容易激勵和提高涉入。

無論如何，經驗無法和行動完全結合，它只能誘發下次的學習和行為反應。另外，人們的許多經驗都是模糊的，並且受到文化和社會脈絡的影響。在非西方文化，難以理解的事物，經常被歸類為命運和巫術。在消費行為方面，消費經驗會顯著地影響品牌評價，但是當消費經驗也是模糊的時候，過去意見或廣告主張則會影響品牌評價。例如，帶有苦味的咖啡（過去的模糊經驗），在接觸訴求咖啡沒有苦味的廣告，消費者認為咖啡變得不苦。最後，經驗並不全然來自於記憶，許多產品或服務的消費經驗和記憶，可以透過行銷溝通加以影響和予以形塑，意即消費的記憶範圍非常的廣泛。

行為學習

學習就像是一個適應和接近目標的心智過程。研究發現人類和動物的學習路徑，主要基於二項行為學習理論（behavioral learning theories），包括古典制約和操作制約。在行為學習脈絡之下，學習是對於特定的外在刺激，產生可以觀察的行為反應現象。易言之，對於已知刺激產生可以預期的行為反應，意即表示發生了學習現象。

古典制約（classical conditioning）係由俄羅斯心理學家Van Pavlov提出，實驗對象是狗，實驗中，當人們搖鈴之後，並立即給予狗兒食物，狗兒會自然地分泌唾液。在經過不斷地搖鈴，並立即給予狗兒食物等反覆動作。隨後，狗兒只要聽到鈴聲，就會學習鈴聲和食物有關，即使沒有給予食物，狗兒也會自然地分泌唾液。Pavlov指出這是一項制約學習過程，意即鈴聲（制約刺激）和食物（非制約刺激）會產生聯結，狗兒聽到鈴聲就會像看到食物，產生自然地分泌唾液（非制約反應）現象。易言之，透過及時緊密和間斷事件，上述程序有效地聯結鈴聲和食物。另外，時間趨近原則（temporal contiguity principle）指出連續事件的學習關聯較間斷事件更強，信用卡行銷經常採取上述策略，例如，使用信用卡的透支額度經常高過使用現金，因為信用卡分離了消費樂趣和付出痛苦。

古典制約可以用在許多媒體或廣告環境，其重要特徵在於不需要引起注意和涉入。例如，知名電影《大白鯊》，吃人鯊搭配獨特的背景音樂，二者反覆出現，最後，在電影結尾時，只要音樂響起，就會激起觀眾的恐懼和焦慮，雖然背景音樂可能一直未被注意，詳如圖6.4。行銷也經常採取類似的策略，搭配一個中性的目標（新品牌名稱），透過重複傳達的特定象徵意涵，可以自然地喚起正面的情感反應。例如，在歡樂的廣告中，出現可愛的小狗和漂亮的廚房，寵物和廚房無關，但是消費者對於動物會自然產生正面的情感。

透過古典制約可以了解刺激類化（stimulus generalization），意指相似的刺激會喚起相同的行為反應，通常在面對些微差異的相似刺激時，人們會不作判斷直接產生相同

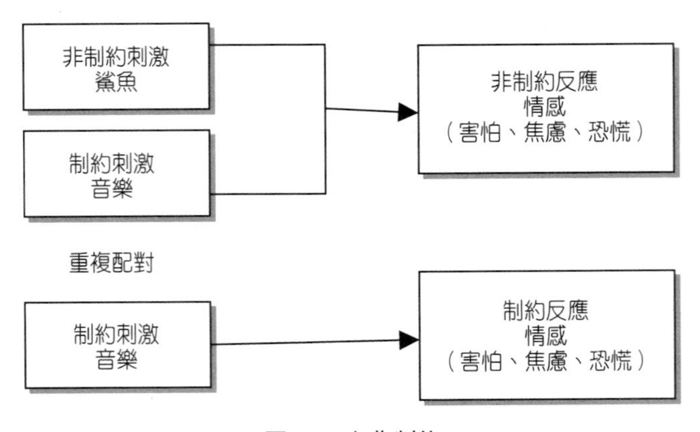

圖6.4　古典制約

的行為反應，意即不會產生太多的學習現象。例如，Pavlov研究指出，狗兒在聽到類似鈴聲的其他聲音，也會自然地分泌唾液。

刺激類化在行銷策略的運用上，包括家族品牌、品牌延伸、授權和相似包裝。家族品牌（family branding）意指一組品牌使用公司商標作為保護傘品牌（umbrella name）。例如，Heinz品牌遍及番茄醬、芥末、泡菜和相關食物罐頭。Kellogg則是知名的穀類家族品牌，不過，家族品牌之內也包括許多個別品牌，例如，Rice Krispies和Apple Jacks大米脆片。品牌延伸（brand extension）意指使用現有品牌促銷新的產品，並且是非常不同的產品類別。例如，Kellogg推出新的穀類產品（韓式米粥），也可以使用Kellogg品牌促銷非穀類產品（巧克力棒）。授權（licensing）意指將已經建立的品牌運用於新的事業，例如，Kellogg品牌授權給玩具製造商，生產幼兒積木玩具。相似包裝（look-alike packing）意指推出一個與現有包裝相似的包裝，藉此讓消費者推論相似包裝產品和原始品牌相似。上述策略的成功關鍵在於刺激類化的認知過程，意即透過相似的刺激喚起消費者的正面反應，讓消費者喜愛新的品牌（新的刺激）。

操作制約（operant conditioning）或稱工具制約（instrumental conditioning），意指透過刺激和報償與處罰聯結，進而形塑人們的行為反應。易言之，操作制約的行為發生次數被行為報償結果所修正，詳如圖6.5。古典制約下的行為是自願性的行為反應。操作制約下的行為反應，則是受到正面的報償結果所強化。行銷上它就是重複購買行為。另外，消費之後擁有的意涵、幻想和情感，都可以作為行為反應的重要報償。

操作制約理論是由美國心理學家Skinner提出，原始的研究對象是鴿子和老鼠，牠們被放在Skinner箱子，如果牠們作出正

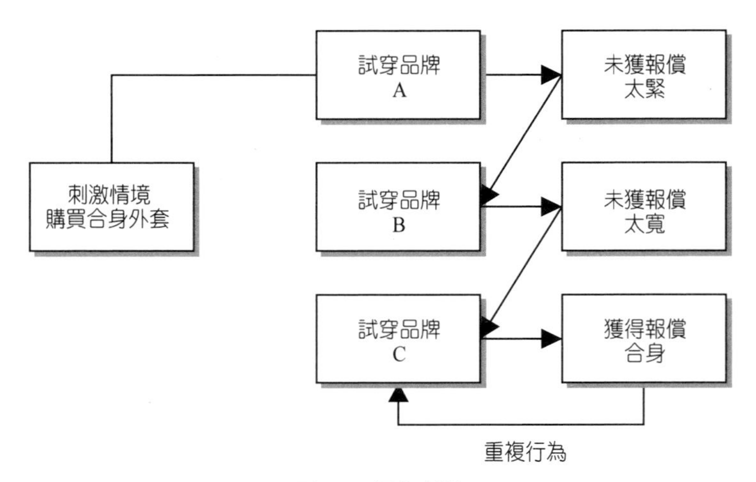

圖6.5 操作制約

確的動作（例如，壓桿或爬梯），動物們就可以獲得食物（報償）。操作制約包含的重要概念如形塑、強化和處罰。

形塑（shaping）意指誘發人們表現出被期望的行為，對於前置行動給予必要的報償。例如，開幕期間，零售商推出促銷活動鼓勵消費者光臨，包括提供折扣優惠或贈送貴賓卡，鼓勵消費者承諾未來繼續光臨，形塑可以增加期望行為發生的可能性。

強化（reinforcement）包括正向強化（報償或愉快）和負向強化（處罰或不愉快）。強化可以增加期望行為的反應機率。行銷透過各種不同的報償，例如，折扣、獎金、忠誠方案，可以強化消費者表現出被期望的行為反應，包括重複購買行為。持續強化（continuous reinforcement）意指每次反應都會給予報償，例如，餐後固定提供免費飲料。部份強化（partial reinforcement）則是每次反應只有偶爾才會給予報償，例如，不定期地推出限時特價。

處罰（punishment）意指弱化期望行為的反應機率。正向或負向強化都可以誘發期望行為反應。不過，負向強化不等於處罰，處罰是用來阻止期望行為發生。例如，強化劣質產品或服務的消費經驗，可以改變消費者產品選擇的方式。例如，一幅韓國牛奶廣告圖像：「一張像是乳酪的椅子！」訴求消費者不喝牛奶的後果，雖然只有少數家具商表態支持，其背後主要贊助者為韓國農產協會。

認知學習

並非所有的學習都是重複嘗試的結果，有些是源自於人們思考及問題解決的結果，突發性學習也可能發生。例如，遇到問題時，我們有時會立刻想到解決方法，但通常我們會蒐集資訊，仔細評估各種學習過的事物，並且針對當前情境和最終目標作出最佳決策。易言之，以心智活動為基礎的學習稱為認知學習（cognitive learning theory），認知學習理論認為，最能表現人類特徵的學習類型是問題解決，藉此可使個體對於環境擁有一些控制力。認知學習理論和行為學習理論不同之處，前者認為學習包括複雜的資訊處理過程，不強調重複、報償、特定反應之間的關聯性，而重視動機和期望反應的心智歷程。其中資訊處理過程意指包括對於記憶的儲存、保留和提取，以下將深入討論人類的記憶類型和特性。

6.3 記憶的催化和失靈

記憶（memory）是人類學習的重要關鍵。記憶就像是一種內在經驗、畫面形象、片斷對話、鮮活感覺。它一開始先在外面旅行，而後回到自己的心靈。大腦的神經機制是建立記憶的重要關鍵，它決定了記憶的主要運作過程，其他包括特殊的提示可以觸發特殊的記憶，以及其他許多因素也會影響記憶的活動品質。

當人們對於特定事物進行回想，主要根植於從過去到現在的零星記憶，他們被分開儲存於記憶資料庫當中，並且經常從改變、增加和從中剔除。文化也會影響人們組織上述資訊的方式，包括如何思考和如何記憶的過程。例如，針對四到六歲的中國、韓國、美國少年，進行一項自我表敘（self-narratives）的研究顯示，儘管不同文化的小孩記憶力相等，然而，他們在記憶上存有明顯差異，例如，美國少年基於自我內心狀態描述和評價自我。反之，韓國和中國少年則是透過他人的角度來描述自己。

社會本質

人類的記憶是一個動態模型，它是個人內在和外部環境互動的結果。記憶可以分為個人記憶和公共記憶。前者包括個人獨特的成長回憶。後者則是人們集體討論或分享的記憶，透過一個形象、感覺和資訊建構，提供一種替代記憶（vicarious memory）。無論如何，人們分享共同的事件和經驗，但也基於自己獨特的地位和見解，個人化的描述可能和共同的記錄不同，代表記憶的獨特性和個人性。例如，夫婦合作記憶一系列冗長的資訊，他們通常會對於特定的資訊產生偏好，易言之，夫婦就像是一個團隊，他們會自發性地分配記憶責任，稱為合作記憶或交易記憶（transactional memory）。例如，家庭消費（例如，採購食品或雜貨）過程就是典型的合作記憶，它在家庭消費中扮演重要的角色。

另外，個人記憶也會經常地反應出社會價值。例如，男孩回憶一年級時與同學發生爭吵，結果他被不斷地攻擊，最後手臂還包上石膏？醫生如何緊急治療？男孩的感覺如何震盪？上述記憶被不斷地重複提起，每次回憶都會回應聽眾喜歡的劇情。易言之，這種記憶是處於社會環境之下的溝通。

最後，記憶是被文化所建構的社會活動。其他人同樣也會顯著地影響個人記憶。許多研究指出，人們的記憶經常被他人的記憶所誘發，事實上，他們可能根本未曾真正地經歷過特定事情。

記憶的類型

記憶研究迄今仍然像是一只黑盒子。目前我們所了解的記憶，多數是已經被我們所提取和學習。記憶具有下列特質：可用的記憶不同於可接近的記憶，記憶在被提取的同時也被建構，人們經常利用邏輯推論去填滿記憶空缺，透過關聯方式增強最初記憶，藉此回應個人或環境的需求。以下將討論三種記憶類型，包括感覺、短期和長期記憶，詳如圖6.6。

特殊的短期記憶，我們稱為感覺記憶（sensory memory），意指資訊透過感官接收被瞬間儲存，不會受到特別關心或被長期儲存。例如，邊寫功課邊聽廣播，當室友進入房間，胡扯了一些八卦，你可能沒有真正留意，但是當你聽到五月天樂團，可能立即大叫：「耶，我喜歡！」感覺記憶如果不被處理，最終很快就會被遺忘。感覺記憶可以從任何感官儲藏資訊，回聲記憶

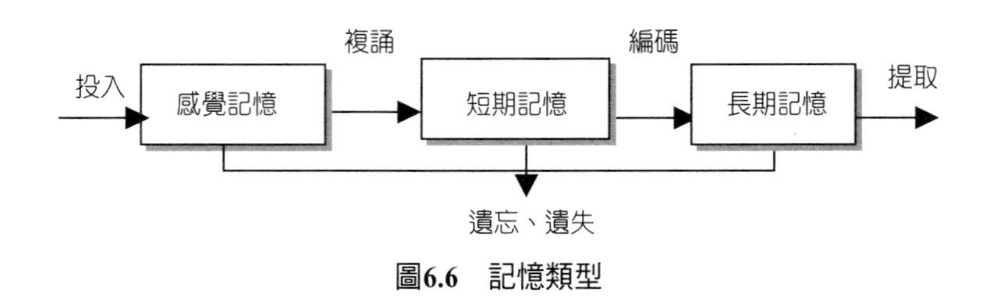

圖6.6　記憶類型

（echoic memory）意指聽到的記憶；圖示記憶（iconic memory）意指看到的記憶，關於後項研究迄今仍然普遍受到關注。

短期記憶（short-term memory）是真實記憶的階段，資訊會受到處理並且保留一小段時間。研究結果顯示，如果短期記憶中的資訊被不斷複誦（資訊在心理上重複），可以被轉入長期記憶之中。一般而言，短期記憶的資訊容量，大約是七位數，平均加減二位數，因此，各國的電話號碼通常是七位數。另外，短期記憶可以保存的資訊容量，大約只有四項至五項。無論如何，短期記憶存在的時間非常短暫，大約只有三十秒或更短時間，除非我們積極記憶或轉化為長期記憶，否則它將很快就會被遺忘。

短期記憶具有許多不同的形式，包括聲音、視覺和其他認知。意象處理（imagery processing）意指感覺資訊的形式。推論處理（discursive processing）則是認知資訊的形式。短期記憶資訊會隨著推敲、動機、目標和環境脈絡產生變化。例如，評價書籍和音樂等產品，人們通常具有催化意象處理的能力，意象可以刺激過去的記憶和經驗，讓人擁有大量鮮活的想像資訊，最後影響體驗滿意甚至是預期想像。急流泛舟的河水泛黑，意象可能讓人極不滿意，甚至想要打包回家，所幸最後擁有一趟美好的泛舟經驗，除了意象處理，可以透過推敲處理獲得愉快的經驗。

長期記憶（long-term memory）意指可以被保留較長時間的

資訊。研究指出長期記憶分為二種，包括語意記憶和插曲記憶。語意記憶（semantic memory）意指人們對於記憶和學習沒有任何的感覺，包括購買資訊和消費知識等。例如，長期獲得但未深刻了解的大量品牌、市場和消費經驗等資訊，包括第一次聽到的可樂品牌，在餐廳點餐，在超市購物，這些都不屬於特定的事件或經驗，但是上述資訊都被人長期重複獲得。

插曲記憶（episodic memory）或稱自傳記憶，意指和時間地點等資訊有關的記憶，它通常是已經發生的事物，例如，第一次坐雲霄飛車、第一次獨自旅行、第一次購買新車、最近一次看牙醫、其他各種購買或消費情事。許多消費記憶混雜著上述二種記憶，例如，許多人喜歡吃中國菜，知道如何找到中國餐館、如何點菜，以及如何享用，他們可能想到許多中國餐廳的特殊場景。無論如何，透過提示和重新體驗的自傳記憶，消費者對於產品可以擁有高度的評價，廣告採取自傳記憶可以喚起正面情感。

語意記憶對於品牌行銷也很重要。品牌形象（brand image）意指保留於消費者記憶和反應出來的品牌認知。消費者擁有許多不同的品牌記憶，例如，法國流行女性服飾品牌Kookai，目標市場鎖定二十五歲年輕女性，品牌價格相當低廉，廣告訴求活潑年輕，十九至卅九歲女性對於Kookai品牌具有明確的形象，這些典型愛用者稱為Kookaiette。圖6.7顯示Kookai語義記憶的品牌聯想網路（associative network），它是一組記憶和概念聯結的網路，可以表現出不同的聯結和強度，例如，與衣服聯結極強，與配件聯結極弱，強聯結深植於記憶當中，其他聯結偶爾出現、或是長期不被接近、或是記憶基礎薄弱。全面的聯想網路代表消費者對於Kookai的長期記憶。聯想網路讓人從長期記憶中提取（retrieving）資訊，易言之，

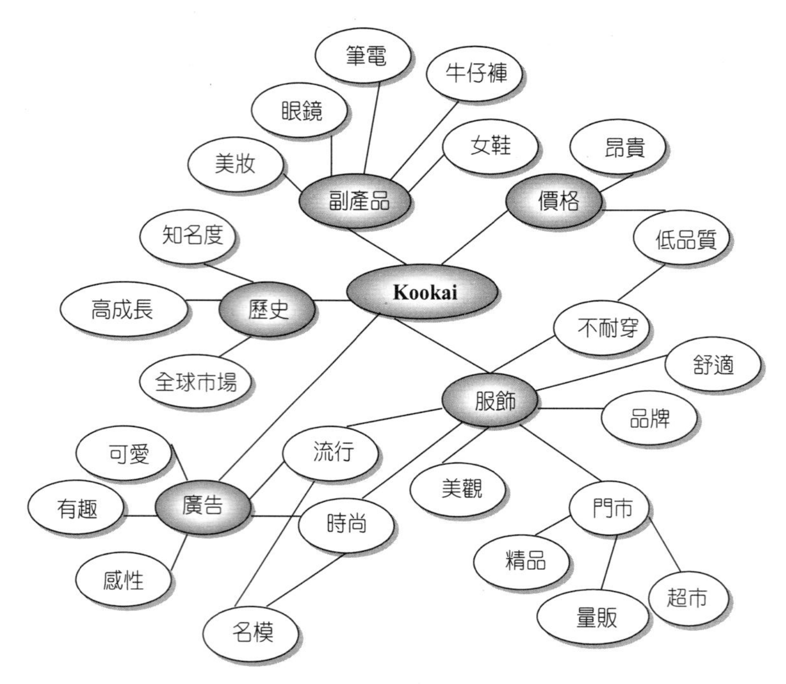

圖6.7　品牌聯想網路

資訊和產品品牌的關聯愈強，資訊的可用性和可接近性（accessibility）愈強，從長期記憶中提取的可能性愈強。無論是強聯結或弱聯結，透過Kookai服飾產生聯結可以創造龐大的利益。催化（priming）可以扮演重要的角色，意指透過活化特定的記憶節點，即使人們沒有深刻的意識知覺。

記憶失靈

相信你曾經有過令人洩氣的經驗，包括花費許多時間尋找鑰匙，剛從超市回來卻忘了購買重要物品，在重要場合中經常語無倫次。許多記憶提供我們實踐目標的能力，它偶爾也會讓人陷入記憶失靈（memory fail）的困境，以下我們將從幾個面向加以討論。

許多記憶在長時間容易被人遺忘，即使事件對於個人深具意義。例如，遺忘曲線指出，幾天之內的記憶，可以保留詳細的資訊，讓人合理地和正確地重建過去。然而，隨著時間推移，衝突增加，類似經驗造成記憶逐漸模糊。記憶消逝（fade）意指遺忘曲線會隨著年齡增長愈趨明顯。例如，接受教育的老人較少面臨上述問題。不過，遺忘可能受到許多不同的因素影響。例如，他人重複的提醒可以避免遺忘。另外，不同事件和經驗的記憶也會不同。例如，上個月在學校發生的事情，不如同時期參加演唱會的記憶深刻。另外，特定的事件或提示可以挑起暫時遺失的資訊。

失神（absent-mindedness）意指心不在焉導致無法正確地記憶。失神最重要的理由，就是日常生活中充滿著瑣事，導致資訊編碼過程中注意力分散。例如，與人初次見面，當下次再見時，可能只記得熟悉的臉龐，但是無法回想當時的互動經驗。另外，我們經常接觸許多新的資訊，注意力容易被分成許多細節。對於行銷廣告而言，這是一項重大的挑戰，因為新的資訊經常造成消費者注意力移轉。

預期記憶（prospective memory）意指記得未來該作哪些事情，過去以來，研究除了關心人們的過去記憶，也包括未來準備從事哪些事情。例如，明天的午餐約會和信用卡繳費，PDA就是滿足預期記憶的重要產品。儘管人們經常害怕無法充分地掌握未來，然而又為何經常忘記？失神同樣扮演重要的角色。一則古老笑話，人們藉由綁上細繩來記憶特定殊的事物，但是卻又經常忘記細繩正確的擺放位置。例如，我們偶爾會在日曆上記錄重要的事件，但是卻又經常忘了翻閱日曆；或是在冰箱貼上便利貼，不過，最後卻還是忘記看它一眼。我也有同樣的經驗，在日記本上記下週日上午九點約會，但是卻又忘了和誰及正確的約會地點。

空白（blocking）意指被儲存的資訊無法正確地描述記憶，它特別容易發生在許多年長者身上，問題在於目標和記憶之間缺乏聯結。例如，我們可以輕易地想起朋友的臉龐和職業，但是卻沒辦法想到他的名字。空白對於品牌行銷具有重要的意涵，例如，消費者可以輕易地想到產品的特性和味道，但是卻無法順利地想起正確的品牌名稱。如何加強品牌名稱和屬性產生聯結，透過學習理論強化在消費者心中的烙印，如何讓品牌名稱和視覺圖像與行動聯結，可以提高消費者記憶被順利提取。空白記憶的另一項重要困擾，例如，從記憶中提取資訊會阻礙後續其他資訊的回憶。例如，犯罪事件的目擊證人，當被要求回想犯罪過程，結果可能導致未被要求的回想情節產生記憶困難。在行銷應用方面，例如，消費者被要求回想特定的品牌，結果導致對於競爭產品資訊產生空白記憶。

記憶中錯認（misattribution）的情況非常普遍，我們偶爾會把未曾發生的事件當作是真實，錯認過程中鮮明的印象，其實只是一場幻想。我們偶爾可以正確地回想起事情的發生，但是卻把時間和地點錯認；我們偶爾會自動地存入特定的形象或思維，然而，事實上他們都是道聽塗說，錯認可能造成嚴重的傷害，例如，由於目擊者錯認，導致被告遭到誤判監禁。易言之，被告也許和目擊者彼此熟悉，但卻是在不同的時間和地點。另外，記憶也有剽竊的問題，包括對於某些事物的想像事實上來自於他人。錯認來源（source misattributions） 意指可以正確地回想過去，但卻錯誤地指涉知識來源。記憶聯繫（memory binding）意指將各別不同的經驗元素予以聯結成為整體，人們無法將行動和目標聯結到特定的時間和地點，我們稱它為記憶失聯（memory binding fails）。總體而言，強烈的熟悉感但卻缺乏特定的回憶，極有可能產生錯認的記憶。在行銷方面，例如，消費者把道聽塗說的經驗，或在廣告中所看到的，錯認為自己曾經有過的體驗。無論如何，真實的體驗比廣告訴求更為可靠。

暗示（suggestibility）是錯認的特殊個案，意指併入錯誤的外部資訊成為過去的回憶。例如，嚴峻的拷問導致嫌犯錯認事件經過並且承認犯行；易言之，由於受到外部資訊、評論和建議的誘導，導致人們的記憶遭到扭曲，喚起記憶時被誘導到不同的方向。另外，童年錯認記憶尤其普遍，由於我們再也回不到過去，無法重新獲得鮮明的記憶，結果導致人們以模糊的想像和情感，甚至是加入許多主觀的感受、信念，以及事後獲得的資訊去重建過去記憶。易言之，我們經常以事後的情緒來決定對於過去的記憶。

偏見（bias）意指當前的知識、信仰和情感，扭曲和影響了新經驗的編碼和記憶。記憶偏見分為幾種類型，一致性偏見（consistency bias）意指透過重寫過去的感受和信念以符合當前的感受和信念。後見之明（hindsight）則是另一種記憶偏見，意指人們可以在事後清楚地了解事前並不理解的狀況。自我提升偏見（self-enhancing bias）則是過度地美化過去的經驗以正面看待自己，這種偏見在西方非常普遍。刻板偏見（stereotype bias）則是根據和事實關係不符的分類來解釋當前的感受和信念。

糾纏（persistence）意指經常想起希望忘記的記憶。人們經常被感性的記憶所困擾，並且習慣避免回想或至少加以控制。例如，人們都曾經歷過許多痛苦的經驗，但是上述惱人的記憶卻一再重複上演，導致痛苦的記憶反覆輪迴。強大的記憶情感對於生理感官產生衝擊，記憶誘發人們的痛苦和喚起不愉快。由於難以承受，人們選擇避免回想，但也矛盾，愈是逃避回憶愈是趨近，造成的創傷也更為深刻。

人們可以記得許多事物，以及遺忘某些事物，其間受到許多複雜的因素影響，包括獨特的記憶和經常性複誦。個人特質和心情狀態也會影響記憶，例如，正面心情可以提升正面的回想；反之，負面心情可能挑起負面的回想。另外，專業的程度，也會影響回憶的程度，例如，專業者相較於業餘者，擁有較複雜的記憶類別，加上專業涉入和強大興趣，可以更有效地進行類別比較和推論。在行銷方面，如何提升消費者記憶非常重要，特別是針對自己的產品和服務，以及阻礙對於競爭產品和服務的記憶。總體而言，消費者的回憶流程，大致包括協助回憶（aided recall）意指人們被賦予提示去回想標語和品牌名稱，自由回憶（free recall）意指在沒有任何提示或協助情況之下回想特定事物。表6.2指出幾種提升消費記憶的方法。

6.4 結　論

消費經驗是消費研究的核心，它會顯著地影響消費學習和記憶。消費學習是適應性的行為，基於價值系統、欲望、需求和已經學習的事物。人們對於世界如何運作產生猜疑和假設，藉此

表6.2　提升消費記憶

資訊	提供品牌大量資訊，提高短期記憶和轉化為長期記憶
複誦	利用容易記憶的口號，鼓勵人們反覆思考
推敲	透過各種方法使消費者重複暴露於行銷訊息中
初次	激起有意識地回想已經存在的資訊，包括過去的廣告
突顯	突顯首次、唯一、重要資訊或消費印象
情感	催化對於產品或服務產生正面的感覺
原型	宣告品牌在該類產品的代表性，通常是領導品牌和市場先占者
統合	加強與其他已被接受的產品資訊概念產生聯結
催化	活化記憶的特殊節點，誘發對於特定產品品牌的喜愛

作出適應性的選擇和目標實踐。學習方式包括從經驗中學習和從描述中學習；行為學習理論包括古典制約和操作制約，了解上述學習方式和理論利於刺激人們的學習。另外，記憶也是經驗和學習的重要關鍵，它被文化和社會活動所建構，可以分為感覺、短期和長期記憶。長期記憶透過聯想網路讓人從記憶中提取資訊。另外，記憶雖然可以扮演有利的角色，但是也會產生許多的失靈困境，包括消逝、失神、空白、錯認、暗示，偏見和糾纏。無論如何，利用不同的技術可以影響和提升消費記憶。不過，本章標題指出，記憶不只是對抗時間的推移和追尋消逝，它可以是打破僵局、重建現在、確認自我，以美好彼岸拯救現實僵局的重要工具。

延伸閱讀

1. Arnould, E., Price, L. and Zinkan, G (2002), *Consumers*, 2e, McGraw-Hill.
2. Bocock, Robert (1993). *Consumption*. London: Routledge.
3. Storey, John (1999). *Cultural Consumption and Everyday Life*. London: Arnold.

4. Stephen F. Mills, *The American Landscape* (Edinburgh: Edinburgh University Press, 1997); Chris Rojek, *Ways of Escape: Modern Transformations in Leisure and Travel* (London: Macmillan, 1993); and Pamela Sburmer-Smith and K. Hannam, *Worlds of Desire, Realms of Power: A Cultural Geography* (London: Edward Arnould, 1994).
5. Mihaly Csikszentmihalyi, *Flow = The Psychology of Optimal Experience* (New York: Harper and Row, 1990).
6. B. Joseph Pine II and James H. Gilmore, *The Experience Economy* (Boston: Harvard Business School Press, 1999).
7. Stephen J. Hoch and John Deighton, "Managing What Consumers Learn from Experience," *Journal of Marketing*, April 1989, pp. 1-20.
8. Stijin M. J. van Osselaer and Joseph W. Alba, "Consumer Learning and Brand Equity," *Journal of Consumer Research* 27 (June 2000), pp. 1-16.
9. Paul DiMaggio, "Culture and Cognition," *Annual Review of Sociology* 23 (1997), pp. 263-87; and Daniel L. Schacter, *The Seven Sins of Memory* (New York: Houghton Mifflin Company, 2001).
10. Brothers, *Friday's Footprint*; and Antonio R. Damasio, *Descartes' Error: Emotion, Reason and the Human Brain* (New York: Avon Books, 1994).
11. Ann Swidler and Jorge Arditi, "The New Sociology of Knowledge," *Annual Review of Sociology* 20 (1994), pp. 305-29.
12. Morris B. Holbrook and Elizabeth C. Hirschman, "The Experiential Aspects of Consumption: Consumer Fantasies, Feeling, and Fun," *Journal of Consumer Research* 9 (September 1982), pp. 132-40.
13. Peter H. Bloch, Daniel L. Sherrell, and Nancy M. Ridgway, "Consumer Search: An Extended Framework," *Journal of Consumer Research*, June 1986, p. 120.
14. Mihaly Csikzentmihalyi, *Finding Flow* (New York: Perseus Books, 1997).
15. Gilles Laurent, "Introduction－HEC Symposium on Advances in Choice Theory: Conference Summary," *Marketing Science Institute*, report no. 99-121, 1999.
16. David M. Boush, Marian Friestad, and Gregory M. Rose, "Adolescent Skepticism toward TV Advertising and Knowledge of Advertiser Tactics," *Journal of Consumer Research* 21 (June 1994), pp. 165-75.
17. Charles G. Gettys, Thomas Mehle, and Stanley Fisher, "Plausibility Assessments

in Hypothesis Generation," *Organizational Behavior and Human Performance* 24 (1986), pp. 93-110.

18. Joan Meyer-Levy's and others' work, see Malcolm Gladwell, "Listening to Khakis," *The New Yorker*, July 28, 1997, pp. 54-57.
19. Thomas Hine, *The Total Package* (Boston: Little Brown and Company, 1995), Chapter 8, pp. 204-37.
20. Barsalou, "Deriving Categories to Achieve Goals"; and C. Whan Park and Daniel C. Smith, "Product-Level Choice: A Top-Down or Bottom-Up Process?" *Journal of Consumer Research* 16 (December 1989), pp. 289-99.
21. Claude Lévi Strauss, *The Raw and the Cooked* (London: Cape, 1964).
22. Elizabeth F. Loftus and Jacqueline E. Pickrell, "The Formulation of False Memories," *Psychiatric Annals* 25 (December 1995), pp. 720-25.
23. Lee Ross and Richard Nisbett, *The Person and the Situation: Perspectives of Social Psychology* (New York: McGraw-Hill, 1991).
24. Susan Engel, *Context Is Everything: The Nature of Memory* (New York: W. H. Freeman and Company, 1999).
25. R. A. Feinberg, "Credit Cards as Spending Facilitating Stimuli," *Journal of Consumer Research* 13 (1986), pp. 348-56.
26. Harold W. Berkman, Jay D. Lindquist, and M. Joseph Sirgy, *Consumer Behavior* (Lincolnwood, IL: NTC Business Books, 1997).
27. Engel, *Context Is Everything*. See also Daniel Schacter, *Searching for Memory* (New York: Basic Books, 1996).
28. Susan Engel, *The Stories Children Tell* (New York: W. H. Freeman, 1995); and R. V. Kail, *The Development of Memory in Children* (New York: W. H. Freeman, 1990).
29. Saul M. Kassin and Katherine L. Kiechel, "The Social Psychology of False Confessions: Compliance, Internalization and Confabulation," *Psychological Science* 7 (May 1996), pp. 125-28.
30. Scott Plous, *The Psychology of Judgment and Decision Making* (Philadelphia: Temple University Press, 1993); and E. F. Loftus, *Eyewitness Testimony* (Cambridge: Harvard University Press, 1979).
31. Deborah J. MacInnis and Linda L. Price, "The Role of Imagery in Information

Processing: Review and Extensions," *Journal of Consumer Research*, March 1987, pp. 473-91.

32. Morris B. Holbrook and Elizabeth C. Hirschman, "The Experiential Aspects of Consumption: Consumer Fantasies, Feelings, and Fun," *Journal of Consumer Research*, September 1982, pp. 132-40; and MacInnis and Price, "The Role of Imagery in Information Processing."
33. Endel Tulving, *Elements of Episodic Memory* (New York: Oxford University Press, 1983).
34. Shelley Taylor, *Positive Illusions* (New York: Basic Books, 1989).
35. Angela Y. Lee and Brian Stemthal, "The Effects of Positive Mood on Memory," *Journal of Consumer Research* 26 (September 1999), pp. 115-27.
36. Gordon H. Bower, "Mood and Memory," *American Psychologist*, February 1981, pp. 129-48; and Joseph Alba and J. Wesley Hutchinson, "Dimensions of Consumer Expertise," *Journal of Consumer Research* 13 (March 1987), pp. 411-54.

第七章
我甚至和我自己都沒有共通點

I am significantly different from me

自我概念基於個人欲望和未來目標，可以用來定義自我和表述自我。自我概念會隨著不同的文化、歷史和競爭定義產生差異。自我概念非常複雜，它像是被組織化後的自我認知結構，它可以是一種內省過程或人際過程。自我概念隨著去中心化和統一信仰崩解，它正朝向後現代的方向發展。本章首先探討反應自我的重要人格特質；其次，討論自我概念的多元面向、內省和人際過程，以及動態的自我。

7.1
差異性和持久性

人格（personality）是了解不同自我的最佳方法。人格是個人適應生命情勢的差異性和持久性的思維、情感和行為特徵。人格研究旨在判斷人格特質，早期的埃及人、中國人和希臘人透過星象學研究人格，二千五百年前，古希臘名醫Hippocrate和哲學家Aristotle，整理了表面特質和人格特質關係表。迄今二十一世紀，現代心理學同樣關心人格或稱動機研究。第二次世界大戰之後，許多心理學家創新許多人格理論，基於人格特質去預測人類行為非常有用。

特 質

人格特質（traits）意指不同於他人相對上具有持續性和一致性的個人特徵。心理學認為人格心理學等於特質研究，並且發展出許多人格特質範例。行銷學對於人格特質研究則是採用社會特質量表。近年來，消費行為量表整合了許多社會特質，包括自我概念、認知需求、愛國主義、性別身分等。研究結果顯示，人格特質只能解釋一成的消費購買、產品偏好和創新行為，意即人格特質應該結合其他變數更能改善預測能力。

近年來，五項人格特質深受重視，包括穩定性（neuroticism）、外向的（extraversion）、開放性（openness）、親和性（agreeableness）、認真性（conscientiousness）。研究顯示相較於其他人格特質模型，它能顯著地區別消費型態和偏好差異，不過，仍然無法解釋與消費行為之間的關係，必須尋求其他特質和方法去了解自我概念，包括自尊（self-esteem）和自我監視（self-monitoring）。

另外，人格特質的衡量，可以透過自己的方式和自己選擇的構面，透過開放式探索性問題，談論自己是什麼和不是什麼。另一項創新工具個人投射（project），意指去維持或獲得一個事件狀態的長期行為，透過目標導向的相關活動去投射和建構自我，例如，學習泛舟、取得學位、建造房屋。個人投射方法可以建構核心的個人生命概念，以及更豐富了解個人的消費內容。

自 尊

個人如何感覺自己稱為自我評價（self-evaluation），這是人格的重要觀點。自我評價影響目標設定，以及在不同情境之下的動機、焦慮、壓力、沮喪和選擇。自尊（self-esteem）是一種主觀的自我評價方法，以及自我價值（self-worth）的信仰型態，包括許多的社會和人際構面，基於個人成功或失敗經驗，以及與他人互動、成熟、遺傳和社會學習。自尊短期上與他人的評價有關，它廣泛地影響自我認知和社會行為。高自尊者較低自尊者，不容易受到他人意見的影響，行事獨立也較少遵從群體壓力。

高自尊和高消費顯著相關，自我感到滿意和自認具有獨特才幹，較其他人消費更多的產品和服務，例如，娛樂、酒類和美體美容產品。低自尊和鏡中自我顯著相關，強調美體的消費文化導致低自尊現象。相反地，低自尊和衝動購買和成癮行為有關。另外，焦點群體訪談女性肌膚照護問題，低自尊女性避免購買相關產品，因為她們認為自己不值得投資。不過，低自尊有時也會過度消費和低度消費，關鍵仍取決於個人特質。

強迫購買（compulsive buying）意指無力去限制衝動購買的念頭，當衝動行為反覆過度稱為強迫購買。研究結果顯示，一成的美國人和百分之七的墨西哥人屬於強迫購買者，他們較其他消費者擁有較低的自尊，並且相信金錢可以提升自尊，強化他人對於自己的感受。自尊代表高度的內省需求，它可以是有效的廣告訴求。低自尊者較容易被說服感動，作為廣告訴求也非常有效。

自尊是一系列反射他人對自己的評價。人們有評價他人意見和能力的需求，比較自我和他人可以滿足上述需求。青春期容易缺乏客觀的比較基準，經常透過同儕進行社會比較，導致人際關係顯著地影響自尊判斷。青春期對於人際特別敏感，特別是對於服飾。因此，年輕人的穿著喜歡符合同儕流行並且共享品牌意涵，上述現象女孩更勝於男孩。青少年的自尊和服飾穿著顯著相關，意即高自尊者對於服飾具有較多的非規範性價值觀點。

另外，自尊和身體外形也會影響表現自我成熟的欲望。低自尊者的自我防禦機制會強化表現自我成熟的欲望。化妝如口紅和社會特徵，可以改善身體外形、滿足自我形象防禦和整合自我感覺，特別是化妝可以補償負面和低自尊。青春期女性特別了解低調的口紅更適合自己的年紀，明亮顏色的口紅可能過度突顯成熟年齡。口紅顏色可以讓人確認和強化自己的身分認同，包括希望被同年齡群體接受。同樣地，採用明亮顏色的口紅，女孩可以宣告自己成熟的欲望和提升自我形象。

自我效能（self-efficacy）則是另一種自我評價，意指有能力去執行和控制影響生活事件的信仰。例如，有些人認為會成功，有些人則認為會失敗。自我效能也會影響消費行為，例如，認知消費效能（perceived consumer effectiveness, PCE）會影響對於環保的關心和行為，例如，回收問題。自我效能也會影響技術的創新使用，高自我效能者認知具有使用新技術的能力，因此會大幅地減低對於新技術的抗拒。無論如何，自我效能會隨著不同文化產生變化，例如，美國人相對上具有較高的自我效能，相信透過購買力宣告可以解決問題，反之，泰國人具有較低的自我效能。

人格特質顯著地影響消費研究，包括檢視對於產品的認知，以及實際和理想人格特質的關聯。一般而言，單獨運用人格特質預測品牌選擇並不容易。例如，了解人們是風險偏好者，仍然無法預測會購買豐田或福特汽車。除了品牌選擇之外，人格特質也與許多消費行為有關，例如，物質主義與衝動和強迫購買。其他重要的人格特質因素，包括自尊、認知需求、控握信念、自我效能等，也都與消費行為和購買態度有關。例如，購買之前可能詢問朋友或專家。

認知需求

人們思考的傾向稱為認知需求（need for cognition），它會隨著不同情境長期維持穩定。高認知需求者較低認知需求者，回想和搜尋更多的資訊，堅持品質更勝於型態，擁有較多的知識，思維和態度之間長期呈現顯著關係。認知需求和消費行為有何關係？高認知需求者處理廣告資訊的時間較長，並且正面回應行銷溝通。高認知需求者對於產品品牌比較，傾向於透過特定屬性而非全部屬性。建立和強化知名品牌的重要性，可以提高高認知需求者對於品牌的偏好。反之，低認知需求者容易受到他人意見的影響。另外，高認知需求者不會對於特殊產品展示作出回應，因為他們認為展示不代表價值提示。相反地，對於低認知需求者，透過大量資訊揭露和購買與時間限制，可以突顯交易價值和強化促銷。例如，限制每人的消費數量可以提高銷售。

控握信念

另一項人格的重要觀點控握信念（locus of control），它可以分為外部和內部，前者傾向於把生活歸究於受到機會、命運、他人或不可抗力事件的影響。後者傾向於把生活歸究於受到自我能力所控制。外部信念歸究於環境，內部信念歸究於個人。控握信念是否影響消費行為？內部控握者較外部控握者搜尋更多的資訊。另外，父母具有高度外部控握和低度內部控握信念，兒童的家庭消費決策角色也愈重要。因此，高度外部控握者會搜尋更多的外部資訊，包括行銷溝通或他人意見作為實際購買決策。

控握信念也會隨著不同文化影響消費行為？外在控握信念

愈強愈抗拒創新。高外在控握信念者，購買傾向較不明確，對於行為具有低控制力和預測力。例如，回教徒認為真主阿拉決定未來，預測未來是一種愚蠢和不敬，約旦研究支持上述論點。控握信念也會影響和形塑購買傾向，美國人比約旦人具有較高的內在控握信念，因此，其購買行為和傾向落差相對愈小。迄今，不同文化的控握信念仍然無法有效衡量。不過，相較於美國人，韓國人的外在控握信念較高，原因可能是，韓國人對於內在控握信念的問題混淆，加上量表的信度效度並不穩定。儘管人格衡量難以正確地預測行為，不過，仍能預測特定情境下的普遍行為。例如，無法預測好奇是否導致人們搜尋新產品資訊，但是可以預測高度好奇會導致對於新產品的高度知覺。無論如何，人格特質用來區隔和鎖定消費市場非常有用。

7.2 自我七十二變

自我像是一種被組織化之後的認知結構，它可以是認知自己的內部過程，以及認知人際影響以及與他者互動的過程。自我概念是研究自我的重要觀念，它不是從社會和文化中區隔出來，而是與外部環境緊密互動成長，儘管不同的文化有不同的方法框架自我概念，不過，自我概念主要包括三項要素，詳如圖7.1。重要他者，意指透過重要他者決定和形塑自己的定義。物質目標，可以支持和影響社會關係和自我發展，實體產品有時可能被用來定義自我。理念信仰，可以影響認知的途徑和回應環境的方式。上述要素除了各別影響自我概念的發展，不同要素之間同樣具有緊密的關聯。

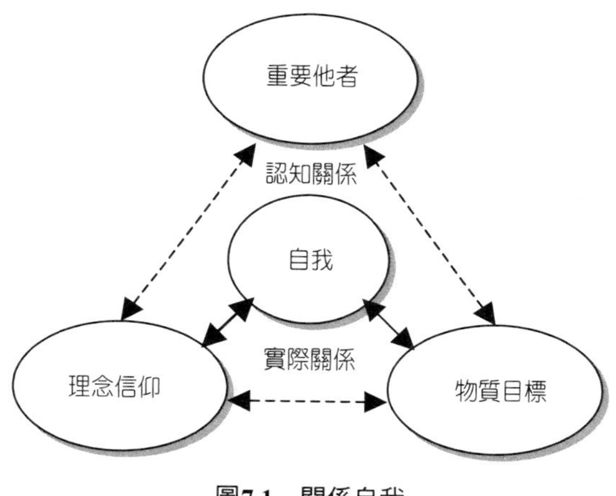

圖7.1　關係自我

多元面向

自我概念（self-concept）的面向多元，包括系列的形象、活動、目標、情感、角色和價值。社會學認為自我是系列不同卻又相關的自我認知。心理學指出自我的多元面向，包括主動自我（I-self），維持自尊的活潑觀察者和資訊處理者。主動自我還包括：真實自我（actual self）意指實際上如何看待自己；理想自我（ideal self）意指希望如何看待自己；期望自我（expected self）意指希望在未來特定時點如何看待自己。被動自我（me-self）或鏡中自我（looking-glass self），強調整合重要他者對於自我的反應，例如，透過炫耀商品的消費，成為重要他者想望的類型。被動自我還包括：社會自我（social self）感覺他人如何看待自己；理想社會自我（ideal social self）希望他人如何看待自己。圖7.1的物質目標讓人形塑內在的自我感覺，甚至是外在的實際自我。人們經常透過消費象徵性的產品來提升自我概念。廣被社會接受的產品、服務或品牌意涵，可以轉化和提升自我價值。另外，與他者、產品和品牌互動也很重要。例如，透過消費他人支持的產品和服務，可以表達和強化正面的自我概念，稱為形象一致假設（image congruence hypothesis）。

延伸自我（extended self）則是將外部目標視為自我的延伸。例如，美國女性比男性更認為身體代表身分。延伸自我也包括蒐集、寵物、刺青。另外，透過舌環和紋身等不斷擴張的身體改造，可以向他者宣告自我存在，意即透過肉體痛楚防止自我消失。延伸自我和自我擁有具有顯著的關係。例如，馬雅人視*milpa*玉米代表天人合一，馬雅人可以不需要玉米，但是絕對不能沒有*milpa*，因為*milpa*貼近馬雅人的自我概念。其他包括非洲波紮那Herero婦女穿戴*tuku*頭巾、雷鬼音樂、牙買加土著宗教Rastafarianism，都是社會導向的自我認知的重要來源。對於消費研究而言，創造目標的獨特感動可以發揮延伸自我效應，例如，美國寵物產業高達三百億美元；豪華汽車邀請人們親臨體驗，獨特的內部裝潢如同是延伸自我。

情境和動機

社會情境也會影響自我概念，稱為活化自我（working or activated self）。文化、性別、種族和其他身分象徵，成為自我在特定情境下的重要象徵。例如，喝酒是大學生的重要行為象徵。六成的美國大學生未達法定飲酒年齡，不過，只有二成的大學不喝酒，理由是同儕壓力和害怕被群體排擠。因此，改變校園中的上述社會關係，可以降低酒精問題和改變喝酒者的自我概念。

自我概念也有選擇性觀點，主要受到滿足和動機等因素影響。一般人內心存在的自我概念，稱為運作中的自我概念（working self-concept），它會隨著不同情境和動機產生變化。單身的日子，無論是公開或私人場域，情境的改變讓人期望透過消費來表達自我。流行也提供了表達不同自我的重要途徑，讓人創造和表達不同的身分。例如，女性主管可能大膽地穿著Vivienne Westwood新裝參加董事會，不過，私底下卻是極度的保守。

情境決定消費並且活化不同的自我。例如，舞會中開香檳和在pub喝酒都能宣告自我。新產品偶爾也可以刺激自我概念。例如，穿著可以微妙地改變身體，穿著愈是正式，自我愈是無意識。另外，週末燭光晚宴也可能觸動不同的自我，獨特的產品和服務定位可以活化人們的自我概念。

限制和未來

行為經常受到自我概念的影響。例如，人們經常表示工作繁重，距離真實的自我遙遠。由於行為受限的結果，自我概念無法直接地顯現在行為，不過，它可能間接地反應在心情變化，反應在主導性和接近性的自我觀點，反應在自我表達和社會環境的選擇。了解自我概念的另一種方法，自我形象（self-image）或自我基模（self-schemas），意指基於記憶和自我關聯資訊的自我表現知覺。一般而言，人們可以察覺自我表現但是無法察覺他人，加上自我表現經常受到日常生活的壓抑，因此，新產品可以協助修正和排除上述障礙，例如，冷凍餐點和麵包製造機，讓人實現平日忙碌無法達成的自我承諾和自我表現。

自我表現意指實現主動自我（I-self）和未來自我（possible

selves）。未來自我代表我能、我想或我怕成為。未來自我賦予個人過去和未來意涵，建構生活領域的自我基模。某些消費行為可以視為是未來自我，例如，拉斯維加斯賭場訴求追求冒險就是掌握未來自我；電影《雨人》（*Rain Man*）中的湯姆克魯斯的自我自信（self-confident）也是如此。

未來自我和運作中的自我可能產生自我概念衝突。衝突的自我表現可能導致情緒扭曲、焦慮和沮喪。不過，複雜和多元的自我概念若能成功整合，可以讓人的心智更為成熟。消費或擁有經常可以協助人們整合不同的自我，新產品策略可以滿足上述自我整合的需求。例如，便利食品可以整合職業婦女扮演好母親的角色。

彈性易變

自我概念也具有彈性易變的特性，即便因應不同的情境它可能保有持久性。不過，人們經常加入新的自我概念，例如，大學和中學時的自我概念可能加入新的角色、新的關係、新的活動、新的特質、新的目標。自我概念在角色轉換過程中非常的動態。其他包括工作改變或結婚、離婚，角色轉換經常造成消費型態的改變，進而反應出自我概念改變。例如，進入大學之前，女性在高中可能留長髮，直到決定改變外形搭配新的自我，讓自己更接近社會、更有美感，或是更符合欲望自我。

整形病人也會在角色轉換過程中尋求協助，整形讓人對於自己的身體和外表，擁有更大的控制權。結果證明整形對於自尊和正面態度產生重大改善。角色轉換包含了許多類型，例如，成年禮代表新生，脫離過去的角色、身體的蛻變、痛苦和孤立。無論如何，許多產品和服務都可以用來強化角色轉型，例如，每年日本成年禮儀式，成年男女都會收到各種促銷商品和和服等。

7.3 朝向後現代崩潰

圖7.2顯示動態的自我概念，動態的自我表現（self-representation）結合運作中的自我概念，規範著人際行為和內省過程。

內省過程

運作中的自我概念透過許多途徑管理內省過程（intrapersonal processes）。首先，自我概念整合自我關聯體驗形成自我表述（self-narratives），包含一致性和脈絡性的經驗

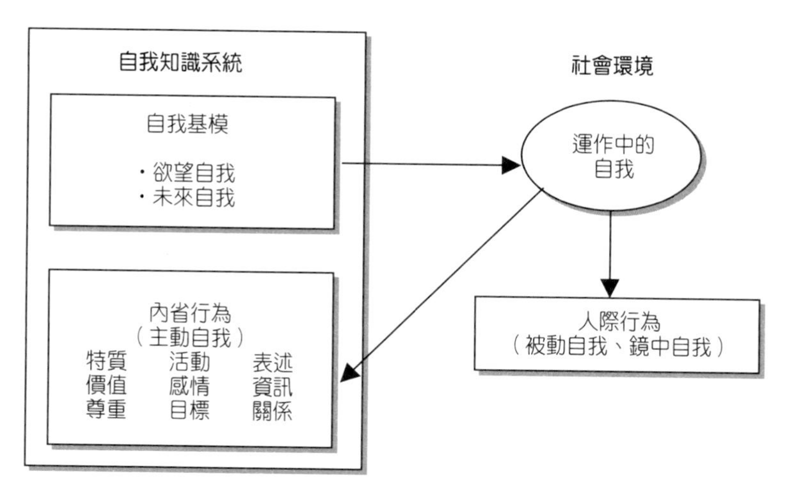

圖7.2　動態的自我概念

故事，讓人在時間和空間上產生一致性的感覺。故事經常指涉過去、現在和未來事件的判斷或評價，共同建構和揭示說故事者的一致性。人們經常透過消費賦予自我故事一致性。例如，珍藏就像擁有過去，因為珍藏如同自我故事，消費客製化產品是建立自我表述的重要元素。消費可以創造新的自我表述和改變自我概念，例如，紋身讓人可以透過消費表述自我和改變自我概念。另外，高風險活動也會對自我表述和自我認同產生影響，例如，高空跳傘讓人建構一個新的和可能的自我概念。

其次，自我概念影響自我關聯資訊（self-relevant information），它是一種自我基模的新資訊搜尋。易言之，人們對於自我關聯資訊較為敏感，也較為熟悉和認知自我關聯資訊。相反地，對於不一致的自我相關資訊會產生抗拒。例如，研究對於成對字母組合的偏好，通常人們會選擇與自己姓名有關的字母，並且對於上述潛藏的字母毫無意識。綜合言之，自我概念效應對於產品行銷非常重要。例如，流行設計或服飾。如果流行可以更接近自我概念核心，人們愈有可能開放地接受這項流行訴求。易言之，流行的品牌愈是自我關聯產品，愈有可能挑起人們的重複購買。透過標誌共同的品牌成為共同認知的象徵，流行和青少年次文化，可以催化透過採用去創造未來的自我。

另外，身體意象（body image）則是屬於一種脫離客觀身體特徵的認知結構，它可以是指涉美好的文化和心理的感覺。文化理想、社會關係和規範也會影響身體意象，例如，理想的身體意象在西方非常普遍，身體意象產業產值高達數十億美元，包括健康飲食產品和服務、化妝品和整形。西方人希望改變身體主要基於以下信仰：第一、身體無法限制真實自我。第二、理想化的年輕和健康。第三、科學可以防止老化。上述信仰導致全球整形美容產業快速發展。不過，其間也存在許多的道德問題。包括過度的理想化可能遭到身體反撲，例如，食慾缺乏和導致扭曲的身體美學認知。無論如何，行銷經常透過類似的資訊影響人們的消費決策，催化人們形塑想望的身體意象。

自我概念對於動機也很重要，它包含許多的未來自我、害怕和想望的形象。欲望自我（desired selves），意指想望成為和真正能夠成為的未來自我，它取決於自我定義（self-definitions）的重要性和承諾程度，它可以定義目標和催化個人行動。行銷溝通可以縮短實際自我和欲望自我的落差。

人際過程

基於自我概念去評價他人、選擇朋友和與他人互動，可以強化和表現欲望自我和偏好的身分認同。透過產品也可以表現不同的自我和創新自我，不同的文化下產品傳達不同的意涵，例如，中國人視耐久財為中產階級象徵。產品可以用來推論自我特質，作為身分意涵識別的精緻化社會溝通系統。透過消費具有共同意涵的產品可以表達和定義自我，消費分享也可以讓人建構和維持群體認同，並且獲得顯著的心理利益。

自我表現（self-presentation）或形象管理，意指透過人際方式去處理自我表現符合社會情境。高度自我監視（high self-monitors），意指關心在特殊情境下的自我行為一致。低度自我監視（low self-monitors），則是較為關心如何表現自己，較少關心自我行為是否符合他人。無論如何，自我監視程度會隨著不同文化、個人和不同情境、生命週期和地位產生變化。

另外，自我監視也會影響消費行為。例如，高度自我監視者會選擇消費含有酒精的飲料；低度自我監視者則在飲料選擇上較為務實。高度自我監視者會購買廣告流行品牌，透過消費流行達成提高自我形象的目的。在訊息接收態度方面，低度自我監視者傾向於強調產品品質，例如，威士忌酒風味或洗髮精效能。反之，高度自我監視者強調顯著的自我表現，例如，流行的品牌或成功的形象。

自我監視也會隨著年齡、產品特色和文化互動產生變化。例如，青少年較成年人更具有高度自我監視傾向。互依文化下強調適應社會情境的表現自我，也會導致高度自我監視傾向增強。產品特色方面，高度自我監視者偏好形象訴求產品，低度自我監視者偏好品質訴求產品。

另外，無關乎高度或低度自我監視傾向，人們經常透過不同的他者表現不同的自我認同，他者經常被外部但偶爾會被內部化。例如，日本演歌可以提供鏡中自我形象，它可以吸引年長者和藍領的日本觀眾。演歌傳達出階級、傳統性別角色、艱苦奮進、懷鄉感動。所有的價值都貼近自我概念，透過聆聽或演唱內部化上述價值。他者的眼睛像是鏡中自我，人們藉由上述過程看到自我認同。於是消費行為和自我概念緊密聯結，透過消費來彰顯或表徵自我概念，獲取和消費產品的同時也在自我表述，利用產品去貼近實際和未來自我的落差，或是欲望自我。無論如何，消費行為經常出現明顯的改變，特別是在自我概念角色的轉換期間。

後現代自我

後現代透過以下情境影響自我認同：第一、統一信仰崩解，例如，國家目標、民主價值、科學進步、宗教教義等。第二、自我概念崩解。第三、去中心化（decentering），包括曾經存在的中心化主體逐漸融解，以及後結構主義認為上述主體根本不曾存在，它不過是一種意識型態幻覺。無論如何，後現代消費強調選擇的自由，對於各種消費認同較少表達承諾。現代化的自我認同（self-identity）係由傳統和勞動加以定義，後現代的自我認同，則是透過持續改變對抗過去和當下。

後現代自我（postmodern self）是一種樂觀的理念，代表可以自由地選擇認同，避免焦慮和不確定，以及支持獨立的自我。細而言之，認同是一種化成（becoming）而非存有（being）的過程，它不再是一種根源（roots）而是路徑（routes）的問題。易言之，認同在不同的脈絡形成自我體系，特定的認同主導特定的脈絡，其他脈絡則由完全不同的認同主導，但是上述非主導的認同並未消失。例如，近來角色扮演遊戲風行全球，虛擬實境的互動體驗，讓人陷入不可思議的想像世界。虛擬自我（virtual self）或稱網路自我（online self），提供人們嘗試不同的人格或不同身分的機會，網際網路正在重新定義人類的身分認同，隨著新身分的嘗試和自我轉變，它也會顯著地影響消費行為改變。消費文化提供了許多檢視自我認同的機會，包括長期形塑自我知識（self-knowledge）和自我表述。同前說明，後現代認同是由外而內，不是由內而生。那是一種外在的鑲飾和消費，而非內在的揭露或發掘。另外，透過消費的認同不代表就是獨立和自由，誠如「資本主義創造另一個全新的鐵籠！」上述自我認同和自由選擇，不過是另一種框限和操弄。

消費循環

自我概念也會影響消費循環和消費型態。以廚房為例，生產方面，何種餐點可以表現自己？男女擁有不同的概念，何種餐點與自我形象一致？男人可能煮一壺咖啡，女人則會強調烹飪過程的感覺，不同的產品可以提供人們達成想像的自我概念。獲得方面，自我形象也會影響廚房設計，例如，美國的家庭規模逐漸縮小，不過，廚房消費仍然高達九百億美元，成長原因主要在於自我形象而非實際產品。例如，男人喜歡光亮的廚具傳達專業和負責。相對上，女人心中的廚房像是家庭核心，廚房就是培育、關心和延伸自我。空巢期的家庭由於小孩都已離家，經常將情感依附於廚房，廚房成為核心的自我概念，重新設計廚房可以重新塑造欲望自我，例如，職業婦女始終夢想丈夫和她一起準備晚餐，因此，廚房可以成就二人世界的夢想。

消費方面，廚房是美國人重要的消費食品的地方，其他重要的訴求包括，美國通用電器訴求，廚房是客廳，廚房是家庭社會、娛樂、閱讀、工作、獨處和放鬆的地方。廚房的社會化與溫暖和培育自我的概念聯結。因此，若希望在廚房舉行家庭非正式會議，靜音廚具將是優先首選。因此，當你點入通用電器公司的網站，可以發現Triton洗碗機廣告訴求：「只有一種選擇，就是最靜音！」處置方面，環保較過去更成為重要的自我概念。過去只有少數家庭裝設資源回收箱，現在有超過半數的美國家庭回收罐頭、瓶子或報紙，回收率比歐洲國家還高，自我概念的改變反應在環保和回收行為上。因此，廚房必須增設回收儲存箱，當你點選進入Real Good網站，可以發現包括堆肥瓦缸容器和鋁罐壓碎器等，所有的產品都能讓廚房回收工作變得更為容易。

7.4 結　論

自我概念是一個動態的解釋結構，它會影響內省過程和人際過程，它會隨著不同的文化和歷史產生變化，它會透過與下列元素的互動而成長，包括重要他者；物質目標；理想、信仰和價值。無論如何，個體變化下的自我概念也會隨之變化。由於自我概念的多元面向，包含系列的形象、情感、目標和角色，寵物也可以是自我核心或延伸自我。自我概念可以是自我基模或運作中的自我，主動自我或被動自我，現實自我或理想自我。運作中的自我取決於目標和環境，受到行為的限制，自我概念也經常不被直接顯露於行動，不過，它會隨著社會環境和時間改變，特別是在角色的轉換過程。從消費研究的角度，自我概念與消費行為緊密關聯，透過消費可以描述、改變、整合或實現不同的自我概念，以及正確地與他者溝通。然而，面對消費主義的異化魔性，反而，揭顯到處存在的消費，到處不存在的自我。套用馬克思的話，我們製造自己的認同，但用來製造認同的素材和條件，並非是我們自己所製造。另外，不同的文化也會形塑不同的自我。新的自我也可能隨時顛覆舊的自我。質言之，自我如同是住在一面玻璃牆後面，儘管隨著掛著微笑、和藹可親、耐心貼近，並且是個忠實可靠的朋友。然而，自我卻總是讓人摸不透，面對許多的情感糾葛和精神交錯，自我始終給人一種遙遠、優雅、沉穩，表現出連我們自己都感到陌生的形象。

延伸閱讀

1. Arnould, E., Price, L. and Zinkan, G (2002), *Consumers*, 2e, McGraw-Hill.

2. Bocock, Robert (1993). *Consumption*. London: Routledge.
3. Storey, John (1999). *Cultural Consumption and Everyday Life*. London: Arnold.
4. Özlem Sandikci and Güliz Ger, "In-Between Modernities and Postmodernities: Theorizing Turkish Consumptionscape," in *Advances in Consumer Research*, vol. 29, ed. Susan Broniarczyk and Kent Nakamoto (Provo, UT: Association for Consumer Research, 2002).
5. Harold H. Kassarjian and Mary Jane Sheffet, "Personality and Consumer Behavior: An Update," in *Perspectives in Consumer Behavior*, 4th ed., ed. Harold H. Kassarjian and Thomas S. Robertson (Englewood Cliffs, NJ: Prentice Hall, 1991), pp. 281-303.
6. Harold H. Kassarjian, "Social Character and Differential Preference for Mass Communication," *Journal of Marketing Research* 2 (May 1965), pp. 146-53; and J. W. Hong and George M. Zinkhan, "Self-Concept and Advertising Effectiveness: The Influence of Congruency and Response Mode," *Psychology & Marketing* 12, no. 1 (1995), pp. 53-77.
7. William O. Bearden, Richard G. Netemeyer, and Mary F. Mobley, *Handbook of Marketing Scales: Multi-Item Measures for Marketing and Consumer Behavior Research* (London: Sage Publications, 1993).
8. David Riesman, *The Lonely Crowd* (New Haven: Yale University Press, 1950).
9. Nancy Giges, "Buying Linked to Self-Esteem," *Advertising Age*, April 13, 1987, p. 68.
10. Susan Harter, "Vision of Self: Beyond the Me in the Mirror," in *Developmental Perspectives on Motivation*, ed. J. E. Jacobs (Proceedings of the Nebraska Symposium on Motivations, Lincoln: University of Nebraska Press, 1993), pp. 99-144.
11. Gillian Rice, Nittaya Wongtada, and Orose Leelakulthanit, "An Investigation of Self-Efficacy and Environmentally Concerned Behavior of Thai Consumers," *Journal of International Consumer Marketing* 9, no. 2 (1996), pp. 1-21.
12. George M. Zinkhan and Ali Shermohamed, "Is Other-Directedness on the Increase? An Empirical Test of Riesman's Theory of Social Character," *Journal of Consumer Research* 13, no. 1 (1986), pp. 127-30.

13. Narasimhan Srinivasan and Surinder Tikoo, "Effect of Locus of Control on Information Search Behavior," in *Advances in Consumer Research*, vol. 19, ed. John Sherry and Brian Sternthal (Provo, UT: Association for Consumer Research, 1992), pp. 498-504.
14. Subhash C. Mehta and Kau Ah Keng, "Correlates of Materialism: A Study of Singaporean Chinese," *Historical Perspective in Consumer Research: National and International Perspectives* (Provo, UT: Association for Consumer Research, 1985), pp. 326-30.
15. Joseph A. Cote and Patriya S. Tansuhaj, "Culture Bound Assumptions in Behavior Intention Models," in *Advances in Consumer Research*, vol. 16, ed. Thomas Srull (Provo, UT: Association for Consumer Research, 1989), pp. 105-109.
16. J. Michael Munson and W. Austin Spivey, "Assessing Self Concept," in *Advances in Consumer Research*, vol. 7, ed. Jerry C. Olson (Ann Arbor, MI: Association for Consumer Research, 1980), pp. 598-603.
17. Russell B. Belk, "Possessions and the Extended Self," *Journal of Consumer Research* 15 (September 1988), pp. 139-68; and Russell B. Belk, "My Possessions Myself," *Psychology Today*, July-August 1988, pp. 50-52.
18. Dodson, "Peak Experiences and Mountain Biking"; and Arlene Weintraub, "For Online Pet Stores, It's Dog-Eat-Dog," *Business Week*, March 6, 2000, pp. 78, 80.
19. Amy J. Morgan, "The Evolving Self in Consumer Behavior: Exploring Possible Selves," in *Advances in Consumer Research*, vol. 20, ed. Leigh McAlister and Michael L. Rothschild (Provo, UJ: Association for Consumer Research, 1993), pp. 429-32.
20. Norman K. Denzin, "Rain Man in Las Vegas," *Symbolic Interaction* 16, no. 1 (1993), pp. 65-77.
21. T. R. Reid, *Confucius Lives Next Door* (New York: Vintage Books, 1999), pp. 161-66.
22. Shay Sayre, *Consumption, Markets, and Culture* 3, no. 2 (1999), pp. 99-128; and John Schouten, "Selves in Transition: Symbolic Consumption in Personal Rites of Passage and Identity Reconstruction," *Journal of Consumer Research*, March 17, 1991, pp. 412-25.

23. Folkes and Kiesler, "Social Cognition"; and Anthony G. Greenwald and Anthony R. Pratkanis, "The Self," in *Handbook of Social Cognition*, vol. 3, ed. Robert S. Wyer Jr. and Thomas K. Srull (Hillsdale, NJ: Erlbaum, 1984), pp. 129-78.
24. Newell D. Wright, D. B. Claiborne, and M. Joseph Sirgy, "The Effects of Product Symbolism on Consumer Self-Concept," in *Advances in Consumer Research*, vol. 19, ed. John Sherry and Brian Sernthal (Provo, UT: Association for Consumer Research, 1992), pp. 311-18.
25. David Glen Mick and Michelle DeMoss, "Self-Gifts: Phenomenological Insights from Four Contexts," *Journal of Consumer Research* 17 (December 1990), p. 325.
26. George M. Zinkhan, Diana Haytko, and Allison Ward, "Self-Concept Theory: Applications in Advertising," *Journal of Marketing Communications* 2 (1996), pp. 1-19.
27. Mark Snyder, *Public Appearances Private Realities: The Psychology of Self-Monitoring* (New York: W. H. Freeman and Company, 1987).
28. Susan Kraft, "The Heart of the Home," *American Demographics*, June 1992, pp. 46-50.
29. Marcel Mauss, "A Category of the Human Mind: The Notion of Person; the Notion of Self," in *The Category of the Person: Anthropology, Philosophy, History*, ed. M. Carrithers, S. Collins, and S. Lukes (Cambridge: Cambridge University Press, 1985), pp. 1-25.
30. M. H. Bond, *The Psychology of the Chinese People* (New York: Oxford University Press, 1986); and Chu, "The Changing Concept of Self in Contemporary China."
31. V. S. Y. Kwan, M. H. Bond, and T. M. Singelis, "Pancultural Explanations for Life Satisfaction: Adding Relationship Harmony to Self-Esteem," *Journal of Personality and Social Psychology* 73 (1997), pp. 1038-51.
32. Robert Levine, "Why Isn't Japan Happy?" *American Demographics*, June 1992, pp. 58-60.
33. Morris, *Anthropology of the Self*, pp. 118-47.

第三篇

社會脈絡

第八章
身分是分身

The title creates Doppelgänger

全球市場競爭愈趨白熱化，消費研究關心如何消費和不消費。前者會隨著人們擁有的經濟、社會和文化資本產生變化，它會產生不同的經濟和社會群體，後者則會受到不同階級的認同和差異產生變化。無論如何，不同的階級成員經常透過消費來揭露自己的身分。本章首先探討經濟和社會區隔，包括象徵資本及階級區隔和變化，其次，討論種族和種姓制度。最後，討論其他結構區隔變數，包括年齡、世代差異、性別等如何影響消費。

8.1
階級是認同和疏離

社會階級、種族、部落和宗教，經常直接或間接影響消費行為。例如，經濟地位直接影響購買和消費行為，以及間接影響身分認同和生活型態。經濟和社會結構如同文化因素，可以用來判別不同社會階級、部落、種族或種姓階級的特性。無論如何，全球消費認同愈趨複雜，與多元化社會階級和種族有關。例如，美國黑人中產階級偶爾會透過消費來認同自己的種族，偶爾又會表現出疏離的態度。人們在面對不同的社會結構時，也經常調整自己和表現出不同的階級角色。另外，美國的海地移民中產階級，在面對下層階級海地人（Creole）時會表現疏離，但是在某些特定場域又會熱情地擁抱海地語。

象徵資本

隨著全球化和經濟快速發展，社會階級區隔愈來愈簡化，下層和上層階級消費愈趨一致，階級區隔的行銷價值逐漸降低。事實上，透過消費行為和人們如何獲得象徵資本（symbolic capital），包括經濟、社會和文化資本，可以有效地判別及區隔社會階級。經濟資本（economic capital）意指包括所得、投資或財富資源；社會資本（social capital）意指包括組織成員關係和社會網路，經常表現於種族、鄰里或社團等，例如，獅子會或婦聯會。文化資本（culture capital）意指以文化為基礎的專門知識和技能，在特定的文化脈絡之下，代表擁有良好品味和評價美好事物的能力。

象徵資本之間具有移轉作用。例如，文化資本有時可以轉化為其他資本，包括社會資本和經濟資本。例如，愛爾蘭樂團U2轉化民眾對於搖滾巨星的信任，成功地遊說世界銀行減降低落後國家的貸款壓力。另外，透過文化資本可以了解不同的階級消費，例如，多數人對於Smeg冰箱可能不感興趣，但是對於設計專業人員，這款五〇年代複刻產品意涵大不相同，特別是在澳洲《科技和藝術》雜誌上刊登義大利文廣告，強調它是純義大利設計產品。文化資本可以形塑獨特的消費行為，包括紐約菁英和法國貴族消費經常在電影中出現，儘管普羅大眾無法達到一樣的富裕水準，但是可以透過社會化學習想像上層階級。

全球化打破了經濟和社會區隔，地位導向消費（status-oriented consumption）意指競逐和地位象徵有關的消費行為。地位象徵（status symbols）代表透過產品或活動服務表達在階級中的地位，它會隨著不同的階級產生變化，例如，Precious

Moments瓷器娃娃，鎖定美國中產和勞動階級，訴求可以透過小額分期付款進行消費；其他包括訴求限量產品，藉此吸引其他階級地位的區隔市場。另外，地位象徵也會隨著國際化產生變化，例如，速食餐廳可以提供巴西下層階級角色提升的目的。下層階級消費不同於上層階級，傳統法國中產階級購買中國瓷器作為傳家寶。貧窮的非裔美國人透過金飾消費抗拒他人的貶抑，宣示同樣擁有類似的消費能力。同樣地，許多新富群體透過消費展現社會階級向上流動。因此，行銷必須針對不同的社會階級重新定位產品。

消費階級

許多行銷策略鎖定不同的消費區隔，主要基於社會階級（social class）差異，意指一種廣為社會成員認知的不平等或差異性分類，主要分類構面包含權力、職權、財富、所得、威權、工作、生活型態和文化。另外，人們習於和階級內而非其他階級成員產生關聯，分享文化資本和價值及展現相似的消費型態。當前的社會階級結合了所得、教育、職位和住所等因素，不單純只是社會和歷史因素。無論如何，社會階級在拉丁美洲國家具有深刻的影響力，不過，拉丁美洲中產階級的家庭生活，可能不同於美國和歐洲的中產階級。另外，英國和法國貴族對於社會階級的意識，也較沒有類似傳統的美國和澳洲更為明顯。然而，日本人表現於社會經濟上的差異，大多集中在消費而非社會階級。另外，東歐轉型經濟社會隨著政府掌握資源的局勢崩解，導致昔日共黨政權菁英成為新興的經濟階級。無論如何，不同階級的消費行為會隨著傳統社會階級的改變產生變化。

衡量社會階級的方法很多。自我歸因（self-attribution

measures）可以讓人宣告自己屬於何種社會階級，反應自己偏好的地位，以及賦予上述地位價值提示。澳洲研究調查顯示，百分之五認為自己是上層階級，五成二認為是中產階級，二成八認為是勞動階級，一成六認為是其他。自我歸因可以有效地導引中產階級消費，類似的主觀認知與產品消費習慣和偏好有關。無論如何，強調價值均等的國家例如法國、美國和澳洲，這項方法可能產生中產階級數量過度高估。另外，聲望途徑（reputational approach）意指透過專業或知識社群去判定其他人的社會階級。一般而言，行銷較常採用客觀衡量指標包括所得和財富、教育和職業、居住區位等。

社會階級的關鍵指標是所得，例如，美國和不丹所得明顯不同。人們經常透過所得差異去描繪社會經濟疆域，所得更是判定行銷購買力的重要關鍵。同樣地，絕對所得和差異程度也象徵著潛在市場規模。法國將家戶分為四類，一成五為上層階級，三成為上中產階級，四成為下中產階級，以及一成五為下層階級。雖然所得是社會階級和消費型態的重要指標，不過，它也可能不正確、不易取得和容易產生誤導。在美國，所得水準無法有效地判定社會階級，例如，1994年，美國家戶有七成四屬於勞動階級，六成三屬於中產階級，家戶所得由一萬五千美元到七萬四千美元，但是一成的上層階級，年所得低於一萬五千美元，同樣地，也有百分之四的下層階級，年所得高於五萬美元。在發展中和轉型經濟國家，所得水準無法被合理推估、或是數字不正確和不易取得。

自由支配所得（discretionary或contestable income）意指需求被滿足之後的剩餘所得，它是衡量擁有多少消費能力的重要指標。人們經常希望透過自由支配所得的提高，改變消費及表達社會階級向上提升。因此，世界銀行每年都會公布各國購買力平價（purchanging power parity, PPP），藉此了解在不同國家消費等值產品的相對購買力。在西方國家，民眾了解階級地位取決於相對所得（relative income），意指與其他職業和生活型態者的相對購買力比較，透過所得基礎的消費活動，很容易標識和與其他社會階級溝通。例如，購買知名品牌、海外旅遊、服飾、汽車等，都可以傳達重要的社會經濟地位訊息。英國人習慣依汽車判別身分，因此，在英國銷售的汽車款式較其他國家更多，英國人可以簡化傳達其社經地位；同樣地，澳洲人透過居住區位的不動產價值和社會經濟意涵，來定義自己和評價他人的社經地位。

在西方國家，民眾習慣從教育、職業和社會背景，而不單只是透過所得去簡化定義社會階級。例如，詢問美國人屬於何種階級，以及如何定義自己，為何被歸為這樣的階級。如果想要列舉特定的社會階級，首先採用的指標是職業，其次是教育，然後才是生活型態價值和態度。職業是具有信度的社會階級指標，職業依其聲望高低被排序，不過它會隨著不同的文化產生變化。許多低度開發國家，公部門職位相對具有聲望，在南亞，工程師相對受到重視；在法國和以色列，大學教授相對於美國，具有較高的社會聲望；在澳洲，法官、內閣閣員和醫生同列高聲望職業。

教育是決定職業的重要因素，它可以增加社會資本和文化資本，也是社會階級向上流動的重要關鍵。多數國家教育多由父母的社會地位所決定，結果導致中產階級擁有較高的教育，教育被視為是社會流動的重要工具；非裔美國人成功的社會流動，被直接歸究於獲得良好的教育。至於瑞典、丹麥和挪威等高識字率國家，主要奠基於教育資源分配均衡。北歐國家同樣擁有較低的社會階級差異，超過五成五的紐西蘭人被歸類為中產階級，這與紐西蘭擁有平等的受教權有關。過去十年，越南經濟成長和成功降低貧窮率，大部分歸因於教育機會均等分配，即使是貧窮家庭，其教育水準與富有家庭是相似的。就像越南一樣，許多亞洲新興工業化國家的成長關鍵也是教育。反之，其他許多國家地區由於教育分配不均，導致上述經濟成長經驗無法複製。

事實上，全球生活在低度開發國家的人口，大約四十四億人。目前全球有五分之一的富裕人口集中於西方國家，他們大量地消費全球生產的財貨。從國家層次來看，上述地區的富裕、中產和勞動階級結構穩定，透過有效的市場溝通都能成為目標市場群體。美洲、歐洲和拉丁美洲富裕者傾向於住在都市，並在郊區擁有第二棟房子。雖然，只有三成墨西哥人屬於中產階級，但是六成家庭被歸為中產階級。巴西聖多保羅和墨西哥市，擁有為數不少的上層階級家庭，他們有經濟能力購買奢侈品。巴西低社經地位者多半住在近郊住宅區，或是高樓公寓和都市貧民區。在北美，貧民相對集中於內陸都市，富裕者則是住在市區近郊。日本受薪階級也是住在近郊地區；貴族遺緒則是聚集在古城近郊。在美國、歐洲和南亞，由於經濟發展造成地理區位人口轉變，導致新富階級興起。

市場經濟和消費社會全球化，已經改變了階級結構和消費關係。在新興工業化和低度開發國家，社會流動呈現動態發展，新富上層階級逐漸興起。例如，韓國目前中產階級人口達到三千六百萬。印度中產階級家戶達到三千二百萬，人口達到一億六千萬。1990年代，拉丁美洲由於財政穩定和經濟成長，每年約有一千萬新興中產階級人口成長。同樣地，新興中產階級也在東歐轉型經濟市場出現。

簡單觀察社會階級容易產生誤導，必須同時考慮教育、職業和居住區位。另外衡量目標群體的規模也很有用，階級區隔主要分為三類，包括上層階級、中產階級、下層階級等。圖8.1指出全球各種階級結構模型，以北歐（丹麥、芬蘭、挪威和瑞典）和日本模型為例，上層和下層階級規模較小，中產階級規模較大。若要更細分階級類型，歐盟採用七級分類，包括A、B、C、E1-E3等。A群包括高教育工作者，例如，公司總裁、專業管理者或技術人員。E3群包括低教育和低階技術勞工。以丹麥和葡萄牙為例，丹麥擁有較多B群上層階級；葡萄牙擁有較多E3群低階技術勞工。

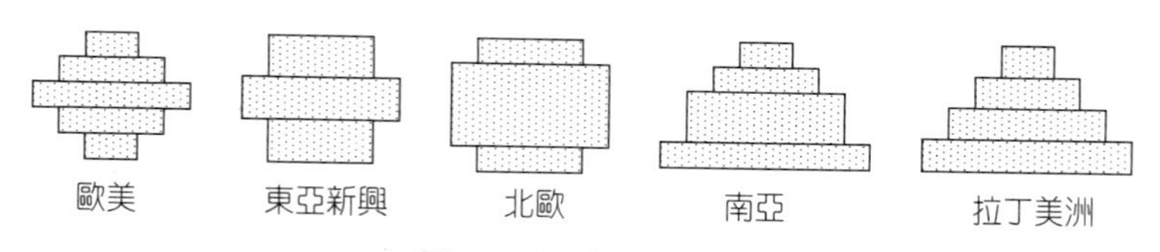

圖8.1　全球階級結構

若從全球行銷角度：第一、教育和職業導致社會階級向上提升（upward mobility），許多新興工業化、轉型經濟、低度開發國家，消費耐久財和品牌商品需求快速成長。同樣地，經濟衰退和失業也會導致社會階級向下沉淪（downward mobility），西方國家主要受到資訊經濟發展影響；轉型經濟則是因為國營事業崩解；低度開發國家則是因為全球化導致企業缺乏競爭力。

第二、階級區隔在不同國家呈現過度或低度表現（over-or-under-represented）。西方國家集中於上層階級，開發中國家集中於勞動階級，LV和Wal-Mart就是建構於上述階級區隔基礎，例如，LV鎖定上層階級奢侈品消費市場，Wal-Mart則是全球最大的零售商，範圍遍及阿根廷、巴西、加拿大、中國、德國、韓國、墨西哥、英國。在美國，Wal-Mart代表勞動階級形象，然而在海外則是吸引較高社會階級民眾。

第三、各國原住民、猶太人街、幫派或低階文化，都是形塑產品定位的重要趨勢。企業在全球行銷計畫中成功地結合上述元素，透過掌握這些社會階級浮動（status float）可以獲取市場利益，許多流行趨勢從低階開始向上擴散，產品類型包括零食、紋身和音樂，例如，饒舌和嬉哈。

社會階級影響許多消費行為，它是區隔產品和滿足消費需求的重要變數，例如，居家生活型態、服飾、旅行、運動、飲食和娛樂，都是定位產品意涵的重要變數。光顧商店也和社會階級有關，研究結果發現，基於社會地位的認知，美國人對於零售通路排序存在普遍共識。同樣地，澳洲Big-W和Woolworth鎖定低階和勞動階級，Brace Bros、Robine Kitch則是鎖定於中產和上層階級。在香港，低階消費服飾主要是Giordano或Theme；中產階級則是日本百貨Isetan、Sogo和Yaohan，高檔精品則是Seibu和Le Cadre，設計精品則是Yohji Yamamoto、Dolce & Gabbana。另外，品牌忠誠也與階級有關，新興中產階級和富裕階級，透過消費知名品牌表達社會階級向上提升，例如，印尼中產階級高度消費品牌商品；反之，上層階級則是降低消費。

上層階級

行銷經常基於所得因素鎖定上層階級（upper-class segments），包括舊富階級、暴發戶及蓄銳者。舊富階級（old money）意指資本家階級或上上階級，可以透過是否經常參與慈善活動或其他消費加以區別，包括美國傳統菁英如盎格魯撒克遜系白人、英國和日本貴族、傳統法國中產階級等。例如，電腦科技新富就模仿上述慈善行為，讓人與舊富階級產生聯結。舊富階級傾向於簡單、舒適、優良和客製化的產品。

許多歐洲和拉丁美洲的舊富階級仍然強大，他們偏好優質和知名品牌和出眾品味。上述階級努力降低和商業的關係，因此，行銷策略必須鎖定其他要素，包括美學鑑賞等。暴發戶（nouveau riche）意指新興的向上提升群體，包括上層和中產階級，例如，全球新富企業家努力工作和創造財富，透過炫耀性消費證明自己突破社會流動（social mobility），意指從一個社會階級提升到另一個階級，他們有能力享受奢侈品，透過消費展示其地位象徵。炫耀性消費已經成為一種習慣，暴發戶可以藉此傳達自我成功的意涵。

另外，許多中國南方新富經常流連於豪華餐廳，甚至砸大錢只為了購買法國波爾多葡萄酒。富裕讓人消費美好事物，包括教育訓練、名氣、整型服務。暴發戶經常擁有海派的消費習慣，例如，賽車或遊艇。另外，歐洲貴族消費提供這些群體許多消費想像。由於不熟悉自己的新地位適合哪些商品和服務，因此，暴發戶經常鎖定流行和專業設計商品進行消費。因此，法國奢侈品品牌LV五成出口到亞洲暴發戶市場。

儘管各國興起了許多富裕區隔市場，不過，全球四分之一的財富仍由百分之五的人口控制。另外，全球化導致消費態度變革和中上階級興起，包括蓄銳者（get set）消費較上層階級更有選擇性，例如，賓士（Benz）或克萊斯勒（CHRYSUER）品質形象，可以訴求鼓勵蓄銳者進行消費。另外，基於文化象徵和確保上層階級的消費地位，主題婚禮對於印度蓄銳者非常具有吸引力。美國蓄銳者則是購買昂貴的實用物品，例如，休旅車，以及其他值得信賴和優質產品。鎖定富裕區隔市場並不容易，理由包括：第一、群體數量相對很少。第二、通常擁有多處住所，財富經常匿名，掌握該群體可能需要透過不動產登記、企業負責人名錄、慈善捐款及其他人口普查等資料。無論如何，重新定位產品和意涵可能比標識這些階級群體更為重要。

中產階級

多數國家擁有數量龐大的中產階級（middle-class segments），多數美國人認為自己是中產階級，1978年，七成五的美國人享有中產階級地位，雖然近來這個數目有些降低。在美國，中產階級意指所得約三萬七千美元到十萬美元，大學學歷、已婚、多數擁有專業技能等特質。在歐洲，中產階級在國民生產毛額上占有主導地位，根據英國政府統計，全國半數以上人口屬於中產階級；另外，半數以上紐西蘭人認為自己是中產階級，九成的日本人認為自己是中產階級。西方國家中產階級的多元種族特質非常明顯。例如，1989年至1997年，美國黑人家戶所得上升速度，是白人家戶所得的六倍；大約一百萬黑人家戶所得超過五萬美元。主要因為非裔美國人教育逐漸獲得改善。事實上，美國少數族裔認知到教育是成功關鍵，可以提高社會階級和消費和生活水準。

1980及1990年代初期，全球經濟榮景造就各國大量中產階級興起，許多國家的中產階級價值觀和美國人類似，包括良好教育、向上提升、未來導向、物質主義，以及自我改善。上述價值觀導致更多的教育和文化消費支出，例如，劇場電影消費和海外旅遊，其他包括流行和休閒活動等，對於品牌忠誠度也逐漸提高。墨西哥中產階級，每年在汽車、衣服和假期消費支出龐大。香港中產階級則是經常外食、購物和看電影。

針對亞洲、中東和非洲中產階級行銷，必須整合傳統和創新價值訴求，並且考量當地規範和價值。例如，印度對於西方消費主義和印度傳統價值感到衝突矛盾。另外，自由支配所得增加也是中產階級家庭特色，上述所得趨勢提高了對於耐久財和奢侈品的需求，例如，娛樂和私人飛機。許多馬來西亞雅痞追求非凡品味，包括購買哈雷重型機車表徵自我向上提升。另外，為了因應中國中產階級快速成長，福斯和通用汽車也積極在當地設廠擴展市場。

勞動和下層階級

勞動和下層階級（working-class and under-class segments）是全球主要人口結構，平均所得約在二千美元，全球有三分之二人口平均所得低於五千美元。雖然某些發展中國家中產階級快速成長，然而，所得分配不均情況愈來愈嚴重。相關研究顯示，勞動階級所得經常無法正確顯示，許多勞動階級透過親友合作取得消費資本，意即集資策略是勞動階級重要的消費資金來源。勞動階級同樣抗拒許多消費變化，可能的因素包括社會、家庭和宗族等，不過，上述特徵也會隨著全球變革產生變化。無論如何，強調品牌忠誠仍是下層階級重要的消費特徵；一元商店（dollar store）和特賣百貨（bargain basement）也都被定位為鎖定勞動階級。另外，勞動階級消費經常屬於外部和宿命論導向，例如，《澳洲女性時代》雜誌經常推出鎖定下層階級的開運或治病等系列產品服務廣告。

勞動階級經常透過消費熟知的產品和服務表現社會地位。許多工業化國家的勞動階級消費經常強調宗教、富裕和成功等價值。下層或勞動階級文化也強調群體一致、本土和威權。勞動階級區隔市場或許不具吸引力，不過，強調大量折扣的零售商如Wal-Mart，在品質和價格合理的基礎下，讓這群消費者展現出強大的忠誠度，二階行銷（two-tiered marketing）策略就是透過差異化零售通路或產品及服務，分別提供二種不同的消費群體，包括上層和下層階級。勞動階級強調解決基本需求更勝於產品創新，例如，美國勞動階級經常缺乏財務支援，因此，包括Fleet銀行鎖定下層階級，透過自動櫃員機提供支票、現金和其他銀行服務；印度iNabling公司把iStation技術推向公共電話亭，可以有效地收發網路email，成本只要七千盧比（不到二百美元）。無論如何，勞動和下層階級具有貧窮失業和缺乏教育等特質，消費選擇也經常被剝奪及被隔絕於主流社會，下層階級經常表現出反社會的行為，特別是經常透過犯罪來對抗貧窮，導致城市、種族和社會嚴重干擾。其他還包括過度消費酒精、香菸和非法藥物等。

種　族

無論是美國、加拿大、以色列、印尼、澳洲和德國都擁有多元族群，例如，三成一美國人和澳洲人是非英語系族群；二成以色列人是阿拉伯人；德國境內有超過二百萬的土耳其人和五百萬的少數族群；一成加拿大人是非英語系族群，其中最大族群是中國人；印尼擁有數百種族群。其他包括英國、俄羅斯和中國，同樣也有少數族群的問題。由於主流市場區隔成長緩慢，行銷策略逐漸鎖定多元文化和少數族群。無論如何，多元文化行銷不代表種族多元性已被認知，包括許多國家的多元種族文化不被主流社會接受和認知。例如，法國人口調查只是判別是否為移民，不像美國和澳洲人口調查會進一步了解屬於何種種族。

種族（ethnicity）意指社會次群體共同擁有的國家、文化和血源認同，共識來源還包括：第一、族群的偉大和永續（self-perpetuating）。第二、共享的文化價值。第三、共同的溝通語言。第四、其他可以確認的成員關係。社會階級基於經濟資本，但是社會和文化資本讓它更為細緻。相對上，種族基於社會資本包括關係、網路和人際聯結，但是經濟和文化資本讓它更為細緻，並且充分表現於消費行為。從個人觀點，種族包括自我認同和種族地位認知，意指個人對於成為種族群體成員的認知。種族地位會隨著社會脈絡產生變化，稱為種族地位情勢（situational ethnicity）。易言之，種族的價值表達會隨社會情勢產生變化，例如，個人參與種族活動可能基於種族地位認知，食物消費和娛樂可能也和種族背景有關。例如，佛羅里達州坦帕市一個非裔美國人的足球週末，他們彼此建立社會資本和網路連結，更重要的是彼此分享黑色經驗，包括野餐聚會、運動和穿衣哲學。美國種族活動非常多元，不過，也有非常堅持種族認同的現象，例如，加拿大多倫多和約紐布魯克林的西印度嘉年華，墨爾本的Antipodes希臘裔文化慶典等，都提供了有利的行銷和贊助機會，企業可以透過活動中提供產品和服務，協助表現出強烈的種族特性藉此建立該族群的忠誠。

在消費行為中了解種族地位和角色，必須釐清以下二項概念：第一、文化適應（acculturation）和同化，前者意指當種族群體成員接觸主流文化產生的知識、信仰、價值和行為的改變。例如，丹麥的格林蘭移民會發現時間、空間和自然概念的改變。文化適應會產生對於主流文化的認同，包括語言偏好和意涵及採用主流文化的消費型態。文化同化（assimilation）是互相滲透（interpenetration）和熔化（fusion）的過程，透過群體經驗分享彼此記憶、感情和態度，結合成為共同的生活方式。以美國為例，民族熔爐反應出移民同化進入主流文化的過程，例如，阿拉巴馬州西南部Cajun法語文化和路易斯安那州Zydeco黑人文化逐步消失。無論如何，美國許多亞洲或歐洲移民，展現對於主流價值的同化理念，包括在汽車和咖啡等產品評價。

另外，種族認同代表同化並非唯一結果，隨著全球各國種族文化興起，當今的種族認同較過去更為主動積極，同時代表文化信仰和消費型態的創新價值，文化和種族認同逐漸被市場化，例如，Cajun飲食和Zydeco舞曲。研究顯示文化適應結果和過程都在變化，例如，儘管許多移民受到美國消費文化的同化，但是仍然維持著自己族群獨特的消費方式，包括購買象徵族群的產品品牌；他們也抗拒部份的美國消費文化，例如，冷凍包裝食品；以及與其他文化群體產生隔離，自願住到非主流群體社區，例如，加拿大的香港移民會在中國和加拿大社會邊緣，進行一種去文化（deculturation）的行為模式。反之，部份墨西哥裔、華裔和韓裔美國人表現出過度的文化適應，例如，部份墨西哥裔美國人誇張的消費主流英語系產品；韓裔美國人誇張的信任主流廣告和口語傳播。另外，華裔加拿大人也會宣告放棄中國人身分認同，他們偏好加拿大人身分。其他種族的消費行為也有類似的情形，綜而言之，重新定位產品服務去吸引特定種族的過程非常複雜。

非裔美國人是美國最大的少數族群，人口接近三千四百萬，消費價值超過五千億美元，超過一成五的黑人家戶是富裕階級。由於教育水準提高和購買力上揚，目前二成的黑人住在貧民區，四成住在郊區。非裔美國人並非完全同質，特別是在種族認同上。例如，美國的中產階級海地移民與社會緊密結合，並與其他群體產生區隔及突顯自己的身分，例如，牙買加移民區隔自己不同於其他加勒比海移民。非裔美國人經常透過消費表達參與主流和自我實現。頭銜、尊重和自我提升都是非裔美國人的重要價值。環保、自我形象、優雅等價值也很重要。許多化妝品行銷經常藉由上述形象定位吸引自豪的非裔美國人。不過，中產階級非裔美國人具有保守特質，他們對於與市場互動非常敏感，主要受到過去的歷史經驗影響，因此，行銷在處理相關種族訴求時必須謹慎，例如，Fruity Pebbles麥片找來Barney Rubble饒舌歌手代言，反而出現反效果。

西班牙語裔美國人則是第二大少數族群，2010年，人口達到四千萬。西班牙語裔美國人也不是同質群體，種族來源包括墨西哥、古巴、波多黎各等，主要的單一種族來自西班牙。至於古巴裔美國人，較其他西班牙語裔的同化程度較低，西班牙語訴求反而可以吸引其傳統價值。反之，墨西哥裔美國人則是最被同化。西班牙裔美國人展現不同的價值導向，它會影響對於產品和廣告的評價，例如，年齡代表經驗和知識，責任和工作倫理如同宗教，性別角色較其他族群更為保守。西班牙語裔以家庭為中心，所有的消費活動都是環繞著家庭，西班牙語裔關注美學和情感也強調生活享受。

亞裔美國人則是成長最快和最富有的少數族群。2000年，達到一千二百萬，占總人口的百分之四，四成住在加州，大多屬於年輕、富有、高教育水準。亞裔美國人亦非同質，亞裔印度人迅速成長，華裔和菲裔人數已經超越日裔，韓裔和印度裔則是數量相當，韓裔和住在中國城的華裔美國人文化適應較差，透過主流媒體較不容易與他們接觸。但是第二代和第三代亞裔美國人同化程度較高。如同西班牙裔美國人，亞裔美國人可以按國家、家庭、傳統和合作加以區分。無論如何，不同族群都展現出不同的文化特質。

多元文化

透過定位策略接觸種族區隔市場，必須識別是否存在特定的種族區隔市場，特定的文化價值能否轉化為特殊產品和服務。例如，亞洲投資者偏好短期性投資和經常性交易，因此，Charles Schwab經紀公司針對亞洲客戶，開放部份分公司於週末受理投資業務。另外，強烈的種族認同會展現出特殊的偏好，包括對於種族媒體、溝通、語言、產品和服務，以及消費生活型態等。上述偏好傾向於和主流文化呈現反向關係。特定的媒體及種族語言廣告和利基產品服務，對於同化程度較低的種族更為適宜。種族語言媒體通常較主流媒體更為便宜，並且更能有效地接觸種族消費者，並且轉化為較高的品牌意識和忠誠性。

成功的種族行銷策略經常取決於基本動機訴求，例如，本田喜美汽車長期受到年輕亞裔美國人喜愛。同樣地，家庭是西班牙裔美國人的重要價值，大都會保險公司透過全國性廣告訴求，針對西班牙語裔美國人強調保護家庭的重要，結果保險銷售成長一倍。成功的行銷在不同種族的消費決策過程，必須適應不同的評價指標，例如，西班牙裔消費者喜歡廣告明確指出產品目的或利得。Lake Tahoe的Bootchcreek滑雪休閒渡假區，訴求改變教學技術和經常讚美及避免眼睛接觸。另外，透過特定的語言媒體鎖定少數種族，可能也會產生許多問題。例如，廣告中以主流文化價值取代種族價值，可能造成種族貶抑（condescending）的刻板意涵。同樣地，廣告也可能錯誤地使用種族語言，例如，殺蟲劑廣告對於墨西哥裔美國人而言，代表可以殺死所有的昆蟲（*bichos*），不過，對於波多黎各人而言，它則是搞廢所有的男性生殖器官。

種姓階級

種姓階級（caste）是一種南亞獨特的社會階級分類，最初源起於印度，隨後遍及印尼和巴里島。細而言之，它是一種不平等的種族地位和階級系統。以印度為例，包括四項主要的社會階級，由高而低：第一、神職和學者（brahmins）；第二、勇士和公爵（kshatrisyas）；第三、商人和工匠（vaisyas）；第四、勞工和奴僕（sudras）。下面又細分為三千種姓階級，為數最為龐大的是下層階級（untouchable印度語代表賤民）。種姓階級成員具有相對的職業、權力及階級責任。無論如何，種姓階級存在明顯的道德議題，高階族群的道德被視為優於其他低階族群。美國類似的階級議題經常被拿來公開討論，社會地位差異極具區別性，並且容易導致不同的生活型態。因此，行銷溝通需要對於社會地位差異保持敏感，無論在產品定位或尋找模特兒及代言人。

8.2 其他社會結構區隔

年齡、性別和宗教也會影響消費行為，他們與其他社會結構緊密鑲嵌，包括階級、種族、族群和地位。例如，下層階級較中上階級婦女具有顯著的性別角色和刻板形象。下層階級和中上階級兒童的零用金也存在極大差異。

年　齡

以年齡進行市場區隔、鎖定和定位策略，必須考慮下列因素：第一、生命週期（life cycle）意指人們的偏好、需求、欲求和資源能力會隨著生命週期產生變化。一般而言，年輕人偏好功能性需求，例如，機車和MP3；成年人偏好情感性需求，例如，安全的財務商品；年長者則是偏好具有家庭和社會記憶的產品。第二、生命轉型（life transitions）意指由於社會認知的地位改變，導致對於特殊產品服務的需求變化，生命轉型包括入學、青少年、大學、成年、畢業、軍旅、結婚、退休等。第三、同齡世代（age cohort）意即在特定時期一起成長分享經驗和記憶的群體，主要基於共享價值和文化象徵，上述價值和象徵可以轉化為偏好相似的群體。因此，混亂的1960年代，成長的1990年代，兩個群體的成長背景感受自然不同。表8.1指出不同的年齡世代，包括榮景至嬰兒潮世代、X世代和Y世代、千禧世代。

表8.1　世代差異

世代	出生年代	年齡（2010）
榮景世代	-1930年	81+
蕭條世代	1930-1939	71-80
戰爭世代	1940-1945	65-70
嬰兒潮世代	1946-1964	46-64
X世代	1965-1976	34-45
Y世代	1977-1994	16-33
千禧世代	1995+	0-15

全球人口逐漸老化，特別是西方先進國家。例如，2010年，六十歲以上的美國人口占一成八，達到五千五百萬人。日本估計達三千八百萬人，比率達到三成。另外，2051年，澳洲估計六十五歲以上人口達到二成四，上述區隔市場充滿著機會和挑戰。老年人口透過心智年齡分為：年輕老人（七十五歲以下）、

中年老人（八十五歲以下）、年長老人（八十五歲以上）。研究發現以年齡作為區隔變數比生命週期或認知年齡表現略差，認知年齡（cognitive age）代表人們如何看待和認知自己的年齡，它通常比實際年齡年輕十歲。許多研究顯示，認知年齡和實際年齡並不完全吻合。接近全球老年人口市場，必須掌握以下幾項重點：第一、拋棄傳統對於老年人口的刻板印象。以美國為例，老年人儘管不認為自己與眾不同，但是他們擁有不同的文化資本，較高的教育水準，占有四分之三資產，以及半數自由支配所得；三分之二沒有抵押貸款，掌握五分之四金融機構投資和三分之二股票市值。過去以來，歐洲老年人口較其他人口消費成長三倍。相對而言，低度開發國家類似的人口超過二億五千萬，不過，他們是處於慢性病、貧窮和不易獲得健康照護產品和服務的生活環境。

在西方先進國家，生活型態差異和年齡世代價值和文化象徵有關。例如，嬰兒潮世代始終不會感到自己年老，永遠自認年輕，近年來，企業鎖定這群年長衝浪板消費群，主要訴求就是熱情理念；另外，哈雷機車的平均消費年齡為五十二歲。易言之，嬰兒潮世代趨近於理想主義、自我中心、積極、快樂主義。反之，蕭條世代趨近於保守，主要特質包括喜歡貼近體驗，希望與他人特別是家人產生聯結，轉化為消費支出規模達到三百億美元，創新產品和服務包括家族系譜和傳家寶等。

休閒和教育產業也可以從老年人口中獲利。例如，美國老年人口消費占八成休閒旅遊市場，許多年長者駕駛Winnebago休旅車及成立車友俱樂部。另外，Elderhostel長青學舍也是一項成功的案例，它提供年長者全方位的課程訓練，包括提供國際級的旅遊和精緻宿舍。無論如何，老年人口顯著的消費能力已經引起廣大注意，美國研究指出，老年族群和年輕族群的品牌消費組合相似。英國老年人購物行為偏好在地經營更勝於全國性經營的商店。對於老年人採取折扣策略，會產生一項有趣的效應，例如，部份老年人為了避免被貼上年長標籤而拒絕使用折扣。不過，部份老年人給予正面支持及經常光顧折扣商店，主要是因為成長於戰爭時期和景氣蕭條等背景，導致老年人養成了節儉的消費傾向。

另外，老年人對於廣告記憶力較差，對於廣告訴求較無法理解，對於購買選擇滿意水準較低。由於記憶力衰退導致無法理解新的資訊，包括營養和醫藥用品，因此，簡化廣告設計可以強化購買決策，例如，Talian含鈣礦泉水、巴黎地下鐵、docomo行動電話，紛紛簡化標誌和招牌等資訊，以及放大電話按鈕。其他許多企業包括福特汽車、Fiskars剪刀、OXXO廚具也都重新設計產品滿足老年人口，結果證明年輕人對於類似的產品改善同樣給予正面肯定。

年齡差異在資訊蒐集上也有差異，例如，老年人較年輕人較少考慮產品特色和替代品牌，因為他們擁有較多的經驗和品牌熟悉度。不熟知的品牌和產品，老年人無法透過記憶去搜尋購買。不同廣告策略對於老年人記憶、態度和產品選擇影響之研究顯示，資訊豐富廣告比音樂、情感和形象訴求，更容易獲得老年人認同，意即在平面或電視媒體廣告上，採取視覺資訊如圖片、象徵和具體語言，更容易獲得和提高老年人的廣告記憶。另外，許多老年人偏好中年和老年模特兒，因為他們代表更容易獲得信賴。例如，Jockey採用較目標市場年輕十五歲的模特兒；反之，LÓRÉAL和Estée Lauder則是採用熟女模特兒代言廣告，主要就是鎖定老年人市場，結果顯示中老年人給予廣告正面回應。

2010年，X世代（1965～1976年出生）族群年齡介於三十四至四十五歲，以美國為例，他們具有下列的特質，包括不喜歡被標記、被孤立、被推銷。X世代強調工作滿意比較高薪水更為重要，不同於上一代的積極工作，獲取較高薪水，爭取晉升機會，進而犧牲家庭生活。X世代更重視自由和彈性生活方式，他們經常傲於自身的精緻品味，雖然未必崇尚物質主義，但卻經常購買知名品牌。他們特別強調真誠，雖然不反對廣告，但無法接受不真誠的訴求。另外，X世代習慣的媒體和嬰兒潮世代不同，電視媒體比出版報紙更能有效接近這個世代客群。

近年來，Y世代（1977～1994年出生）和青少年市場受到相當重視，理由包括：第一、該群人口數量龐大，例如，2010年，美國青少年人口達到三千五百萬人。在中國，二十歲以下的青少年占總人口三分之一。土耳其和墨西哥都是高達七成。第二、西方和新興工業化國家青少年擁有可觀的自由所得，例如，日本docomo行動電話就是典型；東京街頭中國麻將店林立，主要吸引擁有可觀零用金的大學生。在美國十一至十八歲青少年，平均每週零用金達到五十美元，家庭所得增加提高了青少年消費購買力。八成以上青少年省下一半以上的零用金，數以百萬計青少年投入共同基金和股票市場，包括Allowance NET和DoughNET.com二個網站鎖定青少年，後者主要提供線上教育和金融商品。第三、青少年成為具有吸引力的區隔市場，來自於他們愈趨成熟的市場理解力。英國研究指出，青少年透過廣告和品牌創新來詮釋族群的生活。日本Y世代則是電子產品的創新消費者。九成的美國青少女選擇到購物中心購物，到其他地區購物只有四成。另外，九位美國青少年就有一位擁有信用卡。在許多轉型經濟國家，包括捷克、波蘭和匈牙利，青少年較他們的父母和祖父母，更是市場中最具經濟力和選擇力的族群。

許多人在青少年時期形塑品牌忠誠度，青少年族群提供一個理想的目標市場，利於企業有效地提升品牌忠誠度。青少年消費項目非常廣泛，是行銷溝通中極具吸引力的族群。由於品牌意涵和認同互動方式，青少年表現出極度的品牌意識和忠誠。研究指出五成的Y世代女性，對於化妝品品牌表現忠誠。另外，青少年處於生理、心理、社會和情感巨大轉變時期，同時產生對於身體、自我實現和自我表達的需求。青少年和年輕族群經常猶豫於社會歸屬和區隔差異。研究發現十三至十七歲美國少女傾向於跟隨流行趨勢，這些消費特質造就了全球和區域品牌，包括服飾和雜誌。不過，他們的忠誠也相當易變，由於青少年快速的個人發展，導致產品忠誠快速轉變。

從台灣到冰島，全球青少年耽溺於網際網路，加速了全球青少年在想像、理念和價值上的擴張。同樣地，網路也驅動了Y世代和N世代（網路世代）在消費偏好上的相似性和分裂性。因此，許多企業透過網路蒐集趨勢資訊協助產品發展。另外，Y世代習慣使用電腦具有下列特質：第一、具有熱情活力（zapping）和網上衝浪（surfing）的習性，導致青少年欲望和流行及品牌忠誠短暫。第二、透過網路易於搜尋和比較，導致客製化需求增加利基產品興起，大量生產的產品無法滿足利基市場。第三、透過電腦滑鼠網路遠端搖控，造成他們的心理狀態和決策模式浮動。第四、網路互動特質導致他們勇於嘗試而非承諾，他們是關係行銷的最佳代言人。最後，Y世代不像嬰兒潮世代目眩於科技，他們更關心產品的功能優勢。

多數富裕國家都具有廣大的年輕族群。1950年，美國首先提出青少年次文化（young subculture），今天包括歐洲、日本或中國，它已經成為一種共同現象。在低度開發國家，大學提供青少年次文化溫床，日本經常模仿美國次文化，例如，飆車族、龐克和搖滾等，青少年次文化代表與主流價值脫離。無論如何，行銷可以快速轉化青少年文化成為市場商品，不過，即使是九〇年代早期，美國青少年流行的反傳統街頭服飾Grung和音樂Gangsta Rap，也都會隨著青少年流行文化的快速轉變而消退。

千禧世代（children-milennials）意指在1995年以後出生，2010年，仍然處於兒童和青少年階段。在西方先進國家，兒童會直接和間接影響父母決策，四至十二歲兒童約八億人口，兒童消費市場相當可觀。在美國，六至十四歲兒童平均年消費達到八百億美元；相對而言，法國兒童約達三十億美元，三分之一消費糖果和點心。例如，百事可樂墨西哥Sabritas分公司，在當地擁有口香糖和糖果最大市場占有率，並且逐漸擴張到西班牙和巴西。另外，流行服飾Gap、LACOSTE和Sephora也擴張產品線鎖定兒童市場，其他包括VANS球鞋、樂高玩具、迪士尼頻道、YTV卡通網路，以及SONY和SEGA遊戲機。特別是，2000年，狂襲全球市場的哈利波特書籍和電影。

在西方消費社會，五至七歲兒童在影響成人消費上扮演重要角色。二歲兒童透過象徵性品牌作為消費偏好和決策依據，隨後青春期開始自行購物，電視廣告和獨特包裝也都顯著地影響品牌態度和學習。隨著教育和媒體行銷溝通增加，兒童的消費能力愈趨精明。不過，法國和美國兒童明顯較丹麥和英國成熟。某些學齡前和二年級學生，開始從人物相關背景推論事情。例如，職業、年齡、汽車和房子。在美國小學六年級學生，對於社會意涵和聲望已有深刻體會，包括與其相互關聯的產品和品牌類型。

兒童影響父母購物和消費習慣，在美國和法國類似的消費超過一千億美元。在日本，光是玩具銷售金額就高達三億美元，球鞋和衣服高達九億美元，三位國小學生就有二位在家玩電動遊戲。在中國，都市兒童直接或間接影響三分之二的父母購買決策，部份原因在於中國採取一胎化政策，兒童對於父母和祖父母消費具有顯著影響，甚至從四歲就已開始。另外，中學生支出占父母聯合所得的七成。儘管中國案例較為特殊，不過，全球兒童在消費市場中確實扮演重要角色。因此，包括法國Salon電子零售商，也都積極改善更為友善兒童的零售環境。

行銷全球化有利有弊，儘管美國許多下層階級兒童，在家看電視或群聚購物中心，可能比到其他犯罪地方更為安全，加上消費活動已經成為他們生活的一環。不過，兒童需求可能加速深化家庭和階級的衝突。無論在西方國家、新興工業化或開發中國家，近年來經濟快速成長和西方消費文化導入，導致不同世代之間的價值代溝，表現於消費偏好上存在顯著的差異。儘管如此，開發中國家的兒童消費能力不能低估忽略。無論如何，兒童消費的主要道德爭議在於，兒童是否有能力抗拒廣告不受傷害。部份研究指出，兒童具有自我防禦廣告的能力。其他研究則不認同上述看法，認為兒童甚至是青少年，都無法抗拒商業廣告和有效解決。多數研究支持廣告對於兒童產品偏好和選擇具有顯著的影響，包括香菸、酒精和垃圾食品。近年來，美國立法和司法判例顯示，兒童對於香菸行銷的認知防禦仍然不足。因此，美國政府正在贊助反香菸行銷計畫。另外，包括網路隱私問題近來也受到關切，特別是針對兒童進行行銷造成的影響。

性　別

性別（gender）意指在特定的社會情境和文化資本之下，表現出合於性別角色差異的行為。任何文化至少區分二種性別，包括同性和雙性。其他性別認同，在其他文化也被確認，但在某些文化則被拒絕。由於男女之間顯著的生理差異，造成對於特殊產品包括營養、健康和個人照護的需求不同。行銷經常利用刻板的生理性別作為廣告訴求。例如，Tampax衛生棉廣告透過生理象徵意涵，傳達正面的優質的女性用品訊息。同樣地，Kellogg麥片訴求加鈣和維生素對於女性健康非常有益。

心理特質、態度、規範和行為差異，經常與性別認同（gender identity）有關。例如，男性特質包括獨立、自信、競爭和堅毅，許多雜誌包括*Max*、*GQ*和*Mens Health*紛紛鎖定上述男性年輕族群。一般而言，男性會正面回應上述情感訴求產品，例如，前衛的卡車廣告。反之，女性特質包括了解、關心、撫慰、周延和直觀。另外，男性導向偏向於個人主義，女性導向偏向於社會人際。最後，性別在資訊的處理和行銷的回應上明顯不同，例如，男性通常偏向於單一和少量的提示進行判斷。反之，女性則是偏向於多元和微妙的提示進行判斷。性別認同也和休閒、送禮和購物行為緊密相關。無論如何，就像種族認同一樣，性別認同也較過去更為主動積極，同時代表可以喚起不同性別消費的創新價值。

性別角色（gender roles）也會影響購買和消費，人們很早就開始學習性別角色，對於個人身分認同和性格發展扮演規範性角色。美國研究顯示，男性消費者較女性更具物質主義。男性是工具和功能導向，女性主義則是強調表現和情感導向。以衣服為例，男性較為強調功能利益，女性則是強調社會利益。關於耶誕節購物研究顯示，男性較聚焦於禮物本身，女性則是強調訊息傳遞。

不同的文化存在不同的性別刻板行為。例如，法國男性比美國男性更認為消費具有女性特質，不過，其間仍然存在許多差異印象，例如，美國男性認為運動具有男性特質，法國男性則不然。美國Y世代女性和傳統的女性主義信仰相同，他們認為女性應該剛柔並濟。多年來，Burton滑雪板公司掌握這項訊息並且針對女性重新產品定位，例如，由看來較為年長的女性模特兒代言。

性別角色影響消費行為，不過，上述刻板印象經常遭到抗拒。例如，美國家庭八成屬於雙薪，大約四分之一的家庭，女性是家庭主要經濟來源。女性進入職場、所得和教育水準提高，導致傳統的性別角色更為模糊，其他還包括性別角色負荷過重。行銷充分反應及滿足了這些角色變革，例如，便利品就是鎖定職業婦女。

性別角色變革在許多國家發生，包括中國、匈牙利和印度。例如，中國屬於非常傳統的男性導向社會，不過，性別角色正在逐漸改變當中，由於嚴格地執行一胎化政策，不論男孩、女孩都受到父母高度的寵愛，父母大量投資於小孩教育和未來生涯。發展中國家像是泰國，性別角色也正在改變當中，例如，傳統泰國女性身分地位取決於先生的身分地位，另外由於泰國文化相對具有彈性，導致許多女性紛紛投入娼妓和成為同性戀。不過，現代泰國女性自覺透過教育和工作，可以提升自我認同和提高經濟財務獨立。無論如何，全球企業紛紛鎖定女性提供特殊商品服務，例如，香港Regal機場飯店鎖定女性提供舒適房間。

性別角色也朝向全球化標準發展，例如，選美標準全球化導致對於人們對於女性美的觀點愈趨一致，許多跨國企業包括LÓRÉAL、REVLON和CLARINS競相投入高獲利的化妝品、健康和流行產品市場。無論如何，性別角色變化不必然意味著西方化，例如，土耳其伊斯蘭婦女認同伊斯蘭教，因此，結合流行和性別隔離的休閒方式更具吸引力。

性別角色對於需求類型和市場反應不同，許多產品設計用來吸引或強調特殊的性別需求。例如，某些產品較吸引特定性別。然而，當性別角色發生變化，產品性別角色訴求也會跟著改變。例如，美國職業女籃鎖定女性推出相關產品；香奈兒化妝品鎖定愛美的男性；抽雪茄是傳統男性象徵，目前女性族群也開始流行；美國軍火產業也開始鎖定女性，強化她們對於安全的關心。無論如何，廣告充分地反應出性別角色的認知和界線變化。

最後，近年來同性戀（gay）區隔市場受到重視，同性戀家戶經常比異性戀雙薪無小孩家戶更為富裕。因此，各種產品類型競相投入鎖定這塊市場。例如，美國Anheuser-Busch啤酒製造商直接鎖定男女同性戀團體。其他包括Camel香菸、美國運通卡、維京集團、ABSOLUT伏特加酒、Gap服飾等。另外，瑞典商IKEA家具則是第一家以同性戀作為廣告訴求。相關研究指出，同性戀族群具有相當的消費忠誠度，因此，Levi Strauss牛仔褲品牌對於同性戀族群相當友善。

性別經常展現在某種購買和消費行為上。例如，購物被視為是女性的工作，在日本、英國和美國存在不同的觀點。在許多西方國家，送禮和購物旨在強化社會和家庭的連帶關係，這些工作大多數由女性負責。

行銷定位必須留意產品的性別象徵意涵。性別可以透過產品、文字或聲音傳遞意涵。尖銳、有角和簡單設計的產品象徵男性。圓融、柔軟和良好設計的產品象徵女性。另外，蔬果和食物也具有明顯的性別象徵意涵。女性的食物消費較少存在社會階級差異，女性勞動階級、異性夫妻傾向於消費較男性的食物。另外，在名流代言產品方面，男女代言人的訴求和吸引力也大不相同。

在許多開發中國家，某些產品和服務反應出特定的性別偏好，例如，娛樂產品；祕魯電視肥皂劇主要針對婦女；足球比賽則是鎖定男性。另外，AVON在中東採取到戶服務的行銷策略，對於行動受限的伊斯蘭婦女非常成功。以性別為基礎的行銷策略提供許多難得的行銷機會，例如，巴基斯坦女性銀行鎖定勞動和中產階級女性，他們通常無法獲得傳統銀行貸款。由於女性較男性自覺更具責任償還貸款，因此，這家女性銀行壞帳率極低。

另外，跨性別的行銷訴求同樣令人關注，例如，炫耀性消費對於女性美的典範產生扭曲作用。比如，女性的嬌弱細緻蔚為風尚，如同向世界宣告，休閒階級有能力不必投入生產。於是，女性被矮化成為替代性消費象徵，意即女性的消費任務在於揭示男性的經濟能力。女性學會服膺這套標準，男性則學會把服從上述標準的女性視為美女典型。

宗　教

宗教（religion）是一種歸因於對究竟和神的恐懼，包括信仰和習慣的文化次系統。迄今，消費研究尚未廣泛討論宗教性（religiosity）對消費行為及消費宗教產品和服務的影響。蘇聯解體之後，基督教、伊斯蘭教、印度教和俄羅斯東正教漸次興起。同樣地，在北愛爾蘭和巴爾幹連續零星的宗教衝突，也顯示出宗教仍然影響著人類行為，當然也包括消費行為。

宗教信仰是一種文化資本，它會隨著不同國情產生變化。美國展現了相當的宗教自由，四成五的美國人宣稱每週至少到教堂一次。歐洲只有愛爾蘭鄉村的宗教性超越美國，週日出席教堂的比率高達八成。如同種族一樣，宗教變數會隨著篤信程度產生變化。另一方面，一成五的美國人宣告沒有宗教信仰。日本則是新興宗教的溫床。然而，七成以上的日本人不參加任何宗教，因此，若要吸收宗教新會員必須搭配許多行銷策略。

單以美國市場為例，宗教產業規模數以億計，就業人口數以千計，市場競爭異常激烈。研究指出女性對於宗教產品的消費支出龐大，相較於男性轉到自由教派的可能性高。因此，美國的宗教競爭異常激烈，包括基督復臨安息日的摩門教會（latter day saints）、新教徒的鉅型教會（mega church）、追尋者運動（seeker movement），紛紛透過行銷策略吸引嬰兒潮家庭回歸教會；另外，天主教也積極運用行銷吸引都市人口就讀教會學校，訴求優質教學和傳統價值定位，主要目標鎖定低所得和單親家庭。

在美國、愛爾蘭和加拿大，聖本德（St benedict）學院甚至創新採取幽默廣告和關係行銷招募新修女。由於象徵資本和身分認同，宗教成為市場區隔的重要元素。例如，美國猶太社群是社會網路、價值和宗教上重要的群體。在印度，批發社群之間在宗教和交易上彼此緊密鑲嵌，其他包括基於國家歷史和社會孤立等事實，例如，印度耆那教徒（Jains）、埃及土著基督教徒（Cops）、美國黑人回教徒（Muslims）。根據美國猶太社群研究調查，由於社群內擁有較高的資訊擴散，因此利於新產品的創新擴散。另外，這些消費者可能都是意見領袖，並且展現出較低的品牌忠誠性。

宗教也會影響文化價值系統，進而影響所有的偏好類型，例如，土耳其伊斯蘭價值導致許多流行和休閒產業興起。如同種族一樣，宗教的自我認同及其價值、篤信程度會隨著環境產生變化。美國行銷研究指出，宗教性可以部份解釋消費者的道德認知和行為傾向。法國研究指出，宗教導向可以影響協商戰術。日本研究指出，宗教和消費忠誠行為之間沒有顯著關係。無論如何，宗教和消費行為之間的關係值得深入研究。

不過，美國新教徒的勞動階級具有顯著的行銷意涵，上述區隔包括非裔美國人和部份白種人，對於聖經忠誠信仰和尊敬職權是重要價值，例如，透過基督教義以及經由信仰和順從神的旨意，可以順利達到個人成功。鎖定美國新教徒的產品和服務銷售良好，前述提到鉅型教會每年獲利超過二十億美元；基督教出版品《女性祈禱聖經》（*a womens devotional bible*）已經銷售二百萬本。過去二十五年，美國宗教廣播成長四倍；1980年，宗教電視數量成長四倍。1996年，英國ARK2有線電視宗教台開播。主流行銷已經開始鎖定宗教市場。總體而言，此一區隔的消費族群多屬保守主義、傳統主義、男性導向、低容忍度、多元程度、高品牌和商店忠誠。宗教行銷並非沒有受到爭議，有人認為當今社會道德淪喪和文化混亂，有人認為不應該以宗教作為行銷策略。無論如何，行銷納入宗教道德也可以協助減緩酒精、毒品和香菸濫用。

8.3 結　論

不同的階級經常透過消費來揭露身分。人們長期競逐經濟、社會和文化資本，藉此建構獨特的偏好和品味，相同的階級經常擁有相似的欲望、選擇和消費決策。種族地位也是判別消費差異的關鍵。社會階級隱含權力、財富、工作和生活差異。相同階級成員的關係通常更勝於不同階級成員，透過所得、教育、職位和背景可以判定社會階級。當今全球多數國家擁有龐大的中產階級，他們具有高教育、自我提升、未來導向和物質改善等特質。然而，勞動和下層階級仍是全球主要人口，他們抗拒改變，成本敏感，品牌忠誠等。

種族不是一個靜態的人口變數，它會隨著種族認同、環境和生命週期產生變化。種族認同比過去更為積極主動，代表著價值信仰和消費型態的創新。透過行銷接觸種族區隔市場，必須考量是否具備足夠的種族認同群體。年齡、性別和宗教也會影響消費行為，它經常會隨著年齡和資源能力產生變化，例如，生命週期轉變。同齡世代經常分享相似的價值和偏好。兒童代表可觀的市場機會，明顯地影響父母的消費習慣。青少年也是流行的目標群體，它是理解市場的重要利器，它占有可觀的人口比率及可支配所得。另外，全球人口逐漸老化，不過該族群將愈趨富有和行動並且充滿無比商機。

性別在消費研究上也很重要，生理功能的差異導致特殊產品的差異需求。人們很早就開始學習性別角色，對於身分認同和性格發展扮演規範性角色。最後，宗教歸因於對於恐懼產生的信仰和習慣。如同種族地位一樣，宗教影響消費研究，也會隨著宗教價值認知、篤信強度和環境產生變化。質言之，無論是種族、宗教、社會和經濟階級、性別或年齡，人們經常透過身分來彰顯自己，也經常透過職位、身分、角色和服裝來判斷他人。不過，本章標題指出，身分就是分身，透過消費可以強化上述角色的張力。

延伸閱讀

1. Arnould, E., Price, L. and Zinkan, G (2002), *Consumers*, 2e, McGraw-Hill.

2. Bocock, Robert (1993). *Consumption*. London: Routledge.

3. Storey, John (1999). *Cultural Consumption and Everyday Life*. London: Arnold.

4. Seth Sevenson, "I'd Like to Buy the World a Shelf-Stable Children's Lactic Drink," *New York Times Magazine*, March 10, 2002, pp. 38-43."

5. Arlene Dávila, *Latinos, Inc.: The Marketing and Making of a People* (Los Angeles: University of California Press, 2001).

6. "Television for Women: No One's Laughing Now," *Business Week*, December 24, 2001, pp. 56-57.

7. Annie Hau-Nung Chan, "Middle Class Formation and Consumption in Hong Kong," in *Consumption in Asia*, ed. Chna Beng-Huat (London and New York: Routledge, 2000), pp. 98-134.

8. Alan Hunt, *Governance of the Consuming Passions* (New York: St. Martin's Press, 1996).

9. Julia Saurazas, "Buying Influenced by Bloodline," *Marketing News*, March 26, 2001, p. 25.

10. Laura Oswald, "Culture Swapping: Consumption and the Ethnogenesis of Middle-Class Haitian Immigrants," *Journal of Consumer Research* 25 (March 1999), pp. 303-18.

11. Pierre Bourdieu, *Distinction: A Social Critique of the Judgment of Taste* (Cambridge: Harvard University Press, 1984).

12. Guy Lawson, "Escape from Planet Bollywood," *GQ*, March 2002, pp. 344-349, 359.

13. Chin, *Purchasing Power*; and J. R. Whittaker Penteado, "Fast Food Franchises Fight for Brazilian Aficionados," *Brandweek*, June 7, 1993, pp. 20-24.

14. B. Graetz, "Social Structure and Class Consciousness: Facts, Fictions and Fantasies," *Australian and New Zealand Journal of Sociology* 2 (1986), pp. 226-47; and DuBois, *Comprendre Le Consommateur*, p. 154.

15. DuBois, *Comprendre Le Consommateur*, p. 156.

16. Rebecca Piirto Heath, "The New Working Class," *American Demographics*,

January 1998, pp. 51-55.

17. Jonathan H. Turner, *Sociology: Concepts and Uses* (New York: McGraw-Hill, 1994).
18. Mary Jackman and Robert Jackman, *Class Awareness in the United States* (Berkeley: University of California Press, 1986).
19. Dubois, *Comprendre Le Consommateur*; and Craig McGregor, *Class in Australia* (Ringwood, Victoria: Penguin, 1997).
20. "The Uses of Literacy," *The Economist*, June 17, 2000, pp. 56-57.
21. "Vietnam in Transition: New Evidence on Growth and Poverty," *Poverty Lines*, June 1998.
22. James Traub, "Keeping Up with the Shidhayes," *New York Times Magazine*, April 15, 2001, pp. 32-37.
23. Anne Kappès-Grangé, "Afrique Le Grand Perdant de la Mondialisation," *L' Expansion*, December 20, 2001, http://archives.lexpansion.com; and Katherine S. Newman, *Falling from Grace* (New York: Free Press, 1988).
24. Michael R. Solomon, "Deep-Seated Materialism: The Case of Levi's 501 Jeans," in *Advances in Consumer Research*, vol. 13, ed. Richard J. Lutz (Provo, UT: Association for Consumer Research, 1986), pp. 619-22.
25. Dubois, *Comprendre Le Consommateur*, p. 173; Lament, *Money, Morals, and Manners*, pp. 67-68; and Beatrix Le Wita, *French Bourgeois Culture* (Cambridge: Cambridge University Press, 1994).
26. Seth Faison, "A City of Sleepwalkers? No, They Just Like PJs," *New York Times*, August 6, 1997, p. A4.
27. Nancy Y. Wong and Aaron C. Ahuvia, "Personal Taste and Family Face: Luxury Consumption in Confucian and Western Societies," *Psychology and Marketing* 15 (August 1998), pp. 423-41.
28. Dawson and Cavell, "Status Recognition in the 1980s," p. 488.
29. Rokiah Talib, "Malaysia: Power Shifts and the Matrix of Consumption," in *Consumption in Asia*, ed. Chua Beng-Huat (London and New York: Routledge, 2000), pp. 36-60.
30. "Positive Spin-Offs from Democracy," *Africa News Service*, November 9, 1998.

31. Shirley Ardener and Sandra Burman, eds., *Money-Go-Rounds* (Oxford, UK: Berg, 1995); and Larson, "Reaching Downscale Markets," p. 39.
32. "Your Destiny," *Australian Women's Day*, July 23, 2001, pp. 91-99.
33. Gullestad, "The Transformation of the Norwegian Notion of Everyday Life," pp. 489-90.
34. Fattah, "The Rising Tide," pp. 48-53; and Archana Sekhar, "Marketing to the Masses," *Asian Business*, July 2001, p. 19.
35. MengYanyan, "Analysis of a Questionnaire Survey about Minority Women in Yunnan," *Practicing Anthropology* 24 (Winter 2002), pp. 25-27.
36. Ignacio Redondo-Bellon, "The Effects of Bilingualism on the Consumer: The Case of Spain," *European Journal of Marketing* 33, no. 11-12 (1999).
37. Hassan Fattah, "Asia Rising," *American Demographics*, July/August 2002, pp. 39-43.
38. Eugene Roosens, "Interest Groups with a Noble Face," in *Marketing in a Multicultural World*, ed. J. A. Costa and G. J. Bamossy (Thousand Oaks, CA: Sage Publications, 1995), pp. 126-44.
39. "Massacres Promised," *Lincoln Journal Star*, June 20, 2000, p. 2A; and Andre Beteille, "Race, Caste and Gender," in *Society and Politics in India: Essays in a Comparative Perspective*, ed. Andre Beteille (London: Athlone Press, 1991), pp. 15-37.
40. "Special Report on Asia," CNBC, June 18, 2000; and Zoher Abdoolcarim, "Consumer Kids Get Star Billing," *Asian Business* 30 (October 10, 1994), pp. 22-25.
41. Jeff Brazil, "Play Dough," *American Demographics*, December 1999, pp. 56-61; and Anthony Pecotich and Clifford J. Shultz II, eds., *Marketing and Consumer Behavior in East and South-East Asia* (New York: McGraw-Hill, 1998).
42. Yuta Ishimori, "Mah-jongg Industry Looks to Youth," *The Nikkei Weekly*, February 26, 2001, p. 6.
43. Catherine A. Cole and Siva K. Balasubramanian, "Age Difference in Consumers' Search for Information: Public Policy Implications," *Journal of Consumer Research* 20 (June 1993), pp. 157-69; and "Over 60 and Overlooked" p. 52.

44. Peter Stickels, "The Nineties Man: Keep Me in Control and Don't Let my Family Think I'm Stupid," *Ad News*, September 24, 1993, pp. 12-14; and Kathy Evans, "Men's Interests," *Sunday Life*, May 25, 1999, pp. 8-11.

45. Craig J. Thompson, "Caring Consumers: Gendered Consumption Meanings and the Juggling Lifestyle," *Journal of Consumer Research* 22 (March 1996), pp. 388-407; and "Ladies Night Out－At the Garage," *Business Week*, September 18, 2000, p. 16.

46. Lisa Peñaloza, "Crossing Boundaries/Crossing Lines: A Look at the Nature of Gender Boundaries and Their Impact on Marketing Research," *International Journal of Research in Marketing* 11, no. 4 (1994), pp. 359-79.

47. Richard Cimino and Don Lattin, "Choosing My Religion," *American Demographics*, April 1999, pp. 60-65; and Cyndee Miller "People Want to Believe in Something," *Marketing News*, December 5, 1994, pp. 1-3.

48. Ella Tennant, "Prophet Motive," *Far Eastern Economic Review*, March 2, 1995, pp. 34-35.

49. Carole Ann King, "Pru Agent Carves out Market Niche with Religious Leaders," *National Underwriter*, Life & Health/Financial Services Edition, May 24, 1999, p. 7.

第九章
群體是同化和異化的過程

Group is a process of differentiation and identification

群體顯著地影響消費行為。人們擁有的許多知識很多來自於群體經驗。群體會隨著成員關係結構產生變化。群體的消費選擇也經常包括複雜的動機和行為。本章將探討不同的群體特色、類型和消費決策，特別是聚焦於組織和家庭，聚焦了解上述群體的系列消費特性，包括社會化、特殊化、統合和自主性等。

9.1
群體和組織

群體關係可以透過下列結構加以判斷，包括正式和非正式形式（formal and informal relationship）、自願和非自願關係（voluntary and involuntary membership）、主要和次要人際接觸（primary and secondary interpersonal contact），詳如圖9.1。正式和非正式方面，正式群體意指透過約定關係進行約束，例如，企業、宗教和社服組織都是正式群體。相反地，非正式群體不是透過約定關係進行約束，而是藉由經常性互動、生活和共同興趣。自願和非自願方面，非自願就像是我們無法選擇的文化、種族、社會階級和家庭，極端者包括軍隊、監獄、療養院、全控機構（total institutions）等自我隔絕的地方。在主要和次要人際接觸方面，主要群體具有經常性的人際接觸；次要群體則是有限的人際接觸。主要群體包括家庭和家戶，在消費社會化上扮演重

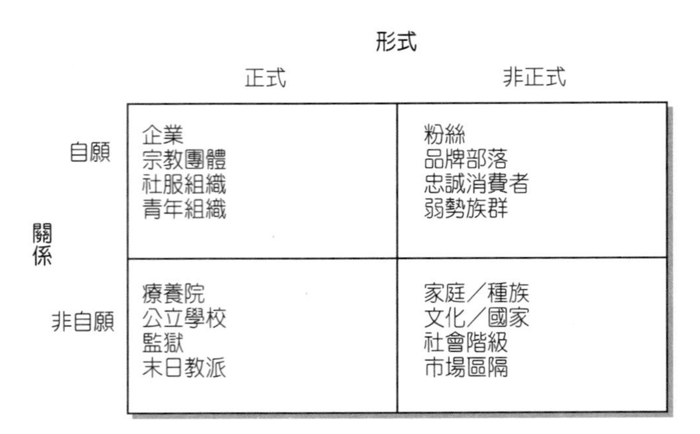

圖9.1 群體類型

要角色，它灌輸人們核心生活價值和導引個人消費行為。次級群體包括企業、社團和專業組織，不同於主要群體但會影響成員價值和消費行為。群體成員的情感連帶同樣不可忽略。在購買和消費決策上，情感和承諾可以軟化個人態度和角色，群體成員為了維持長期關係會妥協自我興趣。綜合言之，企業員工屬於正式和自願性群體成員；公立學校學生屬於正式群體成員，但是偶爾存在非自願性行為，例如，穿著制服；家庭成員和市場區隔屬於非正式和非自願性群體成員；粉絲則是非正式和自願性群體成員，可以透過參與相關社團成為正式群體成員。另外，一種獨特的群體類型稱為單方群體（one-sided groups），意指透過觀察他人外形或行動，並以此作為個人消費角色模範。

另外，組織文化（organization culture）對於群體關係非常重要，意指分享和理解的組織的價值、信仰和行為規範，它可以透過顯著的外部聲譽和形象加以評價。例如，許多知名的汽車廠包括通用、福特、克萊斯勒、豐田和福斯等，彼此具有區別性和差異性的形象，不同的形象反應出不同的組織哲學和文化，特別是企業品質、形象和行銷策略。例如，安麗直銷公司強調美國夢，該公司專門從事家庭清潔用品銷售，強調透過勤奮工作和競爭可以成功，這些價值影響了企業的行銷策略。另外，組織文化可以對新成員達到社會化目的，包括提高組織認同，承諾和協調行動。社會化透過創造和傳遞組織文化、使命、故事、標語、儀式和其他象徵，它也包括未書面化的企業精神。創造和傳達組織文化主要透過三項工具，包括企業使命、故事和儀式（missions, stories, and rituals）。企業使命旨在創造和傳遞組織文化，例如，Gap和ESPRIT二家知名服飾品牌，前者強調優良設計、價格合理和環境友善；後者則是強調公司利潤是維持社會責任的重要手段。故事則是另一項重要工具，組織故事就像是神話一樣，可以提高內聚力並導引員工分享公司傳奇。例如，許多美國公司經常形塑公司銷售英雄的非凡業績。另外，組織也會透過儀式傳達價值、信仰、地位及組織文化，例如，AVON和Amway每年定期舉辦的頂尖銷售授證大會，除了傳達獨特的價值文化並提供員工歸屬的感覺。

群體或組織消費通常具有下列特色，包括經常由少數人決定群體或組織需求，經常透過暫時性或永久性採購中心（buying centers），決策流程經常包括許多人，特別是下列六種重要角色：

- 發起者（initiator）：負責確認產品和服務需求者。
- 把關者（gatekeeper）：負責控制產品和服務資訊流向者。
- 影響者（influencer）：擁有產品和服務技術或知識的內部專家。
- 決策者（decider）：負責確認產品和服務購買內容和作

出最後決策者。

- 購買者（buyer）：實際獲得產品和服務及負責交易協商與達成最佳交易條件。
- 使用者（user）：實際消費產品和服務並在決策流程中較不具有影響力者。

例如，Gerry（發起者）是Staubach公司銷售人員，負責不動產出租和銷售，Gerry提出利用網路攝影讓客戶流覽不動產，它可以提供消費者更優質的服務體驗。創意發想之後，Gerry正式提案給銷售經理Maity（決策者），然而，Gerry發現Maity非常重視行政助理的建議（把關者），過去以來，Gerry也發現行政助理偶爾會重新編輯他給Maity的相關資訊。聽完Gerry正式提案之後，Maity要求行政助理蒐集更多不動產網路攝影技術資訊，並與相關同事（影響者）深入討論，Maity並與技術部門經理（影響者）會商多次，最後同意採納上述建議，並且正式責成採購部門（購買者）協商交易條件。當公司不動產網路攝影架設完成，Gerry和同事（使用者）都熱烈地採用並提供客戶上述服務，在決策流程中，Gerry兼具發起者和使用者角色，而其銷售部門同事則是扮演使用者角色。另外，組織採購通常更強調專業，並會採用許多流程表單，例如，報價單、提案書、採購契約、投標單等。組織採購的價格通常不具彈性，意即對於價格改變不太敏感，原因包括：第一、他們經常購買昂貴的客製化產品。第二、許多組織採購比較關心供應關係和服務品質，如何確保生產最低成本和降低轉換成本。第三、組織採購經常規模龐大，例如，鋁罐製造商採購鋁料，政府採購軍事制服。第四，組織採購在於滿足最終消費需求，例如，石化公司購買石油，生產滿足消費者需求的汽油和暖氣。

組織採購的另一項重要特色就是跨組織合作。類似的密切供需合作可以提供許多重要競爭優勢，例如，太平洋邊緣新興工業化國家，偶爾會透過非正式組織，例如，中國人強調關係（*quanxi*）。其他包括企業集團模式，像是韓國的財閥（*chaebol*）與日本的系列（*keiretsu*）。上述跨組織關係的權力角色非常重要，權力（power）意指在交換關係中夥伴要求其他團體的能力。權力源自於擁有和控制關鍵資源。例如，Wal-Mart和Carrefour量販百貨都對供應商擁有龐大的權力，因為他們具有優勢的財務和通路資源。另外，信任和承諾也很重要，信任（trust）意指對於交換夥伴的信賴和誠實。承諾（commitment）意指持續維持一個有價值關係的欲望。無論如何，信任和承諾基礎經常是互惠的，買賣雙方都應該彼此學習適應。

組織購買可以分為新購、修正重購和直接重購三類。新購（new task buys）相對罕見，不過，購買金額龐大，問題解決為核心、經濟考量反較次要。新購被視為具有高風險性，採購人員具有許多替代方案，工程人員經常扮演決策關鍵角色。直接重購（straight rebuy）則是普遍的購買情境，目的在於最小化採購成本（資訊搜尋、提案徵求和評價），採購中心經常很小和決策快速，主要合作對象是值得信賴，產品品質優質，供應價格合理，達到最小化不確定性。修正重購（modified rebuy）兼具新購和直接重購的特性，修正重購偶爾會回到直接重購行為，意即選擇已知的供應商，因此，隔絕了外部供應商的可能機會。無論如何，組織購買受到許多不同因素的影響，包括環境（例如，產業技術改變）、組織（例如，層級和集權程度）、人際（例如，互動特色和品質）。其他包括組織規模、正式手續、採購成員關係等。

9.2 家庭和家戶

家務群體也許是最重要的社會單位，許多消費決策包括如何選擇產品和服務都由家務群體作成。家務群體可以包括家庭和家戶，家庭（families）意指包括血源、婚姻、認養、經常性互動和情感承諾的成員組成；家戶（households）或稱共棲（coresident）則是另一種家務群體，雖然二者緊密相關但是並不相同，家戶經常包括擬親親屬（fictive kin），意指沒有血緣、婚姻或認養關係的成員，包括同居人、家人的朋友、室友或寄居者。然而，從消費行為角度，家庭和家戶被視為是同等的概念。

家庭成員受到文化、種族和環境的影響。核心家庭（nuclear couple）通常包括夫妻和小孩，這是非常普遍的家庭形式，核心家庭比率會隨著不同國家產生變化，例如，美國約二成七、紐西蘭約三成三、日本約六成二。許多地方家庭經常包括不同世代成員，例如，聯合家庭包括了已婚成年人或稱衍生家庭（extended family），通常可能包含三個世代，意即已婚的兄弟姐妹或祖父母。第二次世界大戰之後，部份南亞地區仍然堅持採取聯合家庭。另外，許多低度開發國家，貧窮家庭盡可能增加家庭成員，透過家庭成員勞動力增加，可以讓衍生家庭生存更為容易。其他還包括共棲（coresidence）和同居（cohabitation）也可以用來定義家庭，共棲的消費重點特別強調住宅的獲得和維持。

無論如何，近年來全球朝向小型家庭趨勢發展，上述轉變代表對於家庭產品和服務的基本需求增加。雖然低度開發國家也逐漸轉向上述家庭型態，不過，大型家庭仍然是主要特徵。另外，第一世界國家的單親家庭也有增加的趨勢。北美家庭百分之八屬於這種家庭類型；英國百分之六；澳洲百分之九。另外，美國女戶長的家庭比率逐年成長。儘管多數屬於貧窮、低教育、少數族裔女性，不過，白種、高教育和專業白領女性，選擇當未婚母親並且照顧小孩者，也有逐年成長的趨勢。另外，隨著出生率下降和年輕人追求獨立，西方國家家庭人口呈現老化的現象。不過，這些國家大多屬於富裕家庭，相較於轉型經濟國家則是貧窮家庭。最後，美國老人消費支出快速成長，特別是在各種健康產品和服務需求上。另外，隨著適婚年紀的提高和高離婚率，也導致了家庭類型愈來愈多元。近年來美國流行飛盤小孩（boomerang kids），意指由於財務不穩或離婚等因素，四成的年輕成年人選擇回到雙親家庭。其他還包括同性戀或異性戀的未婚伴侶，以及宣告不結婚的單身貴族等。

家庭生命週期

長期而言，家庭會經歷不同的生活階段稱為家庭生命週期（family life cycle, FLC），包括從單身、結婚、成長、離散到結束。在行銷方面，不同的階段展現出不同的家庭需求、態度和欲望。圖9.2顯示家庭生命週期，家庭結構會隨著時間產生變化，包括成員年紀增長、小孩出生長大、成員離家死亡。

美國已婚有小孩家庭，或稱滿巢家庭（full nest families）約占二成七，不過，消費金額卻占零售銷售四成一。另外，已婚有小孩（六歲至十七歲）占小孩衣服和家具支出四成九；已婚有小孩（就學）占交通工具購買支出二成一。無論如何，已婚有小孩的家庭，小孩衣服是重要的消費，之後個人電腦的消費比率逐

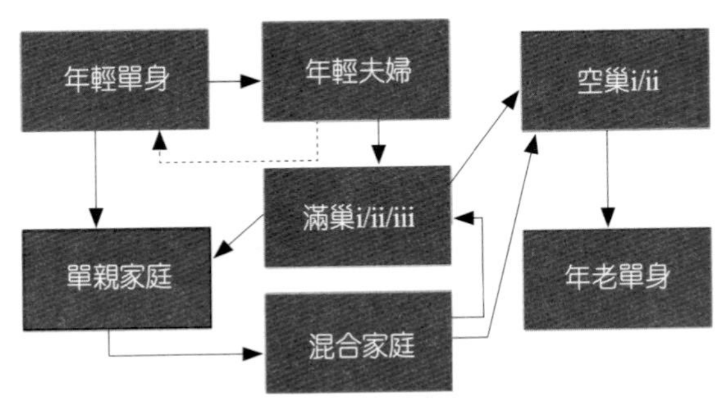

圖9.2　家庭生命週期

年增加，有小孩的家庭五成一擁有電腦，相較於沒有小孩的家庭只有三成。

空巢家庭（empty-nest families）和成熟夫妻家庭也很重要，原因在於龐大的可支配所得。美國一成二家庭屬於空巢家庭和中年家庭。多數的美國空巢家庭都擁有房產，相較之下，澳洲家庭只有百分之六，在日本則是擁有較高的可支配所得。這些家庭消費較少用在衣服、食品和交通；多數用在退休計畫、壽險、醫療照護產品、服務和休閒娛樂如旅遊等。

單親家庭（single-parent families）也有增加的趨勢，包括離婚導致、非婚生子、單身成人認養小孩等。單親家庭面對預算和時間的限制，便利品更能滿足他們的需求。單親家庭多數屬於非品牌忠誠者，相較於其他消費者更為理性，單親家庭更重視節省時間的產品，包括微波爐和便利品。美國單親家庭比率只占百分之六，但是小孩衣服消費占一成三。女性單親家庭中小孩發揮重要的影響力，不過主要是針對特殊品、便利品和點心等，主要是他們扮演家庭管理的角色愈來愈重所致。其他包括共合住宅（co-housing）最早發生於1970年丹麥，那是一種群集的生活型態，他們擁有自己的家，但是共同用餐、勞動和活動。在美國已有五十多處共合住宅社區，目前仍在持續成長中。

家庭生命週期對於行銷非常重要，它協助發現市場趨勢和何時進入市場，例如，空巢家庭擁有不同的需求和欲望，不同階段具有不同的策略意涵。另外，當產品品牌和不同的生命週期世代產生疏離，企業可以透過品牌重新定位策略。例如，凱迪拉克（Cadillac）品牌1899年成立於底特律，1909年被通用汽車併購，多年來Cadillac在汽車產業具有極高地位，例如，1912年推出Starter；1914年推出首部V8引擎；1929年推出安全玻璃配備；1930年推出世界第一部V16汽車；二十世紀迄今，Cadillac仍然保有品質和世界級威望。不過，Cadillac消費族群的平均年齡一直維持上揚。1983年，Cadillac占有五成美國豪華車種市場，平均消費年齡六十二歲。不過，迄今Cadillac市場占有率衰退至一成五，消費族群年齡愈趨老化和凋零。當龐大嬰兒潮人口進入空巢階段，不過他們並不特別喜歡Cadillc品牌，豪華汽車市場新消費者可能選購其他競爭性品牌，包括LEXUS、BMW和INFINITI。新的空巢家庭消費者將Cadillac品牌與過去世代的空巢家庭消費者產生聯結（他們的父母），因此Cadillac必須擺脫此一僵化的品牌認知，才可以誘發新世代消費族群的青睞。

消費社會化

家庭實現了一系列的活動，包括社會化、生產、資源整合、獲得、消費和處置。消費社會化（consumer socialization）意指家庭是年輕人社會化的主要場所。許多消費社會化發生於家庭，它指涉在已知的文化環境中，傳授成為有能力的消費者的相關價值、規範、信仰和行為的過程。雙親或成人就是社會化的代理人，兒童則是社會化的接受者。當然上述過程相對複雜，例如，年輕成年人經常教育父母關於市場流行趨勢。另外，兒童影響力也會隨著年紀增加。研究結果發現，美國兒童消費技能在青少年時受到高度發展。然而，若母親教育程度較高，或性別角色自主性較大，兒童的家庭影響力愈低。

消費社會化具有二種形式，直接社會化（direct socialization）意指目的性地訓練兒童相關消費知識；間接社會化（indirect socialization）意指透過兒童行為模型化涉入更多的情感學習。雖然雙親並非是兒童唯一的影響來源，不過，他們決定了兒童未來如何接觸各種社會影響，例如，電視、銷售人員和同儕。第一世界國家的消費直接社會化是上層階級特色；下層階級家庭則較強調品牌名稱；中產階級家庭則較聚焦於產品屬性和價格。至於東歐和非洲經驗大多屬於間接社會化，廣告和其他大眾媒體，扮演社會化代理角色。另一項消費社會化途徑，則是透過合作購物（co-shopping）意指兒童陪伴著雙親進行購物，這是一項間接社會化很好的案例。兒童造訪購物中心可以了解產品價格差異和市場協商行為。

另外，多數的家庭進行直接和間接生產藉此維持生計，例如，低度發展國家家庭直接生產產品，包括直接造屋和種植食物，至於許多已開發經濟體家庭則是進行間接生產，透過投入生產活動取得資源，然後再交換家庭所需物品。然而，第一世界家庭的直接生產活動並非全然消失，某些甚至有回頭的跡象，例如，家庭烹飪是一項重要的生產活動，許多美國家庭的廚房設備消費比重驚人，雖然，許多家庭的外食消費超過在家烹飪，其他還包括修復舊車、機械、縫衣機等。

另外，了解家庭資源如何整合也很重要，家庭成員在整合過程中經常扮演不同決策角色，透過家庭資源分配模型或稱家庭資源圖像（household resource mapping），可以了解家庭基金的來源、流向和主要決策者。無論如何，所有家庭都會面對稀少資源選擇和分配的問題，儘管大多數國家的家庭會採取戶長管理基金模式，但是也有許多家庭並未採取類似的基金管理模式。

決策特性

相對於其他組織，家庭資源分配和消費決策，經常基於利他主義（altruism）和親屬關係（kinship），意即道德因素更勝於經濟因素。親屬關係連帶利於創造道德經濟（moral economy），意指在購買和消費決策上，基於資源分享、利他主義和相互適應。例如，家庭購買一輛自行車，不是用來提高家庭效率，而是讓小孩感到高興。從道德出發，家庭資源分配的重要指標是公平。但是什麼是公平，不同的文化定義可能非常不同。易言之，個人消費主要經由家庭成員對於消費公平感覺進行評價。

在高度發展的國家，由於消費選擇較多，家庭所得較高，消費知識更豐，因此，家庭成員涉入消費的決策愈深。一般而言，家庭就像是合作群體（cooperative groups），群體成員目標一致並且關心歸屬、安全和信任。為了關心彼此偏好和達到公平，次要選擇的家庭決策模式經常被採用，意指家庭成員不同意第一次的選擇，可以協調透過彼此偏好的第二種選項，意即透過群體選擇取代單一個人偏好。無論如何，家庭消費決策會隨著職權結構、產品類別和決策階段產生變化，了解及確認不同決策角色利於行銷溝通。

另一種家庭決策類型稱為統合（syncretic）或聯合決策。反之，經由單一家戶成員如先生或太太獨自作成決策，稱為自主決策（autonomic decisions）。過去研究指出，統合或自主決策取決於下列二項變數：第一、家庭生命週期因素，包括社會經濟地位和生活型態。第二、情境因素，包括認知風險、購買重要性和時間壓力。當家庭夥伴能力愈強，決策愈是接近於配偶主導，愈忙則愈不會進行聯合決策。家庭決策傾向於自主模式，特別是在沒有小孩或小孩已經成熟的家庭、中低社會經濟階級家庭、以及太太屬於藍領階級工作者。社會階級、教育、所得、家庭規模和太太的職業地位，都會影響家庭是否作出統合或自主決策。另外，態度變數，包括性別角色和控制軌跡也會影響決策，意指成員是否相信自己行為具有決定性。研究結果指出，女性擁有現代性別角色態度，較可能擁有自己的支票戶頭，以及個人信用卡帳戶和自主行為；至於低所得國家則大多採取聯合戶頭。

另外，決策類型也會隨著家庭溝通型態和社會導向產生變化。社會導向溝通（socio-oriented communication）意指溝通方式採取平等主義，允許資訊在家庭成員之間流通。家庭決策和溝通型態也會隨著文化、階級、情境因素、性別角色、產品類別等因素產生變化。另外，當家庭成員認知和態度不同，衝突增加的家庭會運用衝突管理策略，意指包括衝突避免或解決來影響購買決策和滿意。例如，許多家庭不採取聯合決定，而是透過最小化衝突決策模型。

角色特殊化（role specialization）在家庭消費中也很重要。例如，美國兒童被視為是消費專家，因為他們是家庭點心食品的主要消費者，包括冰淇淋、通心粉、玉米薄餅、軟性飲料、冷凍披薩等。另外，在西非伊斯蘭教國家，由於已婚婦女獨特的公共形象問題，未婚女孩反而扮演重要的家庭採購角色，因此，行銷必須修正符合角色特殊化需求。同樣地，角色負荷（role overload）意指克服消費時間和能力的衝突，角色負荷會影響特殊的購買決策參與，意即購買決策交由另一位家庭成員負責，例如，因為職業婦女角色導致採購工作落到青少年身上。特別是美國的三分之一青少女和五分之一青少年，負責家中主要食物和日常用品採購。行銷必須清楚了解，家庭成員在過程中扮演的角色，透過客製化行銷溝通去吸引重要的家庭成員。最後，性別角色（gender-role）也會影響家庭決策過程。例如，性別角色愈趨於不平等主義，通常愈屬於典型的男性主導。相反地，性別角色更趨於平等主義，則出現較高的聯合決策行為。第一世界國家女性在家庭決策上的影響力愈來愈高。無論如何，不同的文化脈絡都有其特殊的決策情境。

9.3 結　論

組織和家庭是二種重要群體，它會隨著成員關係和形式結構產生變化。群體成員經常透過資源動員實現消費，不過，上述消費過程包括系列複雜的動機，過程中不同成員扮演不同的角色。群體組織都有獨特的文化價值，也都會顯著地影響群體的消費決策。無論如何，群體和組織的消費市場龐大，包括新購、修正和連續重購。另外，近年來全球家庭結構出現重大變化，包括小型、單親、衍生、混合家庭，其他包括同棲或同居，家庭生命週期變化顯著地影響消費研究。家庭實現了系列的活動，包括社會化、生產、資源整合和獲得。社會化包括直接和間接，前者經常發生於落後國家，後者則是發生於第一世界。無論如何，家庭是群體的重要類型，它就像是一個合作群體，消費決策除了偏好和公平，衝突解決和管理也很關鍵。另外，無論何種群體類型，後現代揭示它是介於個人和大眾之間的部落，它宣告了大眾的終結和流動，偶爾聚合，然後解散。最後，本章標題指出，無論何種群體類型，群體讓人去個體化，不過，去個體化不等同於同化，畢竟人們經常在歸屬的過程中宣告差異。

延伸閱讀

1. Arnould, E., Price, L. and Zinkan, G (2002), *Consumers*, 2e, McGraw-Hill.
2. Bocock, Robert (1993). *Consumption*. London: Routledge.
3. Storey, John (1999). *Cultural Consumption and Everyday Life*. London: Arnold.
4. W. E. Patton III, Christopher P. Puto, and Ronald H. King, "Which Buying Decisions Are Made by Individuals and Not by Groups?" *Industrial Marketing Management* 15 (1986), pp. 129-38.
5. Linda L. Price and Eric J. Arnould, "Commercial Friendships: Service Provider Client Relationships in Context," *Journal of Marketing* 63 (October 1999), pp. 38-56.
6. Roy J. Lewicki, "Organizational Seduction: Building Commitment to Organizations," *Organizational Dynamics* (Autumn 1981), pp. 5-21.
7. Kathleen L. Gregory, "Native-View Paradigms: Multiple Cultures and Conflicts in Organizations," *Administrative Science Quarterly* 28 (September 1983), pp. 359-76.
8. Terrence E. Deal and Allan A. Kennedy, *Corporate Cultures: The Rites and Rituals of Corporate Life* (Reading, MA: Addison-Wesley, 1982).
9. Deal and Kennedy, *Corporate Cultures*; and Mark E. Hill and Karen James, "Casual Dress Is More Than Clothing in the Workplace," *Consumption, Markets, Culture* 3, no. 3 (2000), pp. 239-82.
10. Michele D. Bunn, "Understanding Organizational Buying Behavior: The Challenges of the 1990s," *Annual Review of Marketing*, 1992, pp. 227-59.

11. Richard T. Watson, Pierre Berthon, Leyland F. Pitt, and George M. Zinkhan, *Electronic Commerce: The Strategic Perspective* (Fort Worth, TX: Dryden Press, 2000).

12. F. Robert Dwyer, Paul H. Schurr, and Sejo Oh, "Developing Buyer－Seller Relationships," *Journal of Marketing* 51 (April 1987), pp. 11-27.

13. Jose Tomas Gomez Arias, "A Relationship Marketing Approach to Guanxi," *European Journal of Marketing* 32, nos. 1-2 (1998), pp. 145-56.

14. Robert M. Morgan and Shelby D. Hunt, "The Commitment-Trust Theory of Relationship Marketing," *Journal of Marketing* 58 (July 1994), pp. 20-28.

15. *Japan Economic Journal* 23 (December 1980), p. 29; see also Philip Kotler, *Marketing Management*, 7th ed. (Englewood Cliffs, NJ: Prentice Hall, 1991), p. 209.

16. Ju-Young Park, Ravipreet S. Sohi, and Ray Marquardt, "The Role of Motivated Reasoning in Vendor Consideration," *Psychology and Marketing* 14 (September 1997), pp. 585-600.

17. Thomas V. Bonoma, Richard P. Bagozzi, and Gerald Zaltman, "Industrial Buying Behavior," working paper, no. 77-117, Marketing Science Institute, Cambridge, MA, 1977.

18. Robinson, Faris, and Wind, *Industrial Buying and Creative Marketing*; and Anderson, Chu, and Weitz, "Industrial Purchasing."

19. Ahuja and Stinson, "Female-Headed Single Parent Families"; and Lynn Smith, "Mothers Go It Alone," *Long Beach Press-Telegram*, July 22, 1993, pp. El, E2.

20. Richard Cimino and Don Lattin, "Choosing My Religion," *American Demographics*, April 1999, pp. 60-65.

21. Robert L. Simison and Rebecca Bluemenstein, "Cadillac and Lincoln Try to Regain Their Cachet," *The Wall Street Journal*, July 3, 1997, pp. Bl, B7.

22. Les Carlson and Sanford Grossbart, "Parental Style and Consumer Socialization of Children," *Journal of Consumer Research* 15 (June 1988), pp. 77-94.

23. Sanford Grossbart, Les Carlson, and Ann Walsh, "Consumer Socialization and Frequency of Shopping with Children," *Journal of the Academy of Marketing Science* 19 (Summer 1991), pp. 155-63.

24. Jane Guyer, "Household and Community in African Studies," *African Studies Review* 24 (1981), pp. 87-137.

25. Ritha Fellerman and Kathleen Debevec, "Kinship Exchange Networks and Family Consumption," in *Advances in Consumer Research*, vol. 20, ed. Leigh McAlister and Michael L. Rothschild (Provo, UT: Association for Consumer Research, 1993), pp. 458-62.

26. Corfman and Lehmann, "Models of Cooperative Group Decision-Marking and Relative Influence"; and Jean-Marie Choffray and Gary L. Lilien, *Market Planning for New Industrial Products* (New York: John Wiley, 1980).

27. Grant McCracken, "Lois Roget: A Curatorial Consumer" *Culture and Consumption*, 1988, pp. 44-56; and Linda L. Price, Eric J. Arnould, and Carolyn Curasi, "Older Consumer Disposition of Cherished Possession," *Journal of Consumer Research* 27 (September 2000), pp. 179-201.

28. D. J. Hempel, "Family Buying Decisions: A Cross-Cultural Perspective," *Journal of Marketing Research* 11 (August 1974), pp. 295-302; and Robert M. Press, "Kenya Manages to Slow Population Growth Rate," *Christian Science Monitor*, July 9, 1993, p. 10.

29. C. Whan Park, "Joint Decisions in Home Purchasing: A Muddling-through Process," *Journal of Consumer Research* 9 (1982), p. 152.

第十章
階級是無法忍受流行美學

The class could not bear the pop aesthetic

他人無意的表達和語藝溝通，經常導致人們的行為和思考改變。事實上，社會人際影響可以是有意的或無意的；普遍的或適應的。人們經常忽略他人的影響，不過，也經常被外部或他者挑起許多感動，有時是一部電影、一位陌生人，或是一本書。本章探討社會人際如何影響消費行為。其次，討論社會人際影響的重要觀點，以及系統之內的參考群體。最後，討論各種說服影響的策略意涵。

10.1
同掛／不同掛

長期以來，社會和文化形塑和影響人們的價值和信仰，透過家庭、制度、教育或大眾媒體逐漸灌輸，它是一項重要的影響策略。同樣地，人們透過歷史、宗教、文學和法律去理解動態的社會影響力，包括人類學、社會學和心理學也都與說明影響過程緊密相關。例如，人類學聚焦於不同文化之下，人們如何分享態度和價值，成員的意願和行為如何被影響；社會學聚焦於社會、制度和群體，包括家庭、同學、朋友和工作，如何形塑人們的信仰、態度和行為；心理學則是聚焦於不同的刺激如何影響自尊、感情、控制和安全。

另外，除了當地的社會文化，全球化也顯著地影響人們的態度行為，例如，Eurokids代表年齡低於二十五歲的年輕人，從里斯本、柏林、斯德哥爾摩到雅典，雖然他們彼此存在些許的差異，不過在品味和外形上卻很相似。他們擁有共同的流行、音樂或食物偏好，相似的生活型態、態度和價值；他們瘋狂地跟著音樂節拍，穿著相同的衣服，包括CHIPIE、NAF NAF到KOOKAÏ；透過衛星頻道觀賞MTV，儘管他們來自於不同地區，卻都展現著共同的全球文化。社會學揭示象徵互動理論（symbolic interaction theory），強調消費信仰、感情和行動鑲嵌於文化和社會脈絡，消費者在環境中與象徵符號互動，產品則是扮演象徵符號角色。儘管如此，人們也經常無法理解他人的影響，關鍵在於「我不會」（not me）的假設和「自我無敵幻覺」（illusion of personal invulnerability）。人們常會批評他人：「他的意見始終搖擺，不過我不會！」或「他們會繼續同掛，不過我不會！」這不只是一種幻覺，它更充滿著危險，它像一種神奇的自我控制，讓人不受說服影響。透過與人溝通，去發展、分享、擴張、形塑自我理念和行動，但是個人很少發展一個完整的自我。

另外，人們也經常學習如何適應特殊的環境，例如，一項獨特的研究，安排許多人待在房裡等待，當幾位事先安排的人接到指令，他們會突然間離席並開始脫衣，當其他人面對如此突然的環境變化，他們也會紛紛離席並開始脫衣，過程中沒有人詢問為何要脫衣。實驗結束時，所有人都赤裸並排等待下一步提示，恍若後續還將發生什麼事情。也許少數人希望留在座位上並穿上衣服，不過，模仿是適應環境的重要策略，當人們投入陌生的環境，他們傾向於與他人表現相同的行為，因為他們相信，他人的資訊會比自己更為豐富。另外，如果有人在一旁大叫失火並倉皇逃生，人們也幾乎不會詢問其他人發生了什麼事，結果只是拔腿快跑。無論如何，日常生活中的人際接觸廣泛地影響人類行為。人際影響（interpersonal influence）具有系統性和觀察性效應，特別是包括以下幾項特色：第一、人際影響是有意的（intentional）和無意的（accidental）及口語的和非口語的。第二、人際影響具有普遍性（pervasive）。第三、人際影響過程包括觀察和經驗。第四、所有人都容易受到個別過程的影響。第五、人際影響具有適應性（adaptive），讓人生活更有效率、舒適、輕鬆和成功。

人際也會影響人們的消費偏好和選擇；四成的人會透過朋友推薦進行購買和消費；超過九成的耐久品消費是透過人際資訊來源；同樣地，二成的人會尋求陌生人的資訊和建議。人們習慣以人際資訊而非其他資訊來決定購買和消費。另外，口語相傳（word-of-mouth）也會影響消費態度和行為，負面的口語相傳影響尤其顯著，例如，六成的人會將不滿意告知朋友或熟人。口語相傳的資訊具有相當的影響力，因為它鮮活的資訊容易記憶，並且擁有較大的影響和衝擊。一則有趣的口語相傳案例，例如，電影《亂世浮生》（*The Crying Game*）片中只有小喇叭聲，沒有任何巨星，它被描述是一部非看不可的電影，口語相傳推薦之下吸引了廣大觀眾，只是口語相傳不具任何資訊，人們熱切地推薦但卻拒絕揭示片中真正的涵義？

根據統計口語相傳效應顯著地影響美國經濟，全球化則是代表口語相傳效應不受到地理區位限制，另外，新技術、新品牌、可支配所得增加，也都顯著地影響口語相傳的全球擴散效應。無論如何，口語相傳對於企業促銷好壞兼之，了解口語相傳如何運作和如何形塑市場非常重要。口語相傳可以持續相當長的時間。

例如，1994年WOLVERINE公司推出Hush Puppies休閒鞋最初只賣三萬雙；1995年，銷售達到四十三萬雙；1996年，業績則是呈現四倍成長，最後，Hush Puppies成為流行趨勢。無論如何，若要定義個人消費的社會脈絡，當地化仍然更勝於全球化影響，特別是，面對面互動可以強化社會比較和影響，即使身處全球化和高科技的環境，面對面互動對於促進資訊流通仍然非常重要。

10.2 社會影響途徑

社會影響途徑可以分為三類：第一、規範影響（功利）。第二、價值表達影響（認同）。第三、資訊社會影響（參考）。實務上，不同的影響類型很難單獨判定，它們經常在已知的情境下同時發生作用。

影響形式

規範影響（normative influence）意指透過達成他人期望去獲取直接報償或避免處罰。例如，聯邦快遞廣告訴求，重要包裹若無法準時送達，員工將會遭到公司嚴厲的處罰，因此，最佳策略就是採用聯邦快遞。另外，美國西裔MBA協會採取規範影響廣告訴求：「成為美國西裔MBA協會會員，絕對值得！」網站詳述協會使命、任務和目標。

消費決策顯著地受到規範影響，特別是產品的認知報償和處罰避免，由他人所控制，例如，個人照護產品經常訴求避免困擾或被人拒絕。流行服飾的市場擴散同樣適用，例如，採用流行商品讓人成為早期採用者的行為獲得激勵。相關研究指出，新產品可以讓人宣告社會地位和社會差異。透過消費模仿可以讓人和喜愛的群體產生聯結和提高社會地位，不過，模仿又會威脅差異化的象徵，因此，被喜愛的群體為了維持其社會距離，又會透過拋棄上述消費型態再次創新。模仿和差異的過程產生一個持續性的改變循環。

價值表達影響（value-expressive influence）意指透過利用他人的規範、價值和行為，作為個人的態度、價值和行為。價值表達影響意指與他人產生心理聯結和社會歸屬的欲望。個人希望被人欣賞或展現獨特態度、價值和行為，名流背書可以發揮顯著的價值表達影響。例如，五歲兒童吵著要一雙麥可喬登代言的運動鞋，他可能是希望被朋友認同或讚美，也有可能是衷心希望成為麥可喬登，因為他相信這些運動鞋真會變出魔術。

價值表達影響可以產生一股正向的力量，讓人超越特殊的社會脈絡限制。例如，沒有優勢背景的兒童，透過努力取得成功的社會和經濟地位。價值表達影響也可以影響新產品的擴散。例如，非洲年輕人為了與西方世界產生聯結，讓自己和傳統落後的形象分離，透過穿著西方服飾可以達到類似作用，因為西方服飾代表一種進步和創新。價值表達影響也顯著地影響人們的角色選擇。例如，Camel香菸廣告成功地推出塑造一個品牌角色，儘管上述角色具有負面的爭議性。另外，ST Ides麥芽酒廣告找來知名*Hip Hop*團體代言，儘管招來激烈的社會批判，但也成功地吸引年輕族群注意。*Hip Hop*在全球年輕人文化占有重要角色，年輕人喜愛這種誇張曲風和穿著，事實上，某些*Hip Hop*藝人也關心造成社會負擔，希望可以帶動正面的價值和影響。

資訊社會影響（informational social influence）意指利用他

人的價值、規範和行為以證明其必要性和可行性。例如，當產品品牌特質無法觀察和評價，或是專業知識不易獲得，人們經常會參考他人的價值、態度和行為。另外，購物同伴（shopping companion）可以提供重要的資訊和影響消費情感和行為。例如，在紋身的消費過程中，同伴可以降低消費風險及提供社會支持和認同。另外，資訊社會影響對許多行銷策略也很重要，例如，*GENTLEMAN'S QUARTERLY*雜誌上的Grey Goose伏特加酒廣告，透過專業信賴的酒品協會形象影響消費經驗。另外，銷售現場經常透過大聲鼓掌方式，提供一種鼓勵交易簽約的社會證明，在後續活動當中，類似的社會證明包括氣球爆裂代表完成交易。另外，許多公司網站大量推出各種消費者推薦和滿意報導，同樣具有相同的社會影響意涵。

一般而言，上述三種社會影響很難單獨區分。例如，美國科羅拉多州大學女聯會，對於女大學生的產品選擇具有約束和獎勵效應（規範影響），例如，化妝品和洗髮精應該選擇CLINIQUE、LANCÔME和Estée Lauder，而非MAYBELLINE或AVON。另外，年輕學妹為了獲得學姐認同（價值表達影響），加上女聯會是個讓人渴望加入的群體，它也提供如何讓頭髮柔順和外形媚力的資訊蒐集場域（資訊社會影響）。

影響策略

互惠規範（norm of reciprocity）是人類最普遍的互動方式，意指對於他人的給予加以回報，這種方式沒有具體的義務關係，並且和經濟交換明顯不同。例如，邀請他人參加宴會，但無法確定未來可能受邀參加何種宴會。許多社會科學家指出，互惠規範遍及人類社會並且滲透各種交換類型。社會存在許多複雜的互惠規範，它經常讓許多不同文化的成員受惠。雖然互惠規範普遍存在人類社會，然而，其應用的方式和強度存在明顯差異。例如，研究跨國銀行在美國、中國、西班牙和德國等國的行員合作情形，美國員工表示會基於市場考量給予同事協助，如果他們屬於特定的群體成員更會覺得有此義務；西班牙同事則是基於朋友關係覺得有協助的義務；德國同事則是基於組織角度決定是否協助，他們依同事請求是否具有組織規定效力決定是否協助。易言之，上述義務差異會隨著不同文化脈絡產生變化。無論如何，互惠關係可以創造和維持顯著的社會約定關係。

另外，互惠規範也會影響人們的承諾，例如，當購買之前提供消費者小小的贈品，銷售金額將會呈現二倍成長。另外，科羅拉多州Boulder小型麵包店同樣採用互惠行銷策略，走進店內可以享用一片剛出爐的奶油麵包，消費者沒有義務購買任何的產品。許多案例顯示，免費樣品可以促進互惠交易。另外，男女服務生由於提供溫馨的服務，同樣地，可以獲得可觀的小費報償，即使只是一顆微不足道的糖果。另外，運用小禮物鼓勵完成問卷調查，雖然物品的價值不到五十美分，但是研究顯示問卷回收率明顯增加。另外，在許多協商過程中，互惠規範變化也能扮演重要的角色，例如，捐款活動中，募款者會先要求大額捐款，當被拒絕之後，再請求小額捐款。某些研究稱為吃閉門羹（door in the face）策略，意指透過遞減的請求去營造讓步的氛圍，藉此同樣希望對方也能作出互惠讓步。

承諾和一致（commitment and consistency）也是重要的影響策略，它與一般歸因理論（attribution theory）有關，意指人們試圖解釋某些事件的因果，嘗試了解為何事情會發生。自我認知理論（self-perception theory）也是一項歸因理論，意指消費者透過觀察和行為發展自我態度。承諾和一致與人們期望解釋自己的行為（屬性因果）具有一致性，意指期望自我的形象達到一致性。西方社會文化價值強調個人的一致性，人們在信仰上和行為上不一致，會被視為是缺乏果斷力、意志力、輕浮的甚至象徵心理疾病。一致性也代表經濟性，一旦下定決心就不再思考，每天效率地朝向相同的方向前進。

透過許多影響策略可以達成欲望的一致性，例如，邁出第一步（foot in the door, FITD）技術可以逐漸提高人們的承諾，意即人們如果最初同意較小的請求，隨後可以逐漸增加請求的額度，例如，募款者會先要求捐款者主動提出期望的捐款金額，藉此定義自己，進一步提高後續捐款的可能性。行銷也經常採用類似的技術，例如，先進行小額的銷售，再逐步提高購買承諾。基本上，當承諾被書面化或公開化時，它將成為重要的影響策略。例如，當銷售現場發出代表完成交易的汽球爆裂聲，由於這項儀式公開導致人們難以取消交易。研究顯示人們經常習慣為已經寫下的契約作出承諾，並且不喜歡提出契約取消的要求，特別是已經作出的公開承諾。例如，戒酒無名會（Alcoholics Anonymous, AA）承諾自己對於問題作出努力，確實可以達到抑制耽溺和病態的行為。

許多影響策略皆以影響者特質為核心，包括相似性、專業性、吸引性、喜愛性。一般而言，名流背書包含上述一個或多個影響者特質。另外，包括溝通者信賴度（communicator credibility）意指來源可信度（believability）對於牢記特定資訊非常重要，上述策略利於人們作出最好和有效的選擇。

相似性（similarity）經常可以有效地導引人們的行為，例如，品味相似者推薦的電影或CDs更讓人產生信任。一般而言，偏好相似者的建議勝過專業知識者。來源相似性（source similarity）同樣扮演重要的角色，例如，登山旅行想要選擇一條路徑或何種登山裝備，人們偏好登山專家或豐富登山經驗者的建議。另外，社會比較（social comparison）代表透過和他人比較去評價自己的能力和意見。事實上，微小的相似性都能產生反應，例如，行銷經常採用類似的影響策略，包括告知人們鄰居正積極進行資源回收，一個月後，受訪者的回收行為顯得更為積極。

專門性（expertise）可以提供人們信賴的感覺，專家可以傳達具有說服性的資訊。例如，股票經紀人讓人有效率地進行財務投資，其他包括醫師和會計師。名人背書可以催化新產品的擴張速度，例如，電影新片發行時影評人扮演重要的角色。專門性顯著地影響人們的選擇，例如，意見領袖（opinion leaders）就是重要且極具影響力的資訊來源。意見領袖代表資訊來源可以信任，可以成功地推薦特定產品給特定人士，不過，他在其他領域可能成為意見接受者。市場專家（market mavens）和意見領袖不同之處，他們的影響力不是來自於產品的專門知識，而是一般的知識或市場經驗。市場專家如同意見領袖具有影響力，消費者認為他們可以提供一個非正式（專家）意見，在許多市場決策中，市場專家具有分享自己和協助他人進行更好選擇的社會化動機。最後，創新者或早期採用者也具有影響力，部份原因在於他們具有新產品專門知識，例如，看到鄰居購買和操作新的垃圾壓碎機，他們可能決定購買相同的產品，在新產品創新擴散方面具有重要的影響力。

吸引性（attractiveness）較說服性具有更大的影響力，例如，有吸引力的候選人比沒有吸引力的候選人，可以獲得更多的選票，差距達到二比一；有吸引力的被告比沒有吸引力的被告，只有一半遭到監禁；有吸引力的同學比沒有吸引力的同學，更容易被認為行為端正和教養良好。漂亮的人具有更大的影響力，其間存在許多神祕因素，相關研究指出，吸引力可以催化價值表達影響力，人們喜歡表現出吸引他人的吸引力，吸引力代表某種提示，例如，美麗的模特兒加上美麗的髮型，對於頭髮很難梳理的消費者（吸引性結合相似性），似乎代表著該項洗髮精品牌值得信賴。

相似性和吸引力都隱含著喜愛性（likability），代表人們受到他們喜愛的人的影響，人們經常尋求被自己喜愛的人喜歡，這是人類社會約定和社會交換的基本過程。當人們喜愛某些人，總是希望也能被他人認可，於是影響成為可能。另外，人們也傾向去相信喜愛的人，認為他們是值得信賴的，可以提供有利的資訊，協助面對各種環境。除了相似性和吸引性之外，許多因素也會影響人們喜歡他人。研究指出當不相似的人在一起，彼此貼近的接觸，共同面對危險，透過約定可以創造持續強大的友誼。在行銷方面，與消費者貼近合作可以創造獨特的商業情誼。

匱乏原則（scarcity principle）意指短缺的事物比豐富的事物更具吸引力。例如，消費者被告知如果今天簽約，可以獲得獨特神祕的禮物；海綿寶寶的產品缺貨象徵著市場流行；另外，吳哥窟旅遊廣告暗示它將快速消失，藉此催化觀光客儘早親臨造訪。匱乏原則是有力的影響策略，例如，人們討厭機會喪失，因為它代表著控制的自由度減少。另外，當面對產品或服務選擇機會受阻，例如，「只剩一天」、「限量發行」、「最後一件」都是訴求選擇和控制機會喪失，選擇和控制的欲望會隨著不同文化產生變化，例如，強調因果宿命文化的許多亞洲國家，可能對於選擇和控制喪失毫無反應，也有許多國家的消費文化充滿著匱乏性，例如，中東歐和前蘇聯。

發生匱乏的理由通常和長期經驗有關，早期社會由於資源缺乏，人們的需求經常無法滿足；相反地，當今消費市場匱乏的是自我，稀少和匱乏經常被視為流行象徵。例如，店員表示「多希望自己留一個！」代表這項產品非常暢銷，如果今天不買，就會錯失難得的機會。匱乏訴求可以提高產品價值和銷量，例如，限量或限時購買。不過，上述策略可能衍生不道德的行銷行為，例如，藉由限量策略去欺騙消費者。另外，人們經常認為失去的比擁有的更為可貴。基於上述原因，人們渴望擁有不易獲得的事物，這種感覺經常包含擁有異於他人的欲望，擁有他人所無法擁有的事物。無論如何，聯結匱乏和渴望可以突顯產品獨特的價值。

10.3 參考群體

人們經常受到所屬和非所屬群體的影響，群體扮演社會化（socialization）和學習代理（learning agent）的角色。參考群體（reference group）或比較群體（comparison group）意指群體觀點、態度或行為被自己作為參考觀點或行為基礎。例如，日本暴走族（*bosozoku*）騎士模仿美國街頭年輕人和日本神風特攻隊員（*kamikaze*）。無論如何，群體可以依據成員關係、吸引力和接觸程度加以分類。

類　型

許多群體具有正式的成員關係（membership），維持成員關係可以是緊密或鬆散，關係強度會隨著不同群體成員產生變化，例如，即將離開的成員比新進成員更擔憂成員關係；只有參加外圍活動的成員，通常與群體的關係較為鬆散。另外，許多次文化群體包括哈雷機車、吉普車愛好者和星戰迷，可以透過產品品牌定義群體成員關係。近年來，品牌社群快速成長大量提高消費忠誠，企業可以經由類似的消費社群獲利。例如，星戰迷對於星戰電視電影和叢書系列支持。另外，美式足球隊球星Tom Brady配戴染印手帕呼籲團結對抗乳癌；Ford汽車也支持上述活動鼓勵配戴類似手帕，宣告這是一個值得參與的社群。

吸引程度（degree of attraction）意指群體吸引個人情感（或情感反應）的程度。吸引可以是正面也可以是負面，群體可以有成員關係和非成員關係。圖10.1利於我們分析四種主要參考群體。例如，高中男生對於成為「大宅（男）門」抱持負面態度，「宅門」被認為是一個否認參考群體（disclaimant reference group），男生希望可以避免成為該群體成員。另外，高中女生對於啦啦隊抱持正面態度，啦啦隊長形塑了一個接觸參

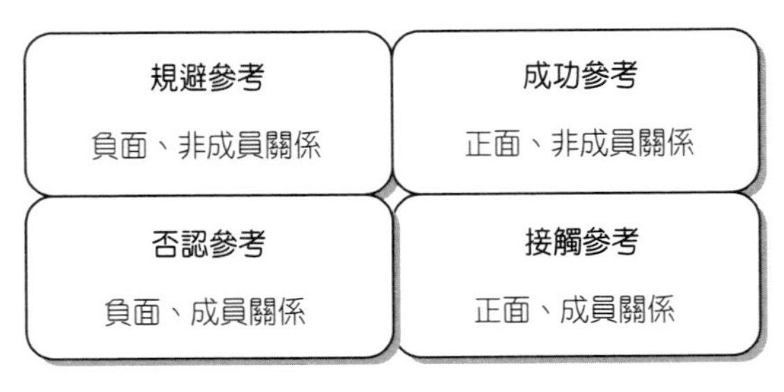

圖10.1　參考群體類型

考群體（contactual reference group），女生都希望強化與該群體的關係，學習或模仿該群體相似的消費行為。例如，日本暴走族穿戴特定品牌的幫徽隊帽或運動鞋，由於他們與黑幫具有強大的關聯，因此許多日本高中都嚴加禁止。另外，洛杉磯幫派成員可以在飆車族中指認所屬成員，只要透過其穿著包括鞋子、夾克、帽子和徽章。

不屬於該群體但是感到強烈正面的吸引力，稱為成功參考群體（aspirational reference group）；相反地，感到強烈負面的吸引力，稱為規避參考群體（avoidance reference group）。例如，美國大學生對於無線MP3喜好受到成功參考群體（廣告由國家滑雪板隊代言）影響的可能途徑：第一、滑雪板隊背書提高了產品的認知偏好。第二、滑雪板隊背書發揮了早期採用者效應。第三、滑雪板隊背書顯著地提高品質形象，雖然隊員未必具有特殊的專業知識，不過，背書可以讓人推論該產品的品質良好。細而言之，成功參考群體可以達到意涵轉換（meaning transfer）的目的，無線MP3隱喻「績效」和「品質」，意涵從成功參考群體背書移向新產品，讓人認知到背書者（美國滑雪板隊員）和新產品（無線MP3）之間的根本相似性。至於規避參考群體，讓人避免被標識與該群體同掛（one of them）。例如，幫派，因為特殊的穿著象徵可能無故遭殃。另外，規避參考群體的影響力可能涉及非常細微的地方，例如，大學生甚至會避免採用代表競爭學校的色彩。

接觸程度（degree of contact）意指群體成員的人際接觸程度，經常性的人際接觸稱為主要群體（primary groups）；有限的人際接觸稱為次要群體（secondary groups）。一般而言，主要群體具有較大的影響力，然而，不常接觸的群體同樣扮演重要的角色，例如，貼心好友雖然未必經常見面，對於日常生活影響也未必顯著，不過，在特定事物的建議上，他們卻經常扮演重要的角色，例如，你可能第一個想到電話詢問他們的意見，當然他們很可能受到特定的群體所影響。

影　響

參考群體在購買或消費行為上扮演重要角色，例如，只要百分之五的日本高中女生投入特定的流行商品，不到一個月的時間，其他六成的高中女生也會立刻跟進。另外，Hip Hop次文化主導了美國非裔青少年的消費，上述群體規模高達一千四百萬人，這是一群主流媒體相當不容易接觸的消費群體。

圖10.2指出消費情境和參考群體的影響因素，包括行為的能見度和特殊性，例如，穿著校服是低能見度和低特殊性（不受群體影響），它可以降低貧窮小孩缺乏歸屬的感覺，但它也可能突顯出特殊的社會階級標識。另外，許多都市的回收計畫試圖提高回收行為的能見度，例如，科羅拉多州Boulder市規定在門口放置鮮豔的回收箱，如果民眾不積極進行回收，鄰居很容易就會發現。不同的參考群體也會產生不同的行為變化，例如，賓州Pittsburgh大學生擁有滑雪板可能很特別；但是在科羅拉多州

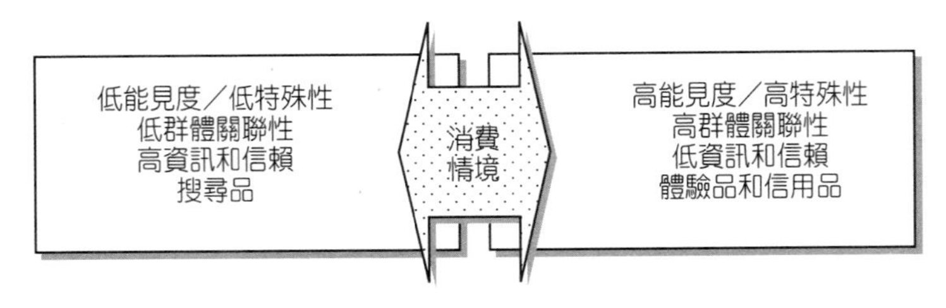

圖10.2　消費情境和參考群體影響

Boulder多數的大學生都有，若要展現獨特性就要使用最新流行的品牌。最後，人們經常相信參考群體擁有更好的資訊。因此，當人們認知比參考群體擁有較少的資訊，通常會不信任自己的態度和行為。此時，參考群體可以發揮相當大的影響力，特別是在陌生的消費情境和複雜的產品選擇，參考群體具有特別強大的影響力。研究結果指出，百分之五的消費者會跟著同伴進行購買，至少表達對於該項消費選擇的信賴。

同樣地，人們無法輕易地評價產品和服務品質，參考群體也會受到極度的依賴，研究指出三種產品選擇類型：第一類，搜尋品（search goods）意指產品品質可以觀察，但是必須具備專業知識，包括新鮮產品（胡蘿蔔或香蕉）、衣服、家具。第二類，體驗品（experience goods）意指確定產品品質之前需要相當的經驗，例如，電影無法在事前評價，必須仰賴代理人經驗（surrogate experience）包括朋友或影評人，由於許多服務屬於體驗品，因此，人際影響力扮演重要角色。第三類，信用品（credence goods）意指在購買和消費之後，仍然無法正確地評價產品品質，例如，口耳相傳的知名醫生，人們仰賴他人對於醫生醫術和服務品質的評價。

抗　拒

近年來，消費者努力抗拒各種資訊氾濫和影響，事實上，許多公司訴求保護消費者達成上述目標，例如，SixDegrees和Novell協助管理網路資訊，另外，答錄機可以阻擋人們不想接的電話，或是人們習慣直接拋棄擾人的行銷郵件。除了資訊氾濫之外，人們也體認到如何免於資訊侵擾，包括保護兒童避免負面的電視或網路內容。儘管人們是否受到資訊影響的因素很多，包括消費者是否了解資訊說服如何運作（說服知識；persuasion knowledge）；是否了解說服者包括朋友、銷售人員或廣告的企圖和能力（代理知識；agent knowledge）；是否了解關於產品、服務和相關社會資訊等議題（議題知識；topic knowledge）。無論如何，多數學者仍然建議應該加強民眾的市場社會智慧（marketplace social intelligence），協助孩童和年輕人如何有效地防禦市場行銷侵擾，特別是加強「深思」的重要性。易言之，即使消費者擁有豐富的消費知識，但是如果未能充分的活化運用，仍然可能成為行銷技術的犧牲品。相關研究指出，如果希望消費者對於競爭訴求產生懷疑，應該充分地提供類似的反向辯證資訊。例如，成功的反菸廣告，可以將萬寶路香菸牛仔與咳嗽和疾病聯結，反菸廣告可以有效地嘲諷抽菸和男性雄風完全無關。另外，發展中和轉型經濟國家也經常面臨類似的問題，他們沒有充分能力去解釋行銷媒體傳達的影響訊息。

10.4 結　論

人們具有自我無敵的幻覺，經常無法理解他人的影響。人際影響可能是有意的也可能是無意的，普遍的和適應的。社會脈絡會影響人們的態度和行為，特別是人際對於消費偏好和選擇的影響，方式規範影響（功利）、價值表達影響（認同）、資訊社會影響（參考）。人們每天面對許多熟悉的影響策略，包括互惠規範、承諾和一致、匱乏原則，人際群體更是扮演重要角色。易言之，透過比較自己和群體，然後形成觀點、態度和行為；偏好群體基於吸引力和接觸關係，會顯著地影響消費行為；其他的還包括消費情境如能見度和產品類型。無論如何，行銷策略經常訴求改變人們的態度和行為，成功參考群體和名流背書經常扮演重要角色。不過，本章標題指出，由於階級對於純粹美學的偏執，他們通常無法忍受流行的美學，意即品味應該隨著階級分開，不能混在一起，否則階級就不再具有任何的正當性。易言之，流行出於模仿和立異，內容並不重要，關鍵在於彰顯和維繫差異，對於不同的階級其意義更為明顯。

延伸閱讀

1. Arnould, E., Price, L. and Zinkan, G (2002), *Consumers*, 2e, McGraw-Hill.
2. Bocock, Robert (1993). *Consumption*. London: Routledge.
3. Storey, John (1999). *Cultural Consumption and Everyday Life*. London: Arnold.
4. Mary Ann McGrath and Cele Otnes, "Unacquainted Influencers: When Strangers Interact in the Retail Setting," *Journal of Business Research* 32, no. 3 (1995), pp. 261-73.
5. Blake E. Ashforth and Ronald H. Humphrey, "Emotional Labor in Service Roles: The Influence of Identity," *Academy of Management Review* 18, no. 1 (1993), p. 91.
6. Jeff Kaye, "The Rave of Europe," *Los Angeles Times*, February 3, 1993, p. H1, describes the EuroKids.
7. Michael R. Solomon, "The Role of Products as Social Stimuli: A Symbolic Interactionism Perspective," *Journal of Consumer Research* 10 (December 1983), pp. 319-29.
8. Philip G. Zimbardo, Ebbe B. Ebbesen, and Christina Maslach, *Influencing Attitudes and Changing Behavior*, 2nd ed. (Reading, MA: Addison-Wesley, 1977).
9. Ronald H. Frank, *Choosing the Right Pond: Human Behavior and the Quest for Status* (New York: Oxford University Press, 1985).
10. George Herbert Mead, *Mind, Self and Society* (Chicago: University of Chicago Press, 1934).

11. Richard E. Petty and John T. Caccioppo, *Attitudes and Persuasion: Classic and Contemporary Approaches* (Dubuque, IA: Wm. C. Brown, 1981).
12. Marsha L. Richins, "Negative Word-of-Mouth by Dissatisfied Consumers: A Pilot Study," *Journal of Marketing* 47 (Winter 1983), pp. 68-78.
13. Steve Lowery, "Secret Raves," *Press Telegram*, January 16, 1993, p. Bl.
14. Malcolm Gladwell, "The Science of the Sleeper: How the Information Age Could Blow Away the Blockbuster," *The New Yorker*, October 4, 1999, pp. 48-55.
15. Wayne D. Hoyer, "An Examination of Consumer Decision Making for a Common Repeat Purchase Product," *Journal of Consumer Research* 11 (December 1984), pp. 822-29.
16. Andrew Kopkind, "From Russia with Love and Squalor," *Nation*, January 18, 1993, pp. 44-61. See also Güliz Ger, Russell W. Belk, and Dana-Nicoleta Lascu, "The Development of Consumer Desire in Marketizing and Developing Economies: The Cases of Romania and Turkey," in *Advances in Consumer Research*, vol. 20, ed. Leigh McAlister and Michael L. Rothschild (Provo, UT: Association for Consumer Research, 1993), pp. 102-7.
17. Lawrence Wright, "Orphans of Jonestown" *The New Yorker*, November 22, 1993, pp. 66-89.
18. "Press the Flesh, Not the Keyboard," *The Economist*, August 24, 2002, pp. 50-51.
19. John Kao, "The Worldwide Web of Chinese Business," *Harvard Business Review* 71 (March-April 1993) pp. 24-33.
20. Elizabeth Lesly and Maria Mallory, "Inside the Black Business Network," *Business Week*, November 29, 1993, p. 72.
21. Melanie Wallendorf and Eric J. Amould, "'My Favorite Things': A Cross-Cultural Inquiry into Object Attachment, Possessiveness and Social Linkage," *Journal of Consumer Research* 14 (March 1988), pp. 531-47.
22. Nicholas Weinstock, "I Was a B.M.O.C. at Botswana U.," *The Nation*, December 6, 1993, p. 693.
23. A. W. Gouldner, "The Norm of Reciprocity: A Preliminary Statement," *American Sociological Review* 25 (1960), pp. 161-78; and Marcel Mauss, *The Gift,* trans. I. G. Cunnison (London: Cohen and West, 1954).

24. Youngme Moon, "Intimate Exchanges Using Computers to Elicit Self-Disclosure from Consumers," *Journal of Consumer Research* 26 (March 2000), pp. 323-39.
25. D. T. Regan, "Effects of a Favor and Liking on Compliance," *Journal of Experimental Social Psychology* 7 (1971), pp. 627-39.
26. Rhoads and Cialdini, "The Business of Influence." See also Jonathan K. Frenzen and Harry L. Davis, "Purchasing Behavior in Embedded Markets,"*Journal of Consumer Research* 17 (June 1990), pp. 1-12.
27. Leslie Kanuk and Conrad Berenson, "Mail Surveys and Response Rates: A Literature Review," *Journal of Marketing Research* 12 (November 1975), pp. 440-53.
28. M. Deutsch and H. B. Gerard, "A Study of Normative and Informational Social Influences upon Individual Judgment," *Journal of Abnormal and Social Psychology* 51 (1955), pp. 629-36.
29. T. G. Brock, "Communicator－Recipient Similarity and Decision Change," *Journal of Personality and Social Psychology* 1 (June 1965), pp. 650-54.
30. Leon Festinger, "A Theory of Social Comparison Processes," *Human Relations* 7 (May 1954), pp. 117-40.
31. Shelly Chaiken, "Communicator Physical Attractiveness and Persuasion," *Journal of Personality and Social Psychology* 37 (August 1979), pp. 1387-97.
32. Peter M. Blau, *Exchange and Power in Social Life* (New Brunswick, NJ: Transaction Books, 1986).
33. Gerald Zaltman and Christine Moorman, "The Importance of Personal Trust in the Use of Research," *Journal of Advertising Research* 28 (October-November 1988), pp. 16-24.
34. J. W. Brehm, *A Theory of Psychological Reactance* (New York: Academic Press, 1966).
35. Mona Clee and Robert Wicklund, "Consumer Behavior and Psychological Reactance," *Journal of Consumer Research* 6 (March 1980), pp. 389-405.
36. Ikuya Sato, *Kamikaze Biker: Parody and Anomy in Affluent Japan* (Chicago: University of Chicago Press, 1991), p. 1.
37. Robert V. Kozinets, "Utopian Enterprise: Articulating the Meanings of *Star Trek*'s

Culture of Consumption," *Journal of Consumer Research* 28 (June 2001), pp. 67-88.

38. Grant McCracken, "Who Is the Celebrity Endorser? Cultural Foundations of the Endorsement Process," *Journal of Consumer Research* 16 (December 1989), pp. 310-21.
39. Bearden, Netemeyer, and Teel, "Measurement of Consumer Susceptibility to Interpersonal Influence"; and Park and Lessig, "Students and Housewives."
40. Philip Nelson, "Information and Consumer Behavior," *Journal of Political Economy* 78 (March-April 1970), pp. 311-29.
41. Marian Friestad and Peter Wright, "The Persuasion Knowledge Model: How People Cope with Persuasion Attempts," *Journal of Consumer Research* 21 (June 1994), pp. 1-21.

第四篇

消費行為

第十一章
態度是情感豐富的若無其事
Attitude is nothing with the complicated feelings

態度如何形塑、強化和改變？態度如何回應環境和行為？態度是一種習得的傾向？是永久不變和長期一致？情境如何影響態度、判斷和決定？態度和決定與文化和社會脈絡緊密鑲嵌，全都取決於目標、涉入、認知和情感。本章探討個人和環境改變如何影響態度和決定。首先，探討態度功能、特色、構面。其次，探討各種態度理論和決策模型，包括經濟模型、認知模型、情感模型和簡單模型。

11.1 態度是用來宣告

態度（attitude）意指對於目標的評價，加上判斷會影響後續決策。態度目標（attitude object）意指被評價的客體，可以是抽象或具體、個人或群體。判斷（judgment）則是評價事件的可能性。決策（decision）則是由二項或更多方案中作選擇。無論如何，態度雖然可能影響行為，卻未必等同於行為。另外，儘管態度與行為可能保持一致性，不過，態度即使具有一致性，但卻非永久不變。

態度的功能

人們為何擁有態度？態度可以協助人們與環境競爭，稱為態度功能理論（functional theory）。一般而言，態度包括五項功能：知識功能（knowledge function），協助人們組織和簡化經驗和刺激。功利功能（utilitarian function），協助人們獲得報償和避免懲罰。價值功能（value expression function），提供表達個人價值和自我核心概念。自我防禦功能（ego-defensive function），協助人們保護自我概念和形象，避免被外部威脅或不確定所影響。態度也會促進、維持和瓦解社會關係，稱為社會調整功能（social adjustment function）。態度與社會和文化緊密鑲嵌，他人和參考群體顯著地影響個人態度。

由於態度具有許多功能，配對假說（matching hypothesis）強調訊息若與態度契合，可以極大化說服力，意即讓人認同目標在特定功能具有主導性，即使上述功能價值未必被認同。例如，認同NET服飾可以表現菁英形象，但是未必認同上述的形象意涵。態度功能也會隨著不同文化產生變化，社會調整功能在集體主義文化非常重要。反之，功利和價值功能在個人主義文化較為明顯。例如，韓國廣告訴求群體、和諧和家庭；反之，美國廣告訴求個人、成就和獨立。韓國廣告強調個人不如群體更具說服力；反之，美國廣告訴求群體不如個人來的有說服力。無論如何，態度是一種內在狀態並且無法直接觀察。不過，態度的本質和結構可以經由可以觀察的回應，加以了解和推論它是如何運作。

一般而言，態度包括三項構面：認知構面（cognitive），意指對於目標的直接體驗或相關資訊，整合之後的知識知覺或信仰。情感（affective），意指對於目標的感情和記憶的評價；行為構面（behavior），意指對於目標採取明顯行為的意圖和可能性。無論如何，儘管人們經常地表達正面和負面評價，不過，背後的認知、情感和行為，可能極為衝突和複雜。例如，矛盾可能包含正面和負面認知、情感和行為，它也會隨著不同的人和文化產生變化。綜合言之，態度形塑之後又會影響後續的認知、情感和行為。態度經由上述流程加以形塑，經由上述構面加以表達。態度理論就是強調形塑態度的認知、情感和行為的相關模型。

態度的理論

信仰和情感如何形塑態度？態度和行為產生失調如何解決？態度對於目標是否全面性的評價？人們擁有的態度多數基於個人特質，目標的涉入程度、自我概念和知覺程度，它也會受到不同的文化脈絡所影響。以下將討論相關態度理論，說明態度如何與為何改變，以及態度如何與行為有關。首先，討論平衡理論了解個人、目標和他者，如何形成和影響態度。其次，解釋認知失調探討態度和行為如何不一致。最後，討論推敲可能模型和歸因理論。

平衡理論（balance theory）描述環境像是一個三角形，包含個人、目標、他者。平衡理論認為個人與他者對於目標，都會存在正面和負面評價，個人對於他者也會有評價，上述評價會改變認知並取得一致，如圖11.1。例如，對於特定品牌的最初態度是負面，不過，由於朋友推薦導致態度衝突，包括應該改變對於品牌或好友的態度？若無意外，對於朋友的態度相對強過對於特定的品牌，最後，人們對於品牌的態度可能變成正面。易言之，人們通常會相信自己喜歡的人，不認同自己討厭的人，前者資訊也較被樂意學習和接受，因此，許多廣告採取名流背書策略。例如，每年由知名運動員背書的產品，廣告支出高達六億美元。平衡理論證明廣告採用名流訴求，可以有效地說服目標市場改變品牌態度。

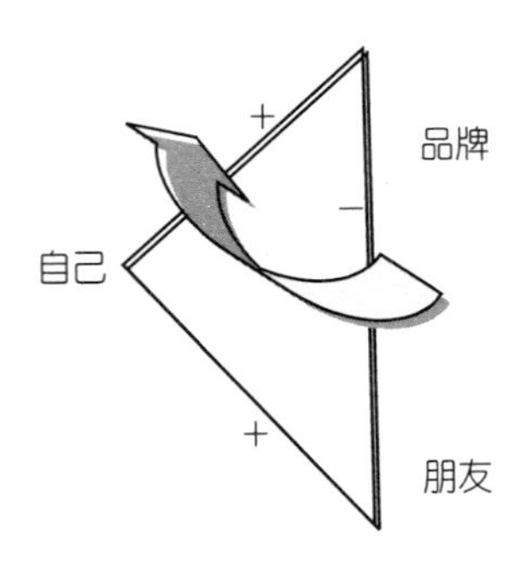

圖11.1　平衡理論

認知失調（dissonance theory）代表信仰和態度與行為不一致，它將讓人感到不舒服和負面感情。自我一致對於人們非常重要，因為相關領域失調可能顯著地影響自我。不過，人們經常被鼓勵表現出特定行為，而非與行為一致的態度。由於行為複雜難以理解，因此，人們經常透過改變信仰和態度，藉由與行為一致並降低失調的感覺。當然它取決於人們是否需要感覺一致，以及是否覺得必須為行為負責。例如，行銷人員基於業務導向強迫促銷，後續可能讓他感到自責和懊悔，但是他卻不會認為必須修正態度。

推敲可能模型（elaboration likelihood model, ELM），包括兩種說服路徑，例如，核心路徑（central route）和邊陲路徑（peripheral route），前者意指人們有意願或能力和理性思考相關資訊（高度涉入），形成和轉變態度；後者意指人們沒有意願或能力和較少思考相關資訊（低度涉入），態度形成和轉變基於正面或負面邊陲線索。如果人們擁有動機、能力和機會，通常會採取核心路徑進行資訊處理，反之，可能採用邊陲路徑，意即較少核心路徑較多外在因素進行資訊處理。

個人在資訊處理時的涉入程度，也是決定有效說服路徑的關鍵。例如，人們會高度涉入與個人相關的資訊，意即高度涉入會採取核心路徑。相反地，當低度涉入時會採取邊陲路徑，意即依賴其他資訊形成態度和作出決定。研究顯示比較性廣告可能經核心路徑處理，非比較性廣告則經由邊陲路徑處理。另外，高度涉入的消費行為，可以強調強烈、具體和優質的產品屬性，意即核心路徑（高度認知），低度涉入的消費行為，可以運用週邊路徑達到說服效果，例如，名人代言或高度視覺廣告。

歸因理論（attribution theory），意指人們如何歸究事件發生的原因，是自我或他者的行為產生。歸因理論旨在猜測自我的行為和經驗，藉此描述態度的形成或改變的歷程，自我知覺扮演重要角色並且包括三項要素：內在歸因（internal attribution），意指將事件發生歸因於自我因素。外在歸因（external attribution），意指將事件發生歸因於他者或外在因素。防禦性歸因（defensive attribution），意指將事件正面結果歸因於自我因素，將負面結果歸因於他者或外在因素。例如，成功歸於自我努力（內在歸因），或是歸於他者協助或運氣（外在歸因），或是成功歸於自我，失敗歸於他者和環境（防禦性歸因）。根據上述自我知覺理論，得寸進尺效應（foot-in-the-door effect），強調人們有時會檢視先前的行為，然後採取正面接受的態度（內在歸因），進而提高對於相似和更大的事件的接受程度。例如，曾經捐款十美元，未來可能被說服捐出更高款項，十美元即是得寸進尺效應。

11.2
消費是系列判斷

判斷和態度都是決策的重要因素，不過，判斷不需要作出決定。判斷（judgments）只是評估事件的可能性。例如，事件（飛機墜毀）可能是例行或意外（抵達、排隊或起飛延遲）。無論如何，判斷和決策的資訊處理方式不同，作出決策通常需要加以判斷。評估可能性經常依據定錨調整啟發（anchor-and-adjust heuristic），意指以最初的價值判斷和其他資訊加以調整。例如，想像朋友是否也喜歡某部電影，可以先從自己有多喜歡加以判斷，朋友的電影品味與自己有多異同，隨後調整自己對於朋友的想像。

另外，廣告經常鼓勵人們發揮想像，藉由廣告劇情判斷未來事件的好壞和機率，藉由想像或模仿未來事件加以判斷。模擬啟發（simulation heuristic），意指簡化對於未來事件的想像，提高對於未來的認知。好的故事或具說服力的想像，可以導引人們相信未來事件的發生機率。人們經常喜歡在心中預擬未來事件的結果，不過，未來事件不如預期導致結果讓人不滿意，當然也有可能非常順利，甚或超出預期。無論如何，模擬啟發可能導致過度評估事件機率，或是對於未來事件的想像過於正面。

判斷也會受到便利啟發（availability heuristic）的影響，意指透過容易和快速獲得的記憶作出判斷。例如，想像航班延遲的可能性，經常根據以往類似的記憶加以回溯。可惜的是，上述記憶經常明顯受到新近和特殊事件的影響。例如，最近發生的事件比過去發生的事件更具記憶性；公開和新奇的事件也更容易勾起人們的記憶。不過，上述記憶經常讓人作出錯誤的判斷。因此，透過這項潛在的判斷偏誤，可以提供一個正面和新奇的品牌經驗。最後，象徵啟發（representativeness heuristic），意指透過一個代表性和相似性的目標特徵加以判斷。一般而言，人們對於目標績效和特性的想像，經常基於熟知的事物或經驗。因此，品牌延伸經常是成功行銷的關鍵，不過，它也經常導致消費者誤判，因此，了解和處理不熟悉的事物非常重要。

沒有決策

雖然行為經常受到決定的影響，但是許多行為係由習慣、儀式、個人或文化底稿所形成。例如，除非特殊工作或環境需要，否則人們經常不會在早上趕工。習慣代表例行性的作息，可以讓人生活簡單、容易管理和降低風險。同樣地，通常不會在前菜時決定是否需要甜點，除非服務人員詢問或可視為正在決定。不過，不代表上述行為包含任何決定，因為被要求說明行為的理由時，人們經常會思考的是他人可能如何決定，或是認為應該如何合理地解釋行為，而非說明自己實際行為的理性和非理性。雖然許多決定屬於低涉入和不在意，但是偶爾的非常投入不代表正在進行決定。例如，選購材料為家人製作蛋糕，過程中包含許多涉入、關心和意涵但是沒有任何決定。因為它是一個充分貼心情感的儀式。另外，當決定充滿情感或可能遭遇困難時，人們可能透過延遲決定加以抗拒。

儘管如此，人們如何選擇消費？購買何種產品服務？光顧何種零售通路？人們擁有許多選擇決策模型，大多取決於消費目標和意涵、認知感覺、選擇方案等，透過或修正上述模型符合目標、資源和環境。首先，討論消費選擇的經濟模型，包括期望效用、效用函數、預期函數等，了解人們如何評價獲得和損失。其次，解釋消費選擇的認知模型，包括補償性和非補償性；最後，討論情感模型和簡單決策。

經濟決策

消費選擇的重要觀點——效用極大化（utility-maximizing）源自於古典個體經濟理論，意指人們如何蒐集資訊、評估方案、進行決策，透過資源交換獲取最大利益。人們在不同的行為效用中進行決策。

期望效用（expected utility），假設人們具有充分理性和擁有完整資訊，意即充分掌握各種行為結果和機率等資訊，透過評估和比較各種方案，最後選擇最適合的行為，極大化個人的期望效用。不過，它會受到時間、所得、資訊和技術等因素影響。問題選擇愈趨熟悉和類似，人們愈能擁有明確的偏好。理性選擇理論適合用在上述情境，工業購買過程也相當符合此一類型。然而，期望效用的各種資訊經常不充足和不確定，認知是選擇性，記憶是不完全和有偏誤。因此，人們經常在有限的時間和精力下，以及在情境限制之下進行決策。易言之，人們只能在有限的理性而非完全的理性下進行決策。無論如何，儘管期望效用理論過度理想，與實際的消費情況明顯不同。不過，它已經被廣泛用來描述和形塑特定消費區隔的效用函數。

效用函數（utility function），意指獲得產品或產品屬性的快樂水準。圖11.2顯示效用水準為Y軸，屬性水準為X軸，最大效用函數為倒U型，意指效用水準會隨著產品屬性遞增而遞減，中間達到最高點。例如，花生巧克力棒的效用函數，花生太少讓人不滿意，花生太多又會影響口感，理想的花生水準應該如理想點。另外，效用函數可以搭配聯合分析法（conjoint

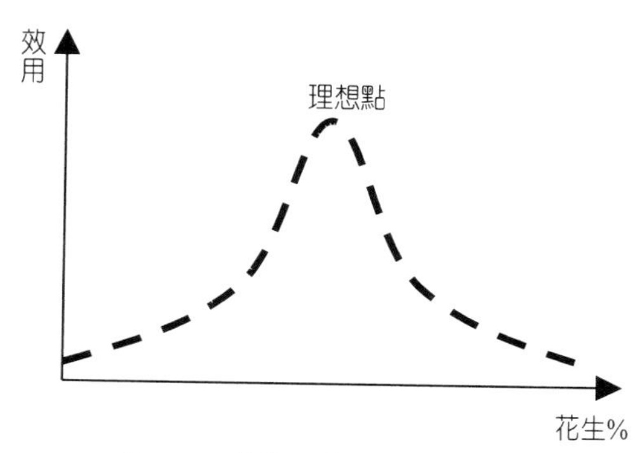

圖11.2　花生巧克力糖效用曲線

analysis），針對各種品牌偏好加以排序，透過整合各種產品屬性，包括花生量、巧克力量、糖果量、卡路里數和價格等。無論如何，雖然個人經常追求效用極大化，不過，互依文化強調信任和關係可能更勝於效用極大。另外，高度平等文化可能透過家庭和購買群體共識進行決策。

預期理論（prospect theory），意指評價決策之後潛在的獲得和損失，它是基於個人的價值函數，不同的人反應出不同的價值函數。無論如何，獲得函數不同於損失函數，如同圖11.3，前者在X軸上方凹向平坦，後者在X軸下方凸向陡峭。由於損失函數較獲得函數陡峭，因此，損失面積也較獲得面積更大。實務上，代表必須付出高價才能讓人放棄擁有的稟賦效果（endowment effect）。例如，拒絕他人以二千元買下原價一千元門票就是一種稟賦效果。易言之，即使評價相同價格的門票，放棄已經擁有的門票的損失感覺特別強烈。

透過預期理論預測偏好，取決於個人的價值函數差異，例如，獲得函數呈現遞減，代表是風險趨避者；反之，損失函數呈

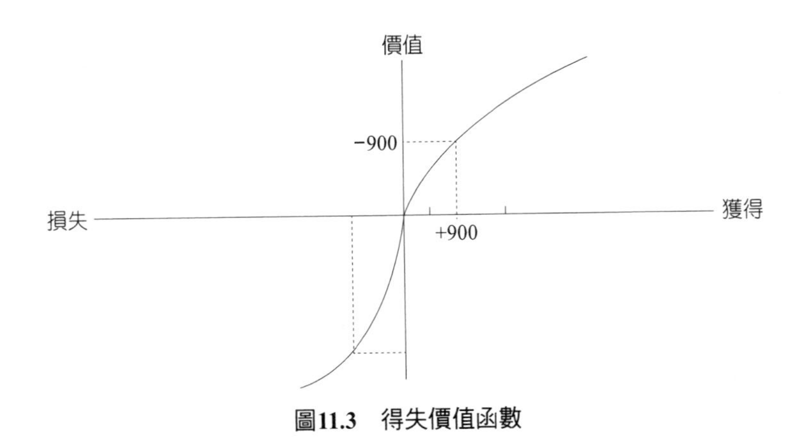

圖11.3　得失價值函數

現遞增，代表是風險追求者。易言之，透過上述獲得和損失的認知差異，可以採取有效的行銷策略。例如，乾洗店推出二種促銷方案，一種是折價二成五，另一種是乾洗四件一件免費。事實上，上述二種促銷方案的價值相同，意即四件乾洗只要三件價格，預期理論顯示運用免費策略更勝於價格折扣。另外，預期理論也和零售價有關，例如，建議零售價可以讓人感覺省很大。不過，預期理論同樣存在許多限制：第一、正面經驗無法包含所有的事件，例如，急流泛舟的理想點並不包括金錢。第二、如果被迫在二個或多個屬性之間取捨，多元屬性模型可能更為合適，例如，急流泛舟可能包括幾項正面結果，家庭緊密貼近關係、河流美景、學習泛舟技術；相反地，反面結果可能包括，旅行成本如金錢和時間成本。預期理論無法提供消費經驗的一致性說明，它無法解釋如何在多元屬性下進行取捨。

滿意決策（satisficing decisions）是由諾貝爾經濟學家Herbert Simon提出，意指滿意的決策更勝於最適的決策，人們習慣作出可以接受而非最適化的決策，例如，滿足最重要的目標，其他目標可以被省略或犧牲。例如，首次在外租屋，價格和地點最為重要，其次是空間和安全。找了幾間公寓之後，在未充分考慮所有的資訊之下，最後，基於價格和地點決定承租，透過縮短搜尋以符合適應性決策，因為它節省了另一項重要資源時間。無論如何，適應性決策不同於極大化決策。如同期望效用理論，儘管它可以代表最佳的決策。然而，滿意決策理論可能更能勾勒實際的決策過程。

認知決策

人們經常透過描述各種屬性作成決策，意指認知模型（cognitive models），強調如果透過系統性思考進行決策，信仰比情感更能影響態度和行為。消費研究的認知模型，包括補償或非補償二種。

補償模型（compensatory models）強調負面屬性可以被其他正面屬性所抵銷。例如，先前討論的期望效用函數，首先賦予所有屬性不同主觀權重，加權總分代表不同目標的相對優勢。不過，並非所有屬性都會被公平處理，例如，有人偏好品質更勝於價格，傾向於以較高價格換取較好品質。相反地，有人可能堅持其他特殊屬性，包括自由、健康或家庭。同樣地，也有人無法在不同的屬性之間取捨，例如，喧囂或寧靜、時間或金錢。無論如何，迄今無法明確地了解不同屬性的取捨和不同文化之間的關係。

非補償模型（noncompensatory models），強調負面屬性不可以被其他正面屬性所抵銷。例如，依序比較模型（lexicographic model），首先，依據屬性的重要性加以排序，如果重要屬性表現優異則勝出，如果重要屬性表現接近（tie）

則考量次要屬性。另外，主觀排除模型（elimination-by-aspects model）類似於依序比較模型，但是增加了可以接受的捷徑屬性，意即捷徑屬性在可以接受的範圍則維持選擇否則加以排除。例如，手機男決定停止旅程：「如果繼續前進，手機將無法收訊，他關心的重點在於——保持手機收訊正常。」當旅途超出手機收訊範圍，他就立刻停止不前，易言之，他寧可不要攻頂，但也不要錯失任何來電。另外，連結模型（conjunctive model），則是建立所有屬性的最低水準，只要任一屬性低於水準則被排除。易言之，如果全部屬性都通過最低水準，需要採取另一種決策模型。最後，非連結模型（disjunctive model）與連結模型完全相反，同樣建立所有屬性的最低水準（可能較高），但是只要任一屬性通過最低水準則被接受。整合連結和非連結模型可以縮小決策選擇，例如，需要一輛跑車、低於三萬美元、四輪傳動，連結模型可以剔除明顯無法接受的品牌。

情感決策

人們偶爾以具體而非認知的方式決策，稱為情感模型（affective models），意即偶爾以感覺對了（feels right）或直覺（gut feeling）的方式，偶爾以評價真實自我的方式進行決策。事實上，情感偶爾是體現態度和行為的重要觀點，雖然難以言說，卻是作出決策的重要關鍵。情感可以反應文化底層和體現對於他者的情感，例如，選擇大學、配偶、買屋、職業，都與情感有關。例如，雖然人們經常採用房價、坪數和房間數目來簡化買屋決策，不過，仍然採用感覺對了作為決策基礎。認知模型的決策雖然重要，不過，情感模型仍然居於關鍵地位，特別是在特殊的決策領域。無論如何，情感和認知如何產生聯結，迄今仍然無法完全了解。

簡單決策

簡單決策模型，有效率地作出可以接受但非最適的決策。例如，品牌忠誠（brand loyalty），因為偏好而重複購買相同的品牌，代表低度決策涉入但卻高度產品涉入。品牌熟悉（brand familiarity），代表提示產品可以被接受的一種揭露效果。缺乏經驗者特別傾向於購買熟悉的品牌，例如，視覺提示包括顏色和包裝，來源國（country-of-origin, COO）如義大利的皮飾、日本的電子產品、美國的娛樂產品等。提示在消費選擇上扮演重要的角色。另外，價格也是簡單決策模型的重要變數，例如，廉價、特價或折扣。避免遺憾（avoiding regret）則是基於極小化遺憾的簡單決策方式。

11.3 結　論

態度、判斷和決定與文化和社會脈絡緊密鑲嵌，全都取決於目標、涉入、認知和情感。態度讓人回應環境和作出決定，包括認知、情感和行為。態度理論包括平衡理論、認知失調、推敲可能模式和歸因理論等。不過，不同的理論各有擅場並且存在可能的框限。無論如何，態度和判斷始終都是決策的重要關鍵。迄今多數研究支持，人們是適應性的決策者，人們經常透過適應環境來達成目標。情感同樣是判斷評價的重要關鍵，意即行為並非基於決定，決定或傾向也不一定會導致行為。如同態度理論一樣，因此，決策理論也包括簡單的、複雜的、認知的、情感的等不同見解。例如，經濟模型、認知模型、情感模型和簡單模型。同前說明，不同的理論各有擅場但也存在框限，例如，理性的經濟模型經常過度理想化決策。易言之，人們經常是作出可以接受的決策，而非最適的決策。綜合言之，影響人們後續決策行為的態度，迄今始終無法讓人完全掌握。如同前言指出，許多表面若無其事的論述態度，實際上，可能隱含著比想像更為豐富和複雜的情感認知。

延伸閱讀

1. Arnould, E., Price, L. and Zinkan, G (2002), *Consumers*, 2e, McGraw-Hill.
2. Bocock, Robert (1993). *Consumption*. London: Routledge.
3. Storey, John (1999). *Cultural Consumption and Everyday Life*. London: Arnold.
4. Alice Eagly and Shelly Chaiken, "Attitude Structure and Function," in *Handbook of Social Psychology*, 4th ed., vol. 1, ed. D. Gilbert, Susan Fiske, and G. Lindzey (New York: McGraw-Hill, 1998).
5. Eagly and Chaiken, "Attitude Structure and Function"; and Gregory R. Maio and James M. Olson, "Relationships between Values, Attitudes, and Behavioral Intentions: The Moderating Role of Attitude Function," *Journal of Experimental Social Psychology* 31 (1995), pp. 266-85.
6. Sharon Shavitt, "The Role of Attitude Objects in Attitude Functions," *Journal of Experimental Social Psychology* 26, no. 2, (1990), pp. 124-48.
7. S. Han and Sharon Shavitt, "Persuasion and Culture: Advertising Appeals in Individualistic and Collectivistic Societies," *Journal of Experimental Social Psychology* 30 (1994), pp. 326-50.
8. Russell Fazio, David Sanbonmatsu, Martha Powell, and Frank Kardes, "On the Automatic Activation of Attitudes," *Journal of Personality and Social Psychology* 50, no. 2 (1986), pp. 229-38.
9. Marieke de Mooij, *Global Marketing and Advertising: Understanding Cultural*

Paradoxes (Thousand Oaks, CA: Sage Publications, 1998), pp. 166-72.
10. Kaiping Peng and Richard E. Nisbett, "Culture Dialectics, and Reasoning about Contradiction," *American Psychologist* 54 (September 1999), pp. 741-54.
11. Fritz Heider, *The Psychology of Interpersonal Relations* (New York: Wiley, 1958).
12. Sam Walker, "Home-Run Heroes Bring in Few Endorsements," *The Wall Street Journal*, October 21, 1998, pp. Bl, B4.
13. P. C. Stern, T. Dietz, L. Kalof, and G. A. Guagnano, "Values, Beliefs, and Proenvironmental Action: Attitude Formation toward Emergent Attitude Objects," *Journal of Applied Social Psychology* 25 (1995), pp. 1611-36; and Eagly and Chaiken, "Attitude Structure and Function."
14. Lynne O'Donnell, "All the Tea in China," *The Weekend Australian Magazine*, July 6-7, 2002, pp. 11-15.
15. May O. lwin, Jerome D. Williams, and Luh Luh Lan, "Social Marketing Initiatives: National Kidney Foundation's Organ Donation Programs in Singapore," *Journal of Public Policy and Marketing* 21 (Spring 2002), pp. 66-77.
16. Thomas O'Guinn and Ronald J. Faber, "Compulsive Buying: A Phenomenological Exploration," *Journal of Consumer Research* 16 (September 1989), pp. 147-57; and Dennis W. Rook, "The Buying Impulse," *Journal of Consumer Research* 14 (September 1987), pp. 189-99.
17. Roy F. Baumeister, "Yielding to Temptation: Self-Control Failure, Impulsive Purchasing, and Consumer Behavior," *Journal of Consumer Research* 28 (March 2002), pp. 670-76.
18. Deborah J. MacInnis and Linda L. Price, "The Role of Imagery in Information Processing: Review and Extensions" *Journal of Consumer Research*, March 1987, pp. 473-91.
19. John Payne, James Bettman, and Eric Johnson, *The Adaptive Decision Maker* (New York: Cambridge University Press, 1993); and James Bettman, Mary Frances Luce, and John W. Payne, "Constructive Consumer Choice Processes," *Journal of Consumer Research* 25 (December 1998), pp. 187-217.
20. Rashmi Adaval, "Sometimes It Just Feels Right: The Differential Weighting of Affect-Consistent and Affect-Inconsistent Product Information," *Journal of*

Consumer Research 28 (June 2001), pp. 1-17.

21. Mary Frances Luce, James R. Bettman, and John W. Payne, "Emotional Decisions: Tradeoff Difficulty and Coping in Consumer Choice," *Monographs of the Journal of Consumer Research*, no. 1 (2001).
22. Mary Francis Luce, "Choosing to Avoid: Coping with Negatively Emotion Laden Consumer Decisions," *Journal of Consumer Research* 24 (March 1998), pp. 409-33.
23. James R. Bettman, Mary Frances Luce, and John W. Payne, "Constructive Consumer Choice Processes," *Journal of Consumer Research* 25 (December 1998), pp. 187-217.
24. Scott Plous, *The Psychology of Judgment and Decision Making* (Philadelphia: Temple University Press, 1993).
25. D. Kahneman and Amos Tversky, "Prospect Theory: An Analysis of Decision under Risk," *Econometrica* 47 (1979), pp. 263-91.
26. Robert Thaler, "Mental Accounting and Consumer Choice," *Marketing Science* 4 (1985), pp. 199-214; and Plous, *The Psychology of Judgment and Decision Making*.
27. Simon, "Rational Choice and the Structure of the Environment," *Psychological Review* 63 (1956), pp. 129-38; and Plous, *The Psychology of Judgment and Decision Making*.
28. Robert H. Frank, *Passions within Reason: The Strategic Role of the Emotions* (New York: W.W. Norton and Company, 1988).

第十二章
感性是理性的計算

Sensibility is based on sense economics

消費決策的關鍵在於如何、何時和何處獲得產品和服務。獲得策略根植於總體環境、社會脈絡和策略動機，可能的模式包括購買、易物或饋贈。本章首先討論獲得的意涵、動機、類型和交換模式，其次探討購買的類型，包括一般購買、衝動購買，以及獨特的相對購買。最後，探討難以言說和難以掌握的送禮意涵，解構它如何隨著不同場域、文化和動機產生變化。

12.1
獲得的連續帶

獲得行為（acquisition）包含五項觀點：第一、效用極大化，旨在探究如何蒐集資訊、權衡方案和進行決策，透過資源交換獲得最大利益。第二、決策，了解如何透過系列步驟解決問題。第三、經驗和快樂，強調獲得情感體驗更勝於單純解決問題。第四、行為影響，強調透過行動回應環境壓力。第五、意涵轉化。訴求欲望激化了消費行為及獲得特殊意涵。儘管上述不同的觀點各有擅長，但是都無法充分論述獲得行為，不同的觀點聚焦於不同的獲得流程，不過，彼此可能存在互補關係和可能同時發生。

圖12.1顯示Homans的交換模型（exchange model），強調不同資源如金錢、產品和服務、社會地位、資訊和愛的交換。交

換模型也包含理念交換，意即從獲得流程中得到特殊價值。例如，送禮。因此，人們經常表示與內部人員熟識，這時聚焦的價值在於交換流程。行銷創造市場定位確保交換利益。易言之，消費者透過購買獲得產品利益，企業透過交換獲得金錢利益。事實上，獲得行為可以反應於連續帶上，兩端分別是純粹交易和純粹送禮，詳如圖12.2。純粹交易（real barter）屬於高度理性的經濟人模型。純粹送禮（pure gifts）則是將交換價值投向未來。社會交換（social exchange）強調當下效用極大化，其他因素可能緩和上述動機，包括文化規範、犧牲意願、長期價值、建立關

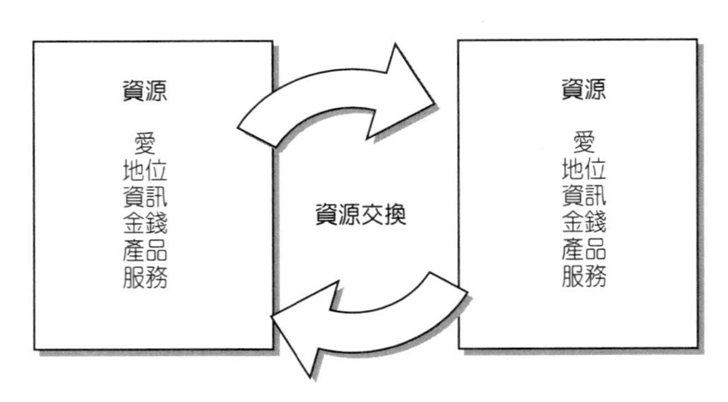

圖12.1　Homans交換模型

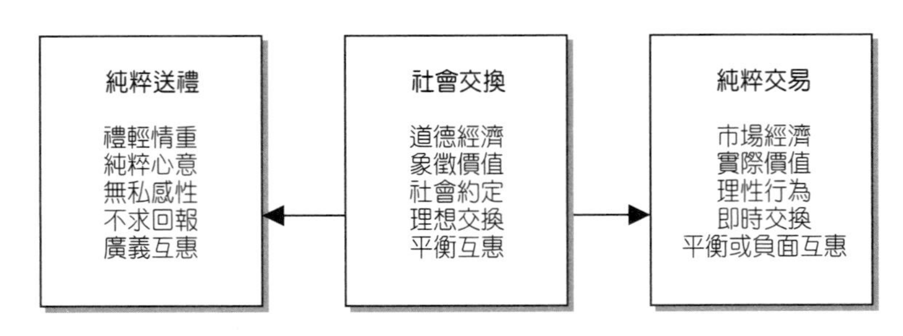

圖12.2　獲得連續帶

係。其間可能產生情感和關係發展，交換利益之外也會產生社會債務。

相較之下，純粹送禮是一種廣義互惠關係，較不考慮短期的成本利益，上述行為類似於日本財團（*keiretsu*）與成員企業的關係，成員之間有時會捨棄利潤，共同承受債務及景氣衝擊。其他包括批發商和零售商合作，整合適應環境更勝於個別利益極大化。市場交易包含各種交換動機，採取多元導向策略加以了解非常重要。如同Homans交換模型顯示，消費行為包括外在和內在報償動機，前者如產品和服務績效，後者如享受購買和交易過程。

12.2 購物是一場遊戲

購物是一種外部搜尋資訊的過程，包括雜誌、網站、廣告和零售商。除了高價產品之外，多數購物的搜尋活動有限。對於許多人而言，購物如同在競爭或遊戲中勝出，衡量成功的方法很多，例如，完成一次很棒的交易，效率地作出正確的選擇，交易後節省多少金錢；時間也是重要因素，包括購物節省多少時間，企業可以視為重要的行為刺激因素。另外，特殊交易也可以吸引注意和觸發消費行為，例如，折扣優惠和免費樣品，讓人感受到從購物中勝出。消費回應可以視為是人格變數，例如，交易傾向消費者（deal prone consumers）較可能受到價格影響，其他各種理由交易，包括省錢、樂趣或效率購物，無論如何，特殊交易可以催化各種交易傾向。

人們經常會討價還價，它會隨著不同文化產生變化。討價還價在於爭取最佳的價值，包括經濟和非經濟動機，後者包括實現、歸屬和支配優勢，例如，高價買車旨在炫耀；以及彰顯全面掌握交易，例如，透過朋友關係取得低價。另外，市場知識缺乏的消費者更容易受到銷售刺激。

購物如同愉快的自我犒賞，當情緒低落或想要報償自己，通常會表現出購物的行為。人類學者Daniel Miller指出女性購物強調關心家人，購物象徵對於家人和關係的投資，購物重點在於省多少而非花多少。許多女性雜誌廣告訴求，女性可以透過購物表現關愛家人。易言之，如果購物是為了家庭更勝於讓自己快樂，企業可以採用不同的訴求鼓勵消費。

一般的購買決策無法有效地解釋衝動購買。衝動購買是超出規劃的購買，但是並非所有超出規劃購買都是衝動購買。衝動購買（impulse purchases）意指人們經歷強大、突然和持續的情感刺激，然後發生立即性的購買行為。衝動購買不符合經濟人或決策人觀點。易言之，衝動購買是快樂的、複雜的、高度情感動機、低度認知控制，以及較大反射行為。研究結果顯示，超過七成五的衝動購買者在購後感到愉快；相對地，一成六的衝動購買者表示沒有特別的感覺；只有一成的衝動購買者表示購後感到沮喪、罪惡和矛盾。

衝動購買顛覆了日常消費行為，衝動購買較少關心購買的結果，刺激產生的立即行為可能導致情感衝突。儘管衝動購買可能讓人感覺歡樂，但也經常產生許多負面效應，包括財務問題和消費不滿意。無論如何，許多人有時也會產生衝動購買。衝動購買與物質主義和消費文化有關。部份衝動購買可能被滿足未來需求的想像所觸動。提高娛樂要素可能增加衝動購買。因為娛樂產生正面情感，自我消費控制降低。同樣地，行銷也會催化衝動購買，例如，信用卡、自動提款機、電視和網路購物。衝動購買會隨著人格特質產生變化，例如，多元搜尋者比風險趨避者更有可能衝動購買。表面上，衝動購買並無害處，但是許多案例顯示，衝動購買被轉移成強迫購買，這是行銷的黑暗面，許多臨床案例顯示，包括過度飲食和衝動性賭博，這些可能都需要藥物治療。

行銷資料庫可以用來預測和管理消費行為，最初它被用在飯店和航空業，目前則廣泛用在零售和財務服務公司。主要透過統計方法分析購買時間、頻率、重複購買、市場占有率、其他重要指標，最後，配合推出契合的行銷組合。傳統經濟觀點的消費行為，考量較多購買時間和數量較少行為影響。

購買時間（timing）意指長時間的重複購買事件。基於生存競爭和短期獲利，強調於當前購買更勝於未來購買，因此，提高經常購買和縮短購買時間非常重要，可行的策略包括折價券、廣告、門市氛圍和設計等。購買頻率（frequency）與重複購買時間有關。一般而言，刺激忠誠的消費者重複購買更勝於吸引新客戶。透過行銷資料庫識別經常購買者，可以鎖定目標消費群和促銷特定產品。上述策略主要是分析過去的購買行為，藉此刺激和提高購買頻率。一般而言，購買時間可以是完全隨機或完全慣性，消費品的購買時間和頻率介於中間，意指重複購買會隨著時間產生變化。易言之，經常購買之後會偶爾中斷，不久又重複購買，再不久又中斷購買。短期觀點，購買時間機率模型仍然具有顯著的規則性，它可以穩定市場和提高行銷組合效率。長期觀點，購買時間機率模型可以描述購買頻率，可以進一步分析重複購買行為，包括比較不同的區隔市場、品牌和商店。了解購買頻率利於掌握促銷時間。不過，購買時間機率模型較少用來預測，特別是創新、多變和不穩定的市場。

促銷經常可以用來提高購買頻率和管理購買時間。美國經常使用促銷的產業，包括食品、化妝品、啤酒和軟性飲料。資料庫行銷是絕佳的促銷工具，它可以發覺潛在的重複購買者，結合折價券和獎品的客戶問卷，可以豐富上述資料庫內容。一般而言，資料庫的三項交易傾向指標，可以用來進行市場區隔和促銷，包括最近購買、購買頻率、購買價值（recency, frenquency, monetary; RFM）。儘管如此，促銷未必可以有效地影響購買時間和頻率，例如，產品目錄可以提高購買頻率。不過，氾濫的目錄可能造成反感。另外，促銷和其他誘因雖然可以提高購買頻率，但是刺激購買頻率可能也會導致品牌轉換困境。

因此，企業努力維持品牌忠誠和降低品牌轉換（brand switching）。許多因素導致品牌轉換，環境因素包括存貨出清、價格和廣告等；消費者因素包括新奇、厭煩、平衡其他欲望如擁有競爭品牌。符合期望參考群體的需求，也會激化品牌轉換行為。品牌轉換有時可以達成特殊的欲望，因為單一品牌無法讓人滿足。易言之，如果存在理想的單一產品，消費者可能鎖定和表現品牌忠誠；如果存在於不同的競爭品牌，透過品牌轉換或可追求理想的感覺。了解品牌轉換的決定因素，可以協助企業創新產品競爭優勢。例如，提供消費者長期選擇的品牌組合，包括透過單一品牌被重複購買，或是提供其他的互補品牌。價格差異也會影響品牌轉換，例如，研磨咖啡和即溶咖啡的品牌轉換，可能取決於交叉價格彈性強度。廣告也會影響品牌轉換，廣告反應出對於新奇產品的需求。相較之下，價格波動容易讓人察覺到競爭品牌的優勢。因此，透過廣告定位和差異化品牌訴求，一則可以降低價格差異衝擊，再則可以刺激獨特欲望並且降低品牌轉換。

12.3 古老的以物易物

相對交易（countertrade and barter）也是獲得方式的一種，意指透過全部或部份產品服務而非現金付款的交易方式，它是一種古老的交易方式，類似於獲得連續帶的純粹交易。這種交易利於開拓新市場、建立長期關係、處理不需要的產品服務。近年來，由於外匯不足、匯率不穩、龐大債務，導致許多國家紛紛採取相對交易。例如，俄羅斯企業採用相對交易來隱藏營收和逃稅，它也是突破貿易保護主義的最佳方法，特別是部份國家採取進口管制。

相對交易分為四類：第一、以物易物。例如，1970年，瑞典pop集團以馬鈴薯交易波蘭旅遊。以物易物也可以非常複雜，例如，1990年，美國SGD公司用橡膠交換捷克地毯，隨後依序交換巴黎飯店空房、日本電子產品、美國賭場會議室，最後，變成曝光效益極大的媒體廣告。企業的以物易物，可能回收成本甚至獲利，特別是，利於在經濟不發達的地區交易。消費者也可以透過非正式管道以物易物，例如，跳蚤市場和二手市場。消費者的以物易物，可以增加額外所得、獲得交易樂趣、避免支付所得稅。第二、補償交易（compensation deals），意指部份產品部分現金付款的交易方式，這是前蘇聯集團經常採取的交易方式。例如，通用汽車銷售柴油引擎給南斯拉夫，除了收到部份現金付款，還包括切割工具當作餘款。第三、相對購買（counterpurchase），意指銷售產品並承諾購買無關的產品，交易價值可以是相等也可以不相等。例如，俄羅斯Ekaterinburg出口鐵礦到英國，收入存入倫敦的莫斯科銀行，隨後接受指定購買英國Consortium健康照護服務。第四、贖回協議（buyback agreement），意即銷售工廠設備並同意買回未來部份產品作為付款。例如，Levi Strauss牛仔褲買回匈牙利工廠產品，隨後並且銷售到西歐市場。類似交易的賣方容易接近新市場，買方也可以取得新技術、知識經驗和工廠設備。

綜合言之，相對交易比銀貨兩訖交易，具有更高的信任和關係。不過，它也存在許多限制，包括可能增加管理成本，競爭性商品經常被廉價出售，可能存在賄賂或逃稅問題。無論如何，由於全球市場多變動且不完全，相對交易仍是有效的交易模式。

12.4 難以言說的禮物

禮物授受（gift giving and receiving）也是獲得行為，禮物（gifts）是一種被儀式化的物品，經常反應出與他者的關係。禮物交換顯著地影響社會關係，購買則無法扮演類似的角色。儀式化（ritualized）讓人在特殊場合透過授受禮物適應文化規範。例如，現代未婚女性接受鑽石手環表示接受求婚。傳統畜牧社會的男方把家畜送到女方家中表達求婚。無論如何，送禮行為創造了龐大的經濟產值，北美一成的零售商品被當作禮物，賀卡平均每天金額達到八百萬美元，單價超過一美元。英國的耶誕賀卡產值達到三億英鎊；夏威夷的日本觀光客，平均每年每人支出一百美元購買紀念品（*omiyage*）。

禮物除了有形物之外，也包括無形的資源，例如，愛、地位和時間。有形的禮物通常訴求擁有或保留，例如，傳承物。手工藝品可以傳達強烈的情感和關係提示；賀卡則被視為是單純的情感；花、香水、酒和鑽石可以象徵忠貞和永恆。其他包括耶路撒冷或麥加的宗教聖品，以及迪士尼卡通筆記本的獨特感動心情。有形的禮物還包括現金，不過，它代表的意涵會隨著不同文化產生變化。例如，中國新年和猶太教光明節，現金代表一種文化價值和社會規範。研究指出不分年紀、教育和所得，現金都是最受歡迎的禮物。不過，現金送禮之於部份文化地區，可能產生違反社會規範的焦慮。現金作為禮物也有限制，例如，研究發現現金不易傳達親密的意涵。因此，替代現金的有形禮物，例如，禮券、銀行帳戶、慈善捐款等受到歡迎，上述禮物都比現金更具有象徵意涵。

無論如何，禮物經常傳達難以言說的意涵，要確實掌握其中的語言並不容易。因此，許多不當的送禮行為經常發生。另外，雖然送禮具有普遍的意涵，但是送禮的語言和儀式具有文化特性，旅行指南經常提到不同國家的送禮習俗。至於企業對企業方面，也必須了解禮物的特性和禮儀以免出錯。禮物交換和人類文化一樣古老，互惠規範（norm of reciprocity）讓收禮衍生後續的回饋義務，互惠可以是有形產品或無形資源，例如，遵從和感激。互惠規範的交換強化了社會契約，送禮反應出未來可能收到的回饋，類似人際活動提高了社會穩定性。因此，互惠規範代表一種社會凝聚，它保留傳統的貼近關係更勝於透過法律、市場和其他制度。禮物交換充斥於早期人類各種社會和宗教活動，例如，北美寒冬送禮節（potlatch），包括毛毯和銅製品在大型宴會中被分送，部落酋長藉此向其他部落展現威權。現代社會的送禮不同於傳統社會，它更強調於個人和群體關係，包括人際饋贈和自我饋贈。

人際饋贈（interpersonal gifts）意指在結構性和突發性等特殊場合的送禮行為。結構性場合（structural occasions），意指特殊的場域，例如，喬遷、團聚、餞行、拜訪和惜別等。特殊的情況，例如，結婚、浸禮、洗禮、成年禮、加入幫派、畢業典禮、退休。重要的節慶，例如，週年慶、生日、耶誕節、母親節、萬聖節和新年等。突然性場合（emergent occasions），意指創造一個全新的關係，例如，利用和平物維護關係止息紛爭。禮物可以用來深化或強化關係，例如，女生送男生毛衣象徵感情穩定。同樣地，組織提供員工股利激勵優異表現。行銷標識產品的結構性和突發性場合意涵非常重要。

圖12.3顯示送禮矩陣，兩軸是利他和自利與自願和義務。送禮不同於其他獲得行為。純粹送禮屬於非理性，是自願也是利他，表達非自私的愛和不求回饋，這種送禮如同廣義互惠，禮物的價值經常不是重點，關鍵在於情感的傳遞。自願和利他送禮，經常與獻給愛人或習俗有關，例如，大學捐款或歷史建築。自願送禮也和市場專家及意見領袖行為有關，例如，提供市場資訊給其他人。其他包括慈善捐獻，或是捐出舊衣等物品。自願送禮相

	利他	自利
自願	慈善 提供免費停車空間 送朋友巧克力	邀請老闆晚餐 禮贈服務人員 競爭意圖送禮
義務	為家人購買耶誕禮物 遺產	結婚禮物 紀念品 慈善捐款

圖12.3　送禮模型

對容易誘發，奉獻訴求則是較為困難，並且具有相當的門檻，例如，大學、博物館或宗教建築捐款經常訴求個人奉獻。

自利送禮不像利他送禮，它具有某種特殊的意涵和目的。自利或工具性送禮經常表現出動態性的權力，如同美國土著寒冬送禮傳統，透過活動向他者表現財富和威權。同樣地，男性對於女性表達獨占的追求欲望，主要透過約會買單和贈送有價值的禮物。至於企業互動方面，許多亞洲企業對於集團成員，強調更多的義務、合作和協調。相反地，則是工具性地送禮給外國企業夥伴。自利送禮也被用在溝通身分和角色認同。例如，送禮者經常藉此表達自我概念，以及表達對於受禮者的獨特情感。禮物對於兒童也具有社會化功能，包括傳達期望的角色身分認同。例如，男孩收到玩具士兵，女孩收到洋娃娃。年長者也會透過贈予傳家物，表達身分認同和關愛傳給子孫。另外，社會規範和壓力也是激勵自願送禮。例如，寒冬送禮節訴求社會交換，小孩生日派對同樣具有類似意涵，互惠和競爭目的相當明顯。父母認為有義務辦好小孩的生日派對，購買禮物讓小孩參加朋友的生日派對，父母競相辦好生日派對，提供最好的禮物給小孩的朋友。除此自願送禮之外，義務性送禮包括利他性的為家人購買耶誕禮物、為子孫留下遺產；以及自利性的結婚禮物、紀念品、慈善捐款，這些自利行為可能提升心理滿足或達成其他目的。

自我餽贈（self-gifts）行為在早期的社會未被明確記載，但在西方消費社會卻是非常普遍。自我餽贈意指人們餽贈自己，不同於送禮給其他人，它是基於某些情境和動機。自我餽贈包含二種目的：報償和治療，它經常在個人實現、悲痛或假期情境發生，它代表一種正面的自我溝通，可以正面地提升自我概念、一致性和自尊。餽贈目標可以是產品、服務或經驗。例如，日本單身女性自我饋贈到夏威夷渡假。許多產品傳統上被視為是自我饋贈，衣服和旅行經常是報償性而非治療性。速食、雜貨和個人照護，經常是治療性而非報償性。

自我饋贈行為也與經濟社會因素有關，例如，年紀、財務和性別。年輕的美國人較年長者，以及富裕者較貧窮者的自我饋贈更為普遍。女性的自我饋贈旨在治療或讓自己更好，相反地，男性的自我饋贈則是訴求創造一個目標導向誘因。自我饋贈也與個人價值有關，例如，物質主義者容易自我饋贈。自我饋贈與文化信仰也有關係，購買消費可以是追求個人快樂。零售環境也會影響自我饋贈，例如，新奇產品或透過廣告和現場展示，可以催化特定消費區隔的自我饋贈行為。

12.5 結　論

獲得是非常普通的消費行為，它可能包含商品和服務但是不包含金錢。以物易物的產品和服務經常不是訴求重點，關係象徵和情感更為關鍵。社會交換模式顯示結果和過程才是交換關鍵，一端強調理性功利，另一端則是利他感性；光譜中間則是互惠約定。獲得行為具有五種觀點，包括效用極大化、決策、行為影響、快樂主義、意涵轉化等。衝動購買是一種情感導向的立即購買。強迫購買則又是另一種受約束和被壓迫的衝動極端。掌握購買行為可以從時間、頻率和價值切入。另外，獲得除了購買之外，相對交易包括以物易物、補償交易、相對購買、產品贖回也很重要。創新的交易除了金錢也可以包括交換資源。最後，送禮也是重要的獲得和購買行為，送禮文化催化了情感和道德經濟，它包括了人際饋贈和自我饋贈，前者受到結構性和突發性場合激起，它可以是自願和投機。解構送禮的場合和氛圍可以影響和鼓勵上述行為。無論如何，禮物扮演一種重要的獲得行為，但是禮物授受究竟是一種感性還是理性。如同前言指出，感性並非是理性的終結，它是逼顯理性計算背後的不可計算。相反地，感性卻是從不可計算展開的一套理性經濟。

延伸閱讀

1. Arnould, E., Price, L. and Zinkan, G (2002), *Consumers*, 2e, McGraw-Hill.
2. Bocock, Robert (1993). *Consumption*. London: Routledge.
3. Storey, John (1999). *Cultural Consumption and Everyday Life*. London: Arnold.
4. Craig J. Thompson, Barbara B. Stern, and Eric J. Arnould, "Narrative Analysis of a Marketing Relationship: The Consumer's Perspective," *Psychology and Marketing* 15 (May 1997), pp. 195-214; and John C. Mowen, "Beyond Consumer Decision Making," *Journal of Consumer Marketing* 5 (Winter 1998), pp. 15-25.
5. Paul F. Anderson and Terry M. Chambers, "A Reward/Measurement Model of Organizational Buying Behavior," *Journal of Marketing* 49 (Spring 1985), pp. 7-23; and Richard L. Wessler, "Premiums: The Psychology of Motivation" *Marketing Communications* 9 (May 5, 1984), pp. 29-32.
6. Meryl Paula Gardner and Dennis W. Rook, "Effects of Impulse Purchases on Consumers' Affective States," in *Advances in Consumer Research*, vol. 15, ed. Michael Houston (Provo, UT: Association for Consumer Research, 1988), pp. 127-30.
7. Geoff Bayley and Clive Nancarrow, "Impulse Buying: A. Qualitative Exploration of the Phenomenon" *Qualitative Market Research* 1, no. 2 (1998).
8. Thomas C. O'Guinn and Ronald J. Faber, "Compulsive Buying: A Phenomenological Exploration," *Journal of Consumer Research* 16 (September 1989), pp. 147-57.
9. Kevin Lane Keller, "Conceptualizing, Measuring, and Managing Customer-Based

Brand Equity," *Journal of Marketing* 57 (January 1993), pp. 1-22.

10. Gil A. Frisbie, "Ehrenberg's Negative Binomial Model Applied to Grocery Store Trips," *Journal of Marketing Research* 17, no. 3 (August 1980), pp. 385-90.
11. Robin Cobb, "Marketing Services-Sales Promotion and Premiums: Lucky Dip Promo Ploys Soar," *Marketing*, July 8, 1993, pp. 22, 24.
12. Bob Gatty, "Incentives Move Products－and People," *Nation's Business* 69, no. 9 (September 1981), pp. 66-68,70.
13. L. G. Schneider and I. S. Currim, "Consumer Purchase Behaviors Associated with Active and Passive Deal-Proneness," *Intemational Journal of Research in Marketing* 8 (September 1991), pp. 205-22.
14. Melissa Dowling, "Mailbox Overload," *Catalog Age* 11, no. 12 (December 1994), pp. 1, 37; and Vicki G. Morwitz, Eric Johnson, and David Schmittlein, "Does Measuring Intent Change Behavior?" *Journal of Consumer Research* 20, no. 1 (June 1993), pp. 46-61.
15. "Facts Survey: Consumer Incentives," *Incentive* 165, no. 5 (May 1991), pp. 50-55.
16. Moshe Givon and Eitan Muller, "Cyclical Patterns in Brand Switching Behavior: An Issue of Patterm Recognition," *European Journal of Operational Research* 76, no. 2 (July 28, 1994), pp. 290-97.
17. Randolph E. Bucklin and V. Srinivasan, "Determining Interbrand Substitutability through Survey Measurement of Consumer Preference Structures," *Journal of Marketing Research* 28, no. 1 (February 1991), pp. 58-71.
18. S. Kent Stephan and Barry L. Tannenholz, "The Real Reason for Brand-Switching," *Advertising Age* 65, no. 25 (June 13, 1994), p. 31.
19. Donald R. Lichtenstein, Richard G. Netemeyer, and Scot Burton, "Assessing the Domain Specificity of Deal Proneness: A Field Study," *Journal of Consumer Research* 22 (December 1995), pp. 314-26.
20. Michael Jones, Philip Trocchia, and David Mothersbaugh, "Noneconomic Motivations for Price Haggling: An Exploratory Study," in *Advances in Consumer Research*, vol. 24, ed. Merrie Brucks and Debbie MacInnis (Provo, UT: Association for Consumer Research, 1997), pp. 388-91.
21. David Cheal, "Showing Them You Love Them: Gift Giving and the Dialectic of

Intimacy," *Sociological Review* 35, no. 1 (1987), pp. 150-69; and Cele Otnes and Richard F. Beltramini, eds., *Gift Giving: A Research Anthology* (Bowling Green, OH: Bowling Green State University Press, 1996).

22. Macel Mauss, *The Gift: The Form and Reason for Exchange in Archaic Societies*, trans.W. D. Halls (New York: W. W. Norton, 1990/1924); and Marshall Sahlins, *Stone-Age Economics* (Chicago: Aldine, 1972).
23. Dodson and Belk, "The Birthday Card Minefield"; Denise Girard, "Le shower: Enterrer sa vie de jeune fille," *Ethnologic Française*, October 1998, pp. 472-79; and Regine Sirota, "Les copains d'abord: Les anniversaires de l'enfance, donner et recevoir" *Ethnologie Française*, October 1998, pp. 457-71.
24. David Glen Mick, Michelle DeMoss, and Ronald J. Faber, "A Projective Study of Motivations and Meanings of Self-Gifts: Implications for Retail Management," *Journal of Retailing* 68 (Summer 1992), pp. 122-44.
25. Kim K. R. McKeage, Marsha L. Richins, and Kathleen Debevec, "Self-Gifts and the Manifestation of Material Values," in *Advances in Consumer Research*, vol. 20, ed. Leigh. McAlister and Michael L. Rothschild (Provo, UT: Association for Consumer Research, 1993), pp. 359-64.
26. Barbara E. Kahn and Alice M. Isen, "The Influence of Positive Affect on Variety Seeking among Safe, Enjoyable Products," *Journal of Consumer Research* 20 (September 1993), pp. 257-70.
27. Luther Brock, "The 10 Most Fatal Mistakes in Selling by Mail," *Marketing Times* 30 (November-December 1983), pp. 41-44; and Arthur L. Porter, "Strengthening Coupon Offers by Requiring More form the Customer," *Journal of Consumer Marketing* 10, no. 2 (1993), pp. 13-18.
28. "Barbarians at the Check-Out," *The Economist*, October 26, 1996, p. 84; and Margaret Bennett, "Premiums and Incentives: Bearing Gifts," *Marketing*, April 6, 1989, p. 47.

第十三章
流行出於模仿和差異
Fashion is based on imitation and difference

創新性破壞（creative destruction）是驅動資本主義經濟發展的引擎，創新性組織淘汰傳統式科層，電晶體淘汰真空管，晶片取代電晶體。舊的技術被破壞，新的事業起來。創新包括系列的劇變、分裂和取代，創新並非自己決定未來，而是由消費社會的選擇來決定其未來。例如，某些技術被忽略或拋棄，某些技術卻被採用和擴散。如同收音機發展，創新旨在船舶之間的溝通聯繫，最終卻成了徹底改變世界的娛樂媒體。本章聚焦於創新類型、特色和脈絡。其次，討論擴散模型和不連續，以及採用類型。最後，揭示消費者始終是創新成功與否的幕後黑手。

13.1 連續／不連續

過去以來，創新、擴散和採用的關係深受重視。創新（innovation）意指新事物和理念，以及與新行為的交互作用，創新的定義和認知，會隨著不同的個人或群體產生變化。創新包括新理念或經營模式，例如，綠色經濟或反向拍賣；新產品，例如，落後地區的塑膠桶和先進地區的多媒體；新行為，例如，關心環保的生活態度和作息。另外，創新是一個時間和空間擴散過程，採用者是其間重要的關鍵，以下就創新類型、特徵和脈絡逐項說明。

創新是一個連續帶，分為連續、動態連續和不連續，從較小創新到徹底創新。連續創新（continuous innovations）意指使用行為改變較小。例如，Gillette Mach三刀刮鬍刀、Topsy逆向整流器、Kraft無脂奶油、DIESEL寬筒牛仔褲、SONY無線式耳機。技術創新可以活化舊技術和刺激連續創新，例如，Radio Locator搜尋引擎為廣播注入全新活力，有效聯結全球各地廣播網站和節目。時尚、流行和趨勢也是連續創新，差異在於隨著時間變遷逐步擴散的程度。時尚（fads）屬於短暫的流行，通常它快速地擴散和衰退消逝，例如，紋身被視為是前衛時尚，其他包括服飾、音樂、髮型、節目、行為和話題。流行（fashions）意指在特定時空被接受和歡迎的風格，通常它會經歷四個階段，包括特色、模仿、流行、衰退。風格（style）則是可以在不同時點或世代延續流行。例如，十九世紀中期，英國維多利亞時代的建築設計。區別時尚、流行和風格是成功掌握趨勢（trends）發展的重要關鍵。不過，無論是面對時尚或是趨勢，都應極大化短期銷售和避免過度投資，當時尚消退將會導致需求快速崩解。

連續創新的成功關鍵在於差異化優勢，意指提供優於當前的產品或是解決方案。許多新產品失敗在於缺乏差異化優勢。美國相關研究顯示，三成五的新產品無法傳遞最初的承諾和創新優勢，結果導致這些產品失敗。至於創新連續帶的中間類型，動態連續創新（dynamically continuous innovations）包括下列變革，意即若無相對顯著的重大改變，至少存在重大的次要改變。例如，抗蟲麥子屬於動態連續創新。其他包括網路電話、關節雷射、威而鋼、數位衛星電視等。塑膠水桶之於衣索比亞人同樣具有類似意涵。

創新連續帶的最後類型，不連續創新（discontinuous

innovations）意指導致個人或群體重要的行為變革。例如，自由市場主義之於轉型經濟；綠色基因農作、新除蟲劑和農場經營之於亞洲農場；網路拍賣之於西方先進地區。另外，廉價的口服避孕藥之於人類行為產生重大的影響。1950年初期，冷凍食品興起導致美國人的晚餐發生重大革命，造成更為嚴重的社會孤立和家庭生活。另外，西方化妝品導入落後國家地區，產生當地女性角色和性別互動。

微波爐也是不連續創新的重要案例。例如，1960年，微波爐導入市場；1980年，占有一成五北美市場；1989年，隨著女性進入職場，占有率達到八成。不過，微波爐也導致巨大的文化變革，包括改變下廚的時間分配，例如，從七〇年代一小時，縮短到目前的不到十分鐘；改變家庭的勞動分配，例如，從烹調與女性息息相關，演變到目前的小孩也能自行烹調。上述行為變化產生美國價值出現微妙改變，例如，個人主義和快樂主義以及速食產品漸趨風行。

公開和隱藏

新產品導入通常會造成消費行為改變，意即創新存在消費變化風險。創新之於企業，在於極大化利益和極小化風險。成功的新產品導入是企業重要的獲利來源，市場領先者擁有先占優勢（pioneering advantage）。例如，吉普車始終被視為是一種運動休閒，然而，當年的英國Land Rover越野跑車就錯失上述定位訴求。消費者的高度評價可以成為先占優勢，導致企業成為市場領導者。緊接著，市場領導者藉由占有率和投資報酬率提高，成功地發展新產品並取得長期競爭優勢。

成功創新的關鍵在於認知相對優勢（relative advantage），

意即相較於市場競爭商品，創新產品在目標市場提供更明確的優勢利益。許多市場失敗和緩慢的創新採用，大多與缺乏相對優勢有關；1980年後期，儘管奔騰系列（Pen-）和觸控（stylus-based）電腦成為典範，然而，手寫辨識軟體發展尚未成熟，因此，消費者迄未認知創新的相對優勢，意即足以取代鍵盤和聲音辨識軟體。

事實上，產品的相對優勢一直改變，例如，家庭消費方面，1980年中期，Chrysler導入Minivan汽車主導美國市場，它滿足了人們往返市郊的交通需求。產業消費方面，1956年，商業化貨櫃首次出現；1968年，占有一成三的北大西洋運輸；1990年，占有九成市場，由於貨櫃的循環使用、安全、簡單、低成本等創新，加速催化了運輸產業的轉型發展。

創新產品除了功能性利益之外，象徵意涵也是相對優勢的重要來源，它加速了創新的擴散作用，例如，儘管法國都市的零售通路密集，法國女性仍然大量採用冰箱。原因在於，冰箱象徵與鄉下父母的關係，父母會定期地提供年輕夫妻手工農場食品，相反地，年輕夫妻則是回饋父母都市的冷藏食品。相對優勢必須隨著目標市場和消費環境重新評價。例如，行動電話已經在全球市場快速蔓延；電動車銷售則是呈現遲緩，主要原因包括行車速度和成本價格，雖然它對於生態環境具有重要優勢。

一致性（compatibility）意指創新和當前需求、動機、價值信仰與行為的一致程度。例如，除皺和抗老與嬰兒潮世代的自我形象高度一致性。另外，基於功能性或象徵性的產品特質，不一致性有時也會成為相對優勢。例如，透過跨功能團隊成功推動再造計畫，上述團隊經常與傳統組織不一致。電動車市場成長衰退，原因也在於不一致，例如，動力選擇是電動或瓦斯？汽車象徵自由但行車距離卻受到限制？例如，儘管豐田Prius車系解決了上述問題，但是缺乏柴油電力選擇，同樣阻礙了在歐洲市場的接受度。

試驗性（trialability）意指嘗試無風險的創新價值，包括財務、自尊、地位、時間、資訊等，提高試用機會可以提高創新擴散。例如，名流試用或促銷試銷。另外，日本政府提供免稅和減稅促銷電動車。再者，試用困難可能導致最終產品失敗，特別是產品會影響身體和自我感覺，例如，角膜切開的近視手術，在俄羅斯較美國推行困難，因為消費者認為存在潛在風險。

觀察性（observability）意指社會能見度可以加速創新擴散，包括流行性和公開性的產品。反之，私密性和非觀察性則會阻礙創新擴散，例如，意見領袖和一般大眾較少接觸。複雜性也會阻礙創新擴散和採用，複雜性意指不易了解產品和服務的利益、屬性和特色與上述關係。例如，豐田Prius電動混合車忽略了說明何謂混合引擎，因而阻礙了該車的競爭力和創新擴散。對於消費者而言，不連續創新的電動車同樣非常複雜，讓人想像未來全新生活方式。面對愈趨複雜的創新難題，有時人們會基於少數已知的特徵，採取簡便的創新評價，不過，可能難以正確判斷。另外，創新的社會和道德議題也很重要，儘管經濟學家熊彼得（Joseph Schumpeter）認為，資本主義的創新趨勢從未停歇，然而，什麼時候創新動能衰退？什麼時候政府應該積極介入？創新過程中人們扮演何種角色？消費選擇有時並不符合社會最佳福利？例如，眾人都會論述環保概念，但是實際消費卻又背道而馳。

二階和多階

首先，環境變革對於創新的影響經常被忽略，包括環境生態和經濟市場。環境生態包括地形、氣候和人口密度明顯地影響創新，「需求是發明之母」即是最佳證明。許多創新基於環境改變，例如，乾旱地區防旱、防蟲作物使用明顯，包括防旱集水技術更趨先進。經濟市場結構也會影響創新過程、創新類型和擴散速度。Schumpeter指出西方國家透過創新及投資推出新產品，驅動創新的重要因素就是較高的消費購買力；購買力和創新接受度顯著的相關，新產品的導入速度也會受到需求密度（demand density）的影響，意指有欲望和能力的消費族群數量和分佈情形。需求密度如同區隔市場，透過潛在目標市場的評價，可以決定採用哪些行銷組合。易言之，潛在需求愈大和密集，愈能加速產品的創新和擴散。經濟結構還包括通路結構和效率，以及產業競爭力等。

其次，創新擴散與文化和社會系統緊密鑲嵌。在社會價值和傳統方面，了解新產品擴散必須考慮創新價值，以及不同文化成員之間的價值分享。重要的文化價值包括，處理創新行為的壓力以及創新行為導致的價值改變。多元的文化態度影響個人的創新行為。研究顯示部份文化對於創新抱持開放態度，例如，十一世紀歐洲啟蒙時期末期，相較於當時的中國更為開放，以及十三世紀的阿拉伯世界。另外，十九和二十世紀，西方資本主義也較其他制度更具開放創新。

儘管創新的跨國研究比較不多，不過，各國的創新消費明顯不同，例如，愛爾蘭女性較美國女性的創新消費更趨保守。不過，在飲酒和看電影方面，愛爾蘭女性的創新消費較為開放。一般而言，創新速度和擴散滲透與社會價值一致性有關，例如，威權結構經常無法與團隊創新並存。至於文化價值對於創新擴散的影響，取決於社會價值屬於互依關係或個人主義。易言之，互依社會的群體目標更為重要，個人目標居於群體目標之下。互依社會強調整合價值而非個人獨特。例如，日本人對於時尚的集體瘋狂心理（boom-craze），百分之五的青少女支持，不到一個月的時間，六成青少女就會緊跟流行。另外，可愛的產品設計，不到一週的時間，滲透率可以達到百分之百。細而言之，互依社會可以加速創新擴散，反之，個人主義社會可以提高個人創新。另外，創新也可能威脅人們的核心價值，導致人們產生抗拒的行為。例如，避孕器違反核心價值導致失敗，核心價值喚起了人們對於創新的抗拒。例如，厄瓜多爾人或印第安人抗拒白麵包，因為他們認為在家烹煮麥粥，象徵健康、家庭、女性勞動和種族認同等價值。

社會階級（social hierarchies）也會影響創新擴散，然而，上述效應極為複雜與多變，原因包括社會階級本質和移動性，它會隨著不同文化和社會階級產生變化。首先，我們討論階級關係如何影響社會流動。早期研究指出創新下滲理論（trickle-down theory innovation），意指群體之間的競爭如同創新動力，低階群體透過採用產品服務，追隨和模仿高階群體理念，尋求建立自己全新的地位；相反地，高階群體基於差異採用最新產品，藉此與低階群體產生區別。模仿和差異說明了創新的方向、速度和動機。另外，溝通二階流動模型（two-step flow model）與創新下滲理論有關，意即新理念從大眾媒體流動至有影響力的群體，依序再傳遞至其他被動的資訊搜尋者。二階代表具有影響力的群體，理解媒體並且快速採用新理念，後續則存在次要較大和被動的媒體使用者。第二群體仰賴於第一群體去學習創新事物。

創新下滲理論具有許多假設，包括社會階級本質和社會互動。修正後的下滲理論包含擴滲（trickle-across）和上滲（trickle-up）二種，意指媒體揭露同時在不同社會階級擴散採用，例如，美國嘻哈文化源自猶太街或非洲Afro-pop。低階群體的創新選擇基於模仿高階群體。特別是，高階群體與低階群體定義，會隨著不同的情境產生變化。另外，創新在不同社會系統擴散的階級效應，例如，在已開發市場國家，流行通常從大型市場中心外溢。例如，法國Nancy或巴西Curitiba。同樣地，創新在不同國家的採用過程，基本上是透過階級方式產生，例如，數位媒體技術從第一世界擴散到第三世界，期間經過數十年，商業pop文化從台灣延燒到亞洲各地。

最後，在群體方面，社會動機也會影響創新的接受和抗拒，包括模仿意指追求整合和歸屬的動機，差異意指追求區別和差異的動機。二項社會動機會影響人們檢視、判斷和比較不同群體的品味，以及影響其創新購買和使用決策。歸屬和區別動機觸發了不同群體的比較，但是群體並無優劣之分。消費創新和保守主義也觸發了人們選擇加入或脫離特定群體，掌握不同群體的異同及其意見領袖的採用，可以加速創新產品的擴散。另外，了解人們對於產品的評價、差異、整合和比較的過程，利於掌握不同文化的消費行為創新。圖13.1顯示創新採用模型，指出創新在不同群體之間的移動。儘管異質群體（heterophilous）會阻礙創新擴散，不過，可以透過價值角色刺激學習、透過參考群體刺激口語傳播，讓溝通焦點從異質群體轉到同質群體（homophilous）。當群體認同特定的產品和服務意涵，透過消費可以達到整合和差異的目的，例如，透過滑雪活動可以區分群

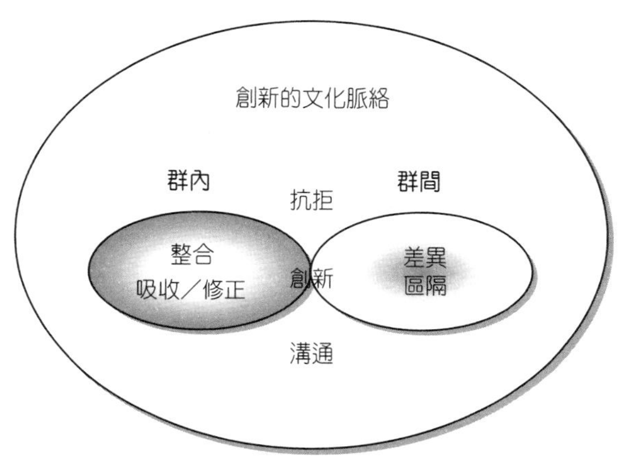

圖13.1　創新採用模型

體為：滑雪與非滑雪、運動與非運動、山居與非山居。許多創新與先前信仰與價值一致，個人可以透過吸收與修正過程融入需求。因此，滑雪產品可以區分為新手與專家類型，其中存在微妙的群間差異。

競爭與市場導向社會，經常會造成產品服務意涵的差異。不一致的消費意涵會產生創新壓力，觸發新的行為及人口區隔，造成群間群內的關係改變。過去以來，滑雪活動主要以滑雪板創新設計為主，滑雪衣只是簡單配備，然而，專業滑雪業者希望創新市場區隔，因此，採取產品創新設計（例如，衣服特殊裁剪及墊塞）和新的產品組合（相關隨身滑雪用具）。創新可以透過群間群內溝通（between-and within-group communication）導致消費變革。效率的溝通可以促進創新的擴散與採用，特別是效率的溝通角色，例如，德國電動車促銷特別強調服務人員的密集訓練。

圖13.2顯示不同群體或高階群體也會影響個人創新行為，高

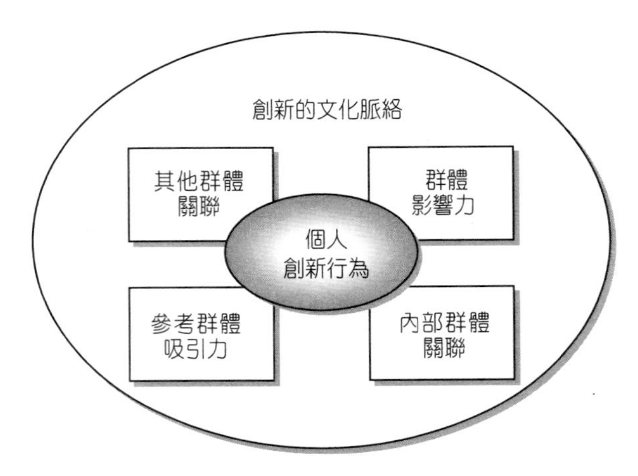

圖13.2　群體影響創新

階參考群體必須具有吸引力，並且與創新消費的目標群體有關，包括擁有特殊和專門知識。易言之，高階參考群體愈有吸引力，以及與目標群體愈相容，愈能影響創新產品的購買和消費。如同創新下滲理論，高階參考群體背書可以鼓勵消費創新，以及提高正面的社會認可。例如，愛爾蘭研究顯示，專業和高教育的銷售人員，強烈地影響醫生採用創新藥品的決策；挪威和南非研究指出，外部專家明顯地影響組織創新採用網路軟體。另外，新無線頭戴式耳機，美國滑雪隊員的背書明顯地影響大學生的流行採用。傳統上，高階參考群體以面對面方式影響個人，不過，不同文化的創新擴散還包括旅行，例如，到西方國家旅行影響個人的創新行為，以及先進國家媒體提供許多直接學習管道。另外，圖13.3顯示多階溝通模型（multistep media flow），強調創新資訊的社會溝通網路，包括意見領袖、創新者與市場專家，負責傳遞創新資訊給社會網路其他消費者。意見領袖如同資訊經紀人，介

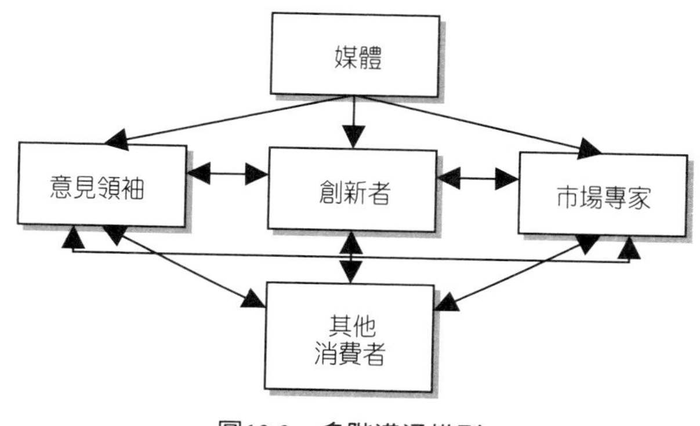

圖13.3 多階溝通模型

於大眾媒體和普羅大眾之間。創新者則是具有實務經驗和喜歡評論產品的專家。市場專家則是負責提供市場專門知識，消費者經常受到市場專家提供資訊的影響。

其他採用者也會影響新採用者的價值，如同經濟學的正面外部性（positive externality），上述價值與其他採用者的規模有關，例如，網路的使用和搜尋成本固定可以加速創新擴散。易言之，會員人數愈多，關係成本愈低；使用服務愈多，使用服務誘因愈大；創新使用的過程充滿各種回饋和利益，最後創新遍佈總體市場。另外，其他採用者規模也會影響創新價值和品質認知，例如，轉型經濟消費者經常對於市場商品感到匱乏，即便配銷系統逐漸發達，不過，消費者仍然以排隊情況作為消費評估的標準，大排長龍代表好的產品，稱為「花車效應」，例如，好的餐廳外頭排隊人潮始終熱絡，排隊代表某種品質的象徵意涵。

13.2 擴散是時空的延展

擴散過程（diffusion process）意指創新在時間和空間的延展過程，擴散過程的類型很多，包括S型或指數曲線。一般而言，最初購買者的人數較少，他們在確認採用利益之後決定購買，緊接著早期採用者大量加入，隨後則是少數落後群體，於是產品擴散如同滾雪球一般。例如，1987年，微波爐在西班牙銷售不到四萬台，隨後多數採用者跟進；1995年，銷售數達到七十萬；緊接著少數落後群體加入。另外，擴散模式也可以是指數曲線，意即呈現超出常數的成長率。例如，短短二週之內，威而鋼銷售達到四萬單位，呈現指數曲線擴散模式。時尚則是呈現倒V型模式，意指在採用和大量銷售之後，市場呈現戲劇性的衰退，各種擴散曲線（diffusion curve）詳如圖13.4。

產品也會經歷完整的生命週期，從出生、成長、成熟到死亡。一般而言，產品生命週期呈現S型，不過，它會隨著不同的產品類型和市場區隔產生變化，例如，塑膠水桶在非洲是成長產

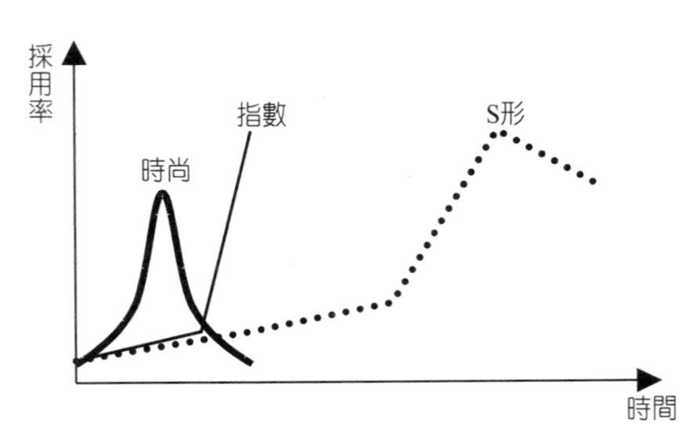

圖13.4　擴散曲線

品，在西方國家則是成熟產品。另外，網路似乎加速了產品生命週期的發展。第一階段稱為導入期，由於新產品消費知識不足，企業因此提高促銷費用，導致總體收益呈現負數。第二階段稱為成長期，市場增加許多新的消費者，人際影響扮演重要的角色。隨著創新採用過程擴散，銷售獲利成長和吸引新的競爭者，進一步造成產品價格下跌。第三階段稱為成熟期，市場銷售逐漸平緩，產業獲利開始下滑，提高品牌忠誠度成為重要的競爭優勢。第四階段稱為衰退期，產業銷售開始下跌，消費興趣逐漸喪失，新產品發展可以滿足需求，例如，積體電路取代真空管，不過，迄今許多達人仍對真空管音響表現高度忠誠。

擴散過程也會隨著地理空間產生變化，例如，舞蹈風格從街頭擴散到現代舞蹈教室，從城市到鄉村，從一國城市到另一國城市。一般而言，創新擴散速度較快者包括，價格成本較低者，後期導入的國家地區，來源國以外的其他國家地區。擴散時間是一個長期過程，它會隨著產品類別、特徵、溝通環境產生變化，例如，近鄰效應（neighborhood effect）顯示愈接近創新來源其採用傾向相對愈快。西班牙研究指出，冰箱和洗衣機的擴散速度緩慢，冰箱導入市場二十四年，落後者才開始採用；洗衣機接近三十年；洗碗機達到十一年。另外，1933年，電視在美國推出，1950年，美國只有百萬用戶，目前則是九成八美國家庭至少擁有一部電視，目前電視在美國市場呈現飽和狀態。不過，在中國和非洲則正處於創新擴散階段。

另外，人們偏好消費新奇的產品和服務，稱為戀新偏差（proinnovation bias）。儘管西方消費革命早在十八世紀出現，迄今，物質主義也已成為全球共同的價值。然而，許多地區和年長消費者，仍然抱持著保守態度和抗拒消費。消費保守主義（conservatism）和抗拒普遍存在於世界各地。創新抗拒（innovation resistance）意指人們偏好熟悉事物更勝於新奇。抗拒指涉拒絕任何改變和持續維持現狀的行為，大型企業或政府等官僚組織經常抗拒改變現狀。相關研究顯示，創新抗拒代表心理均衡的內在欲望，指涉人們追求信仰和行為、順序和一致的欲望。由於創新隱含當前現狀的瓦解，以及必須調整心理和行為，因此，許多人抗拒創新。

不連續（discontinuance）也是重要的創新擴散過程，意指人們停止購買或消費產品，它會造成消費需求和競爭改變，例如，美國佛蒙特州提供居民新的電力計畫，不同的用電時間不同的費率標準，高峰期費率高，離峰期費率低，人們為了享用最佳費率，消費行為可能出現變化。另外，人們認知產品服務過於流行，其他人的採用可能會影響本身的權益，例如，到夏威夷旅遊假期會考慮到是否過於商業化和擁擠，因此，人們寧可選擇較為其他偏遠的渡假地區。

13.3 採用是個人的選擇

創新擴散是一種動態的社會過程，它會受到文化和群體的顯著影響。另外，創新擴散也是一種個人過程，例如，某些人比其他人更早採用創新。採用過程（adoption process）意指個人或群體接受或拒絕創新的決策過程，它是一種長期決策，不僅只是二擇一的選擇，它還包括不同程度的接受或拒絕。例如，人們並非因為需求而購買創新，如同個人電腦開始推出，許多人買來堆放家裡，因為完全不了解如何操作，網路也有同樣的問題。同樣地，非洲農場到處都是廢棄物和閒置設備，主要就是農業發展計畫不夠周全；在健康照護方面，社會行銷人員非常關心不當採用可能造成的副作用。

低於百分之三

一般而言，促銷創新在於改變消費行為和使用新產品和服務，依據不同的採用階段來區隔不同的消費群體，藉此鎖定特定的區隔市場進行溝通，可行的分析方法包括：第一、採用時間技術（time-of-adoption technique），意即依據產品推出之後的採用時間為幾週、幾月或幾年加以定義。第二、橫斷面技術（cross-sectional technique），意指消費者或群體購買多少事前表示希望購買的新產品。

創新者（innovators）在擴散過程上扮演重要的角色，創新者的當前需求成為市場未來的需求。相關產業研究顯示，包括瀝青、煤、鋼鐵、釀造和鐵路產業，創新擴散時間接近二十年。許多創新者的需求遠遠領先一般大眾。另外，消費市場研究顯示，少數的消費群體會展現較大的欲望，衡量方式包括，對於稀有產品感到興趣的程度？成為流行創新者而非跟隨者的傾向？偏好客製化產品而非標準化產品？喜歡別人所沒有的東西？喜歡嘗試創新事物並且不放過任何可能機會？圖13.5結合五種採用類型和產品生命週期。圖示創新者的比率低於百分之三，不過，上述群體無法有效地判定，它會隨著不同的產品和服務產生變化，例如，日本女性流行使用PDA，但是她們並非最初鎖定的目標市場。創新者在不同國家市場經常具有相同的特色，他們通常較後期多數更具有冒險性、追求風險、年輕、高所得、高教育、主動搜尋

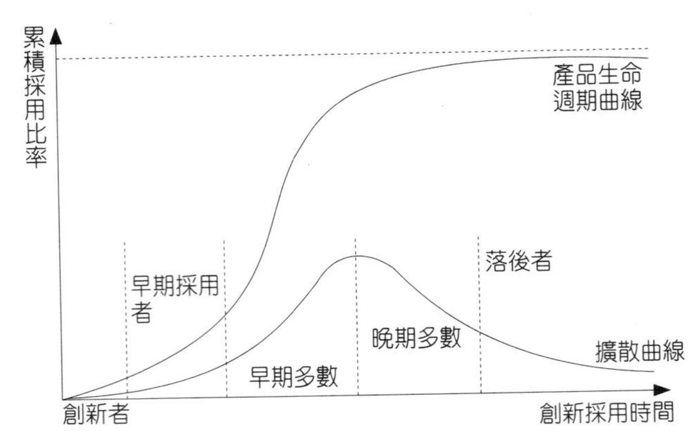

圖13.5　產品擴散曲線

資訊。他們高度涉入資訊和成為產品的重度使用者。研究發現部份個人電腦和科學雜誌讀者，高度涉入電腦和新技術工具產品。另外，創新者經常具有輻射的人際網絡。如同圖13.5顯示，創新者對於產品導入期的創新擴散扮演重要的角色，他們透過口語傳播分享產品利益和興趣，吸引更多的新使用者，造成銷售成長並且進入產品成長期。

早期採用者（early adopters）比率約一成至二成，通常他們屬於參考群體的意見領袖，透過在內部網路的重要性影響他人。他們對於特定產品偶爾表現出高度的涉入傾向，早期採用者開始購買代表創新進入成長期。例如，墨西哥農村的富裕農民，相較於中產或底層農民，他們更希望改善生活水準，因此，研究發現他們更可能採取創新行為。

早期多數（early majority）通常讓人想到謹慎的決策者，他們較其他社會群體更快採用創新，他們非常仰賴人際資訊進行決策，緊密的個人網路可以提高創新擴張。例如，避孕器的創新擴散，在菲律賓主要集中於中產階級家庭主婦，圖13.5顯示早期多數出現於成長期後期。

後期多數（late majority）通常屬於懷疑採用利益的一群，低價和低風險可以刺激後期多數進行購買，例如，當個人電腦價格跌至一千美元，美國市場滲透率由四成提高到六成。後期多數經常因為社會壓力，而不是認知產品利益而進行購買，他們容易受到花車效應（bandwagon effects）影響，意即所有人都使用，他們也會跟著使用，未能採用將會造成自尊地位受到傷害。不論是消費者或群體都會受到花車效應的影響。

落後者（laggards）約占一成五的採用人口，他們多數屬於傳統守舊、當地導向、價值信仰相對教條、低教育和年長者等。研究結果顯示，四成至六成的紐約市銀行存款戶屬於落後者，他們仍然使用銀行存款賺取微薄利息。落後者直到產品進入衰退期才開始購買，此時，組織可以極小化促銷投入，競爭情況獲得減緩，部份企業退出或收益下跌。然而，只要持續滿足消費需求衰退期仍能獲利。某些案例指出，衰退產品可以重新刺激推出，例如，時尚牛仔褲隨著潮流趨勢再次復甦。易言之，流行產品經常呈現循環性的產品生命週期，而非單純地呈現S型曲線。除此之外，包括反以色列的阿拉伯福音教派或慢活與簡單生活者，也都會積極地反對某些行銷創新，例如，速食產品。其他包括部份日本人反對海外稻米進口，以及部份美國或歐洲人反對基因食品和蔬果。

要，不要

相較於當前眾多的採用模式，古典模型強調高度涉入的決策過程，包括知覺、興趣、試用和採用。知覺（awareness）取決於創新的揭露程度，然而，消費慣性或資訊缺乏容易阻礙創新知覺。在西方市場，豐富的大眾媒體可以提高消費知覺，相反地，轉型或開發中的經濟市場，海外旅遊或接觸出國旅遊者，是取得創新知覺的重要管道；其他包括流動小販提供人們接觸新奇產品的機會，包括印尼爪哇棕櫚油透過流動小販大量銷售；便利商店和流動卡車小販提供美國墨西哥移民社群接觸新奇的產品。

興趣（interest）可以提高創新的相對知覺。當需求或欲望被刺激，人們會開始搜尋資訊，貼近好友、意見領袖、市場專家都能影響對於替代產品的認知，網路搜尋引擎也會徹底地改變搜尋過程。另外，創新如同一種認知風險（perceived risk），它與產品偏好、社會、個人、產品績效等因素有關。缺乏評價創新利益的知識，會影響消費者搜尋資訊的能力，因此，良好的行銷和消費評價服務扮演重要的角色。

試用（trial）經常包括貼近的體驗，當然也可以透過熟人或代理人達成。試用包括嘗試新產品或品牌，嘗試和評價新產品並不容易，創新產品經常具有新和複雜的特色，例如，電子書或多媒體。銷售保證和價格促銷等策略可以提高試用，並且減少消費者認知的試用風險。試用之後，就是採用或拒絕。雖然採用經常被視為是二擇一（either/or）方案，但是它經常較為複雜。了解採用的核心就是了解創新如何整合進入消費生活。例如，技術導向產品如家用電腦，技術絕非消費採用的決策關鍵，而是採用之後的管理和使用，包括用來研究、堆放物品、電動玩具等，它也可以成為日常生活的一環。不過，購買之後的使用才是重要關鍵。描述採用行為時，也許你有朋友購買運動用品，不過現在都堆在車庫裡；或是有人加入健身俱樂部，但是始終沒有時間使用。許多個案顯示，消費者購買新產品或服務，但是並未整合進入生活之中，意即並未真正採用這項產品。

其他還要包括採用率和消費情境。例如，台灣研究顯示消費者採用各種罐裝烏龍茶，完全取決於不同的消費情境，例如，健康因素不適合夜間使用。西非研究指出，雪茄與在海外工作薪水有關。最後，行銷策略也會影響採用過程，例如，低價滲透策略和密集配銷通路，可以提高溝通效率加速產品創新擴散；相反地，高價吸脂策略和選擇性配銷，可以誘發消費採用的市場較窄，進而限制了創新採用的擴散範疇。

13.4 結　論

創新意指新事物和行為，以及新事物、理念和行為的互動。創新可以透過行為結果加以區分，連續創新的行為改變較少，不連續創新的行為改變較大。認知創新的相對優勢是消費選擇的重要關鍵，其他包括一致性、試驗性、觀察性。擴散意指創新的空間和時間的延展。採用則是代表個人接受或拒絕創新的過程。許多人都具有戀新偏差，不過，保守主義和抗拒創新也同樣普遍。另外，文化、心理和社會也會導致人們抗拒創新。一般而言，創新擴散的速度和滲透水準，取決於與社會價值的一致程度，如果創新威脅了核心價值將會受到抗拒。另外，社會群體不一致的消費意涵，同樣也會明顯地影響創新擴散。至於有影響力者也經常是創新擴散的幕後推手，包括意見領袖、創新者、市場專家。無論如何，古典理論對於創新擴散的採用路徑，主要基於高度涉入決策，包括知覺、興趣、試用、採用階段。現代對於創新擴散則是歸因於流行和時尚。本章標題指出，流行和時尚主要是出於立異和模仿。易言之，創新內容也許並不重要，關鍵在於彰顯和維繫差異。回顧現代主義訴諸與菁英主義保持同型，後現代主義則是猛烈攻擊上述關係，揭示一種拒絕「大分水嶺」（great divide）的姿態，否定高尚和流行文化之間不可跨越的差異。綜合言之，面對後現代分眾與解構的區隔市場，創新擴散和採用能否成功，關鍵在於背棄大分水嶺有多遠的距離！

延伸閱讀

1. Arnould, E., Price, L. and Zinkan, G (2002), *Consumers*, 2e, McGraw-Hill.
2. Bocock, Robert (1993). *Consumption*. London: Routledge.
3. Storey, John (1999). *Cultural Consumption and Everyday Life*. London: Arnold.
4. George M. Zinkhan and R. T. Watson, "Advertising Trends: Innovation and the Process of Creative Destruction" *Journal of Business Research* 37, no. 3 (1996), pp. 163-71.
5. Marketing Intelligence Service Ltd., *Product Alert Weekly* (Naples, New York); and U.S. Census Bureau, *Statistical Abstract of the United States: 1999* (Washington, DC: U.S. Government Printing Office, 1999).
6. William E. Souder, *Managing New Product Innovations* (New York: Lexington Books, 1986).
7. Sandy Jap, "Online Reverse Auctions: Issues, Themes, and Prospects for the Future," *Journal of the Academy of Marketing Science* 30, no. 4 (2002), pp. 502-21.
8. Martin G. Letscher, "How to Tell Fads from Trends," *American Demographics*, December 1994, pp. 38-45.
9. "It's New, but Is It Improved?" *American Demographics*, November-December 1994, p. 20; and Robert McMath and Thom Forbes, *What Were They Thinking*? (New York: Times Books, 1998).
10. Lee Patterson, "Tanking It Five Ways: Cutting Edge Businesses Still Go Bust the Old Fashioned Way," *Forbes*, June 2, 1997, pp. 75-76.

11. *American Shipper*, July 1986, p. 9; Nicholas A. Glaskowsky Jr., Donald R. Hudson, and Robert M. Ivie, *Business Logistics*, 3rd ed. (New York: Dryden Press, 1992); and James C. Johnson and Donald F. Wood, *Contemporary Logistics*, 5th ed. (New York: Macmillan, 1993), p. 117.
12. Reese Erlich, "Electric Car Maker Plays Down Difficulties," *Christian Science Monitor*, March 11, 1994, p. 10; and Will Nixon, "Unplugging Electric Cars," *Utne Reader*, January-February 1995, pp. 24-26.
13. Thomas J. Hoban, "Food Industry Innovation: Efficient Consumer Response," *Agribusiness* 14, no. 3 (1998), pp. 235-45.
14. Nanette Byrnes, Dean Foust, Anderson Forest, William. C. Symonds, and Joseph Weber, "Brands in a Bind," *Business Week*, August 28, 2000, pp. 234-38.
15. Antonides, Amesz, and Hulscher, "Adoption of Payment Systems in Ten Countries"; and Bruce Handy, "The Viagra Craze," *Time*, May 4, 1998, p. 57.
16. Janet Ginsburg, "Not the Flavor of the Month," *Business Week*, March 20, 2000, p. 128.
17. Eric J. Arnould, "Toward a Broadened Theory of Preference Formation and the Diffusion of Innovations: Cases from Zinder Province, Niger Republic," *Journal of Consumer Research* 16 (September 1989), pp. 239-67.
18. J. H. Antil, "New Product or Service Adoption: When Dose It Happen?" *Journal of Consumer Marketing* 5 (Spring 1988), pp. 5-16.
19. Giovanni Dosi, "Sources, Procedures, and Microeconomic Effects of Innovation," *Journal of Economic Literature* 26 (September 1988), pp. 1120-71.
20. Michael Lynn and Betsy D. Gelb, "Identifying Innovative National Markets for Technical Consumer Goods," *International Marketing Review* 13, no. 6 (1996), pp. 43-57.
21. Chris Kern, "Pulling the Reins on Computer Technology," *American Way* 18 (March 5, 1985), pp. 199,125.
22. Consumers are often depicted as resistant or passive recipients of innovations. See, for example, Everett M. Rogers, *Diffusion of Innovations*, 3rd ed. (New York: Free Press, 1983).
23. Richard Rose, "Contradictions between Micro- and Macro-Economic Goals in

Post-Communist Societies," *Europe-Asia. Studies* 45, no. 3 (1993), pp. 419-44.

24. Peter Dickson, "Understanding the Trade Winds: The Global Evolution of Production, Consumption, and the Internet," *Journal of Consumer Research* 27 (June 2000), pp. 115-22.
25. Noel M. Murray and Lalita A. Manrai, "Exploratory Consumption Behavior: A Cross-Cultural Perspective," *Journal of International Consumer Marketing* 5, no. 1 (1993), pp. 101-20.
26. George Simmel, "Fashion," *International Quarterly* 10 (1904), pp. 130-55. For an excellent discussion, see Grant McCracken, *Culture and Consumption* (Bloomington: Indiana University Press, 1988).
27. Hirokazu Takada and Dipak Jain, "Cross-National Analysis of Diffusion of Consumer Durable Goods in Pacific Rim Countries," *Journal of Marketing* 55 (April 1991), pp. 48-54.
28. Arnould, "Toward a Broadened Theory of Preference Formation and the Diffusion of Innovations"; and Gatignon and Robertson, "A Propositional Inventory for New Diffusion Research."
29. Linda L. Price, Lawrence F. Feick, and Robin Higie Coulter, "Adoption and Diffusion of Western Products in the 'New' Hungary," working paper, University of Nebraska, Lincoln, 1994.
30. McCracken, *Culture and Consumption*; and Grant McCracken, "Who Is the Celebrity Endorser? Cultural Foundations of the Endorsement Process," *Journal of Consumer Research* 16 (December 1989), pp. 310-21.
31. Peter Dickson, "Understanding the Trade Winds: The Global Evolution of Production, Consumption, and the Internet," *Journal of Consumer Research* 27 (June 2000), p. 120.
32. F. D. Midgley and R. G. Dowling, "Innovativeness: The Concept and Its Measurement," *Journal of Consumer Research* 4, no. 4 (1978), pp. 229-42; and Rogers, *Diffusion of Innovations*.
33. Eric Von Hippel, "Lead Users: A Source of Novel Product Concepts," *Management Science* 32, (July 1986), pp. 791-805.
34. Edwin Mansfield, *Industrial Research and Technological Innovation: An*

Econometric Analysis (New York: W. W. Norton, 1968), pp. 134-235.

35. "Advances of the Amazonesu," *The Economist*, July 22, 2000, pp. 61-62.
36. Frank Cancian, "Stratification and Risk-Taking: A Theory Tested on Agricultural Innovation," *American Sociological Review* 32 (1967), pp. 912-27.
37. W. T. Liu and R. W. Duff, "The Strength in Weak Ties," *Public Opinion Quarterly* 36 (Fall 1972), pp. 361-66.
38. Peter Burrows, Gary McWilliams, and Robert D. Hof, "Cheap PCs," *Business Week*, March 23, 1998, pp. 28-32.
39. J. Pfeffer and G. R. Salancik, *The External Control of Organizations* (New York: Harper & Row, 1978).

第十四章
欲望是期待和幻滅的輪迴

Desire is the transmigration between expectation and disillusion

購後滿意是消費研究的關鍵，包括如何挑起重複消費到建立長期關係。然而，滿意為何？如何滿意？滿意的重要性？亞里斯多德指出：「欲望是無法被滿足！」後現代主義認為：「沒有消費能力才是不滿的核心！」如何達成消費實踐與掌握及操弄欲望？本章將探討滿意意涵和判斷，以及滿意與績效、員工和選擇的關係。最後，探討滿意類型和後續情感反應。

14.1
從內在到外在

滿意可以透過情感認知加以判斷，滿意（satisfaction）意指愉快的實現水準，包括低度實現（underfulfillment）或過度實現（overfulfillment）。滿意的衡量是一個複雜的連續判斷，包括消費的所有過程。例如，泛舟體驗包含複雜的情感，不愉快有時可以成為一種滿足。另外，最初的服務體驗不佳，後續服務改善可以明顯提高滿意水準，相較之下，最初的服務體驗良好，滿意水準則未顯著地提高。無論如何，致歉和送禮都能提高滿意水準。

滿意強調各種實現的感覺，除了正面感覺的實現，也包括負面感覺消除的實現，例如，問題解決。過度的實現，例如，高空跳傘。超出預期的實現，例如，最初抗拒就醫，結果卻意外讓人安心滿意。易言之，實現代表一種比較基準。

滿意是一種內在的知覺狀態，在消費體驗之前，很難判定哪些績效構面會直接影響滿意水準。滿意判斷會隨著不同的人和時間產生變化，因此，透過客製化滿足不同的區隔市場非常重要。

雖然滿意是內在的知覺狀態，但是它同樣具有社會性，包括對於文化價值、意涵、信仰、情感、群體關係和衝突的表達。一般而言，家庭或消費群體的滿意明顯地影響個人滿意。例如，職業婦女的滿意經常受到角色衝突、理想性別、文化價值和人際需求的影響。上述想像和現實落差影響了消費體驗和評價，例如，職業婦女不滿意和挑剔到府清潔服務。

滿意也會隨著不同經濟發展和文化產生變化。例如，轉型和開發中國家較已開發國家的消費者，尚未深刻體會消費滿意的重要性，甚至把滿意視為是不道德的奢侈品。另外，許多文化強調非市場性的情境滿意，包括家庭互動或宗教信仰，因此，MasterCard信用卡廣告訴求：「有些東西是金錢無法買到！」

相反地，不滿意（dissatisfaction）代表不愉快的實現水準。消除不滿意因素未必可以明顯地提高滿意水準。例如，人們不會因為音樂會不必排隊購票而感到滿意；但是會因為必須排隊而感到不滿意。易言之，產品屬性或特定因素可能影響滿意和不滿意水準，不過，背後動機存在明顯的差異。

消費滿意是行銷策略的核心，消費者宛若企業的上帝，企業積極滿足消費者的需求和欲望，透過關係行銷培養長期關係，提高消費者忠誠度。相關研究顯示，消費滿意是留住客戶和提升獲利的重要關鍵。

圖14.1顯示品質、滿意、忠誠和績效的關係。產品服務品質和消費滿意與組織績效呈現正向關係，品質可以降低產品失靈和

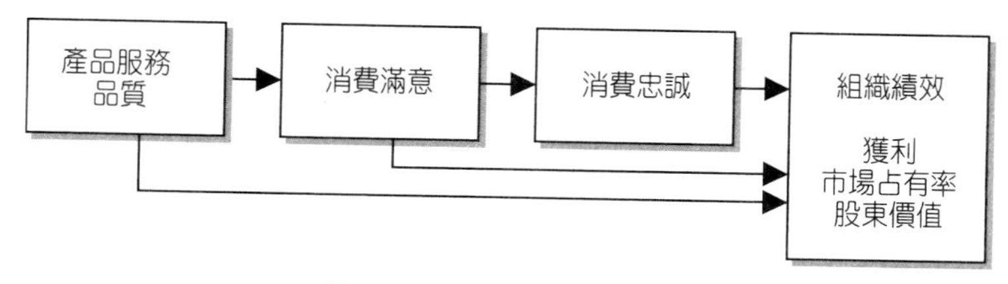

圖14.1　品質、滿意和績效

管理與回收成本。失靈產品導致不滿意和客戶流失，企業可能因此遭受重大損失。降低產品失靈的方法很多，例如，產品保證計畫和品質管理，可以提高消費口碑和通路成員的接受度。

滿意也可以經由消費忠誠直接影響組織績效。滿意的消費者比較容易溝通，並且樂意提高購買量，以及容忍價格上揚。極大化消費者滿意是提高消費者忠誠的基礎，也是企業競逐市場的重要競爭優勢。許多企業擁有消費者長期高度忠誠，進而成為市場領導者與達成組織目標，例如，創造股東價值。企業可以採取許多策略回饋忠誠的消費者，例如，提早揭示相關促銷訊息，提高購買量和增加銷售利益。

相反地，如果客戶降低購買量或轉換成其他競爭品牌，不忠誠將會產生許多負面效應，包括立即衝擊現金流量和市場占有率下滑。另外，當消費者向他人表達對於產品服務的負面態度，也會導致客戶逐漸流失。因此，貼近聆聽消費者的心聲非常重要，一般而言，開發新客戶的成本是維持舊客戶的五倍。最後，企業必須了解客戶流失的真正原因，了解留住既有客戶象徵龐大利益，如何系統化上述留住客戶的流程非常重要。例如，Ford汽車發現提高消費者忠誠度百分之一，大約等於創造一百萬美元收入。另外，忠誠的消費者可以讓企業輕易地擺脫競爭者的攻擊和挑戰。

績效和滿意

相關研究顯示，產品績效和品質是滿意的重要元素。儘管產品服務品質是組織的重要目標，不過，品質和績效的管理意涵，經常讓許多企業產生困惑。例如，品質評價是一種相當主觀的認知，消費者預期的產品品質也會因人而異。相關研究指出，企業和消費者揭示的品質重點並不相同，核心差異在於：第一、品質認知始終主觀很難客觀，企業關心消費者如何認知品質，不過，它會隨著消費情境和使用方式產生變化。認知品質是預測消費滿意的重要工具，研究顯示品質、滿意、購買傾向存在顯著的因果關係。產品品質通常包含八大構面，例如，特色、偏好、信任、一致、耐久、實用、美學、認知品質等。至於特殊品的品質評價，則是包含許多不同的見解。例如，食物評價包括濃郁、自然、新鮮、香味、吸引才是滿意核心。1988年，服務品質量表SERVQUAL正式提出，量表包括五大構面二十一項指標，分別為信任、同理、有形、責任和保證等。無論如何，消費滿意難以衡量，關鍵在於高度的主觀認知，以及因人而異的相對特質。因此，某些人感到滿意其他人未必如此，例如，第一次參與急流泛舟的滿意預期，可能不同於第六次參加急流泛舟者。第二、不同的產業明顯存在不同的衡量構面，例如，銀行業和航空業的滿意衡量方式明顯不同。食品業的採購流程（信任）和食物品質（可見）才是滿意關鍵；保險業的服務態度和流程顯著地影響滿意水準。第三、品質意涵會隨著不同的文化產生變化。例如，亞洲觀光客的滿意水準取決於服務價值，西方觀光客則是較在意房間的品質。

最後，關於滿意和購買行為的關係非常複雜。便利品和選購品的滿意和重購行為可能較為相關。不過，如果消費者無法區辨不同的品牌，滿意水準可能無法有效預測重購行為。另外，滿意體驗可能未必導致重購行為，原因包括懷疑上述體驗可能不再發生，或是為了凍結上述獨特的體驗。相反地，不滿意也可能導致重購行為，或是產生後續其他的正面消費。例如，推薦急流泛舟給其他人，即便自己曾經有過驚險的體驗。易言之，消費者即使對於產品服務的體驗不佳，未來也有可能表達高度的滿意水準。

員工和滿意

企業目標使命與消費者和員工滿意有關。例如，銀行研究指出，員工主動創新可以提高本身和消費者的滿意，廣泛與客戶接觸也可以提高員工滿意。然而，雖然員工滿意和消費者滿意有關，但是並不容易轉換成有效的管理行為。關鍵事件技術（critical incident technique）可以檢視消費者和員工對於服務的衝突認知，透過記錄和觀察員工行為探究服務的成敗因素。例如，消費者雖然滿意服務品質，但是員工卻未必認為如此，意即消費者未必全然正確，因為他們未必表現出客觀的行為。無論如何，有快樂的員工才有滿足的客戶，員工必須效率與適當地解決消費者困境和情感。另外，員工廣泛地與消費者接觸，透過提供良好的服務可以肯定自我的能力。相反地，員工也會表現出強烈的挫敗感，包括無法適切地滿足消費者需求，或是修正不當的系統和流程，面對繁瑣的制度和規程，以及缺乏有力的工作職權等。

選擇和滿意

一般而言，產品特性可以作為消費選擇和滿意判斷的參

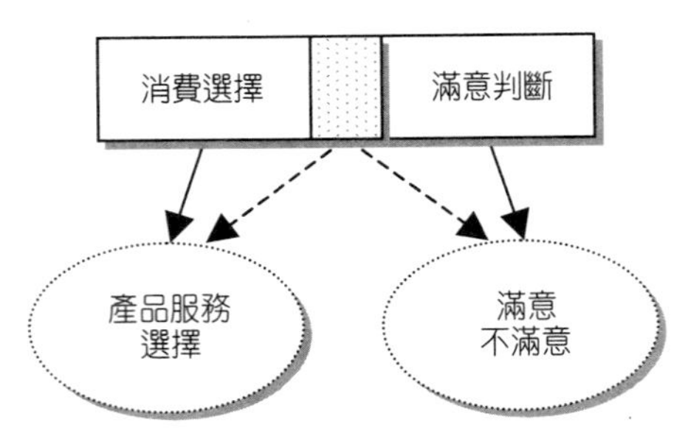

圖14.2　選擇和滿意

考。例如，急流泛舟的消費選擇，包括活動氛圍、泛舟距離、安全和滿意等；但是滿意判斷包括一致性的感覺、自我冒險、個人成長如學習駕駛泛舟小艇等。因此，消費選擇不等於滿意判斷，詳如圖14.2，理由包括潛在的消費問題和利益無法預測，以及滿意判斷是一種消費情境，它無法作為消費選擇的指標。例如，很難預測哪些航班將會遇到暴風雨，並且據此作為消費選擇的指標？不過，雖然暴風雨無法絕對預測，但是飛機性能卻能相對掌握。無論如何，滿意判斷通常特別強調購買結果，因此，行銷溝通中強調產品品牌的差異特性，可以有效地聯結消費選擇和滿意判斷。例如，Fedex快遞訴求快速安全；美國航空網路訂票系統強調可以有效地解決票券遺失問題。

14.2 不一致／不公平

滿意隱含著某種目標或標準。期望（expectations）是滿意判斷的重要指標，代表對於未來實現的預期（anticipation）和預測（prediction）。消費期望包括預期產品績效、希望、憂慮、不確定的預測機率。至於滿意判斷的主要模型，包括期望不一致模型，以及其他指標如欲望和公平。

期望不一致

滿意判斷的一項重要工具——期望不一致模型（expectancy-disconfirmation model of satisfaction, EDM），詳如圖14.3。當績效超出期望代表正面不一致（positive disconfirmation），消費者滿意可能提高；當績效低於期望代表負面不一致（negative disconfirmation），消費者不滿意可能提高。正面不一致可以提高滿意和未來購買行為；負面不一致則會降低滿意和未來購買行為。易言之，不一致和滿意水準具有強烈的關聯。

在期望方面，如果期望屬於中性，達到期望一致性可能不是滿意的重點；如果期望屬性偏高，達到期望一致性可以適當喚起情感反應。因此，如果競爭者定位超出消費期望水準，績效結果會比中性期望要高。在不一致方面，同化效應（assimilation effects）意指合理化（承認和解釋）不一致，代表期望可以提高

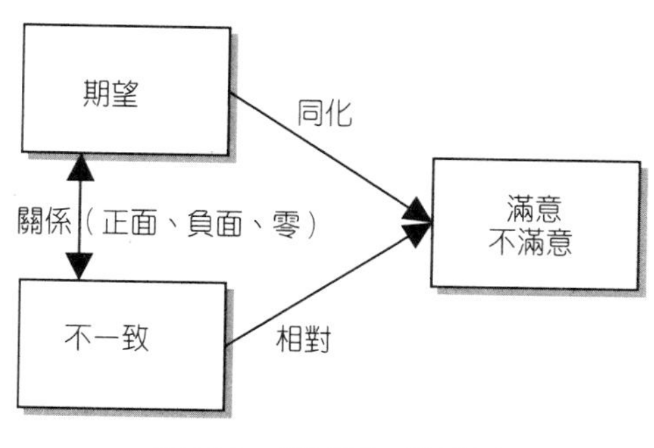

圖14.3　期望不一致模型

滿意；相對效應（contrast effects）意指誇大不一致，代表不一致會提高不滿意。另外，期望和不一致可能存在負面關係，例如，天花板和地板效應（ceiling-floor effects），前者代表高度期望可能導致負面不一致；後者代表低度期望可能導致正面不一致，例如，人們經常表示「我要的不多！」，透過地板效應可以降低消費期望提高獲利。

許多內部和外部因素也會影響期望，期望主要來自於過去經驗記憶、口耳相傳、行銷承諾和媒體傳播、產品提示、第三者資訊。文化環境也是重要的期望來源，例如，不同文化對於排隊的預期心理明顯不同，丹麥人對於排隊表現出平等自由，排隊可以降低消費誤判風險，丹麥人允許排隊時可以自由移動，不必擔心暫時離開必須重新來過。

另外，期望也會隨著抽象性、複雜性、接近性產生變化。例如，對於急流泛舟的期望通常非常抽象，包括過程中的體驗感動和生命價值改變。期望的抽象性突顯出期望的實現困難。儘管期望的實現直接影響滿意水準，不過，它可以只是一種想像不必被具體呈現。因此，滿意可以是來自於內在的正面感覺。無論如何，了解和判斷消費期望並不容易。人們經常運用多元的期望或標準，例如，郵輪之旅可以是為了休閒、美食、陽光、浪漫。最後，即使郵輪之旅毫無浪漫可言，結果一樣讓人滿意。當然如果浪漫付諸實現，其他目標的重要性又會產生何種變化？

購買時不了解產品，消費決定後續的滿意。例如，新產品和服務的試用，通常包含較少的主動期望，包括偏好、感覺、思考、認知；但是並不表示沒有被動的期望，包括假設產品無害、口味不差、低價促銷。另外，產品提示變化包括包裝、質地、顏色和其他消費者反應，也會讓人被動地產生認知變化，例如，第一次的使用經驗，成為未來的比較標準，如同人們經常表示：「味道有點像……？」比較的標準已經被建立，它可以作為主要的行銷訴求優勢，例如，Velo-Glide自行車係由哈雷機車授權，限量三千輛，重量四十磅，價格二千美元，四個月內銷售一空，事實上，該車不過是一堆滿是哈雷符碼的廢鐵，騎它並非真正目的，珍藏哈雷才是核心。

消費期望會隨著時間產生變化，不過，我們很難掌握它是如何運作和更新，以及它與績效的關係和如何影響滿意。例如，好友推薦一家高級餐廳，結果菜單和浪漫的環境不如預期，於是你向下修正期望；然而，儘管上述指標不如預期，於是你轉向其他指標，包括精緻餐桌和現場表演；其他還包括許多意外驚喜，例如，餐前開胃菜和餐後甜點。你可能在消費之後，感到相當的滿意甚至欣喜，問題是你的比較標準為何？是最初的異國浪漫，還是修正之後的期望？綜合言之，滿意是一個消費體驗的全面過程，購買之後的產品與消費者互動才是滿意關鍵，了解消費者對於產品的反應非常重要，企業應該鼓勵消費者進行長期評價，尤其當個人的生命地位發生變化，對於產品的期望也會隨之改變。易言之，消費者對於產品評價從最初期望、購買決策到最終使用過程中將產生極大的變化。

欲望和公平

欲望也可以作為滿意判斷標準，欲望（desires）意指消費產品屬性、利益和價值符合或超出期望水準。儘管廣告可以訴求產品消費與欲望有關，然而，如何傳達上述欲望非常困難，例如，New Balance球鞋廣告訴求平衡的生活，儘管失衡的生活經常源自於消費者自我，不過，廣告訴求New Balance可以平衡你的生活。雖然判斷是一個理性的評價，不過，欲望卻經常是充滿著感性。

公平（fairness）的認知也會影響滿意判斷，例如，公平的價格可以提高消費者忠誠。當人們發現處於不公平環境，可能轉換其他品牌尋求補償。例如，提款機手續費過高，人們可能會轉換銀行提款，即使並未獲得任何實質補償，但能藉此達到懲罰企業的欲望。Homan公平理論指出，與他人交換的報償通常會等於其投入或損失，人們比較投入和結果來判斷公平，因此，提供老人和學生優待價，經常讓人感到不公平。當比較的結果相對不公平，上述認知會提高負面感覺。然而，在社會主義的消費環境，人們會為自己獲得更好的待遇而感到內疚。相反地，西方消費社會則會為他人獲得更好的待遇感到氣憤，甚至傾向於對企業採取抗議行動。

圖14.4顯示公平和滿意的關係，行銷強調分配公平（distributional fairness），意指報償結果公平地在交換者之間分配，例如，航空公司座位分配，經常是以服務常客為優先。相反地，微軟經常讓許多忠誠的消費者不滿，因為其他消費者付出相同的價格就能升級，他們的忠誠卻受到不公平的待遇。公平形

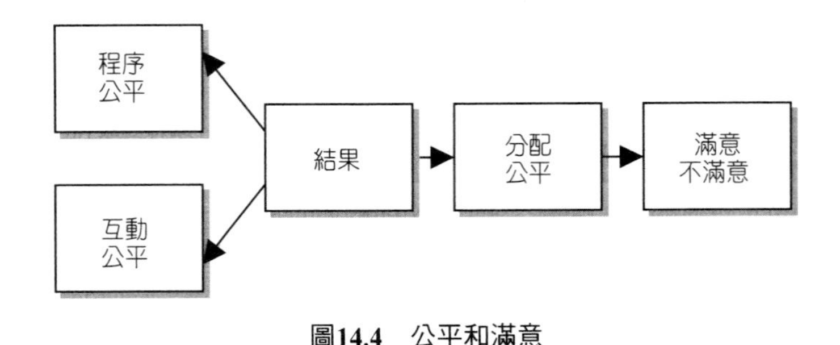

圖14.4　公平和滿意

式還包括二項：程序公平（procedural fairness）意指報償結果的傳遞方式，當人們參與和影響服務傳遞的結果，滿意水準可能提高；互動公平（interactional fairness）意指消費過程如何被對待，服務提供者展現同理心和尊重態度，可以快速地修正和解決服務失靈，例如，第一通電話通常是滿意判斷的重要關鍵。

14.3 從滿足到矛盾

滿意會隨著情感產生變化，有時需要相當長的時間，例如，急流泛舟包括亢奮或寧靜的情感，以及體驗和學習的認知。其他消費活動也會混合情感和認知，例如，博物館之旅、搭乘雲霄飛車、觀看電影和球賽等。一般而言，滿意反應可以分為五種，詳如圖14.5。

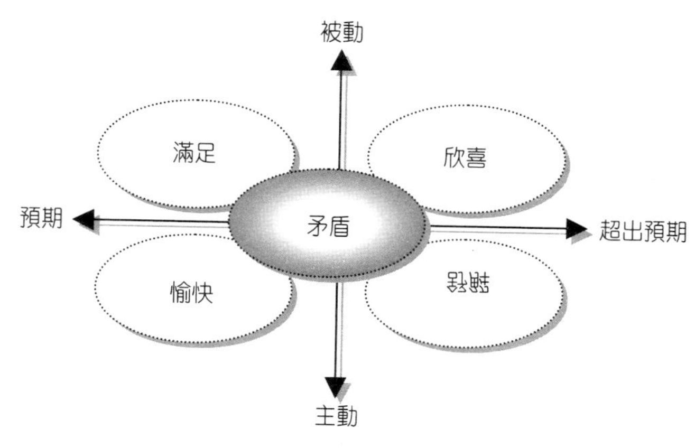

圖14.5　滿意類型

滿足（contentment）意指一種預期的被動情感，代表產品和服務績效符合預期。不過，產品體驗有時會出現價值逆轉，包括由正面轉為負面，反之亦然。例如，發現產品具有超出預期的獨特功能，它能喚起消費者愉快的感覺，當然也有可能造成消費不滿，例如，La New休閒鞋超出預期的柔軟。

愉快（pleasure）意指一種預期的主動情感，例如，挑選喜歡的衣服；享用愉快的盛宴；播放剛買的音樂；駕駛新買的跑車。愉快比滿足更主動涉入。優質的服務可以喚起愉快的感覺，例如，Lands End網路購物透過即時線上服務，客戶可以獲得全新的消費生活，包括專屬客服和商品宅配。許多案例顯示，結合緊密人際互動的銷售模式，可以舒緩消費者的焦慮和疑慮，喚起更多的愉快感覺。

欣喜（delight）意指一種超出預期的被動情感，它可以喚起人們歡樂和驚喜的感覺，包括正面的期望不一致，以及超出預期的正面事件和結果；例如，最初不愉快地請求飯店更新床單，一小時之後，床單不只更新，床上還放著一大束玫瑰，結果讓人意外欣喜。一般而言，對於複雜的產品和服務，人們可能較少期望和無法確切地衡量需求。因此，欣喜可以來自於購買之後的愉快使用經驗。

舒解（relief response）意指一種負面消除的主動情感，例如，等待時間不長，傷害程度不大。舒解可以是降低負面環境衝擊，例如，藥物預防、超速警告器、訴求舒解口渴的果汁廣告。舒解包含較高的涉入，例如，等待病情結果的過程充滿焦慮恐懼，它強烈地影響等待的時間認知。因此，如果舒解是重要的滿意因素，有效地傳遞產品績效，調整服務時間，管理消費預期是成功行銷的關鍵。

矛盾（ambivalence）則是面對需求、角色和文化價值衝突的複雜情感，甚至包括衝突的自我概念。這種情感經驗在複雜的消費社會非常普遍，通常這種購買和消費過程屬於高涉入情感。例如，新娘在描述選購結婚禮服時的幸福，不過，選購過程中卻充滿著抱怨、不滿和懊悔等情感衝突。最後，滿意與否可以透過下列方式加以回應，包括退出、表達、持續光顧或扭曲等。

退　出

人們面對不滿意通常採取退出（exit）策略，意即不再購買或使用產品，或是選擇其他替代方案。不過，並非所有的退出都是因為不滿意；同樣地，也並非所有的不滿意都會退出。例如，銀行研究顯示許多不滿意的客戶，只會採取降低存款的退出姿態。銀行每年平均流失二成客戶，不滿意是主要原因，它會導致客戶採取退出決策，進而影響市場占有率和公司獲利。因此，許多銀行發展出一套客戶追蹤系統，偵測和降低客戶不滿意及提高滿足水準。不過，當市場存在許多替代產品，人們具有充足的產品知識，他們經常會採取退出或改變消費而非抱怨，意即不滿意會導致客戶轉換其他品牌。一般而言，低涉入或廉價產品經常要面對消費者的退出威脅，除非企業積極地消除消費者不滿意，否則市場占有率將會被逐漸地侵蝕。

表　達

滿意消費的結果可以透過表達（voice）恭維和支持；相反地，則是抱怨產品績效並且傳達負面評價，包括對於其他人、群體、公司或公正第三者。事實上，消費抱怨可以提供有利的資訊。研究顯示忠誠的消費較其他人提供更多的推薦，推薦程度與企業長期關注呈現顯著相關。人際溝通也顯著地影響其他人購買。然而，人們習慣於採取口語傳播，而非提供企業有利的建言。另外，抱怨網站可以提供一個意見交換的場所。當今許多企業認真地處理口語傳播，藉此影響人們的購買和消費決策。

抱怨可以成為重要的管理工具。消費者感到不滿意但未必會抱怨，他們較有可能會中斷購買或退出。鼓勵消費者抱怨和尋求問題解決，可以提高消費者滿意和更正面談論組織。相反地，負面口語傳播可能提高對於企業的不滿。企業應該努力降低公正第三者的衝擊，包括在向第三者抱怨之前妥善處理不滿意。企業應該效率地直接地溝通處理抱怨。研究顯示快速回應抱怨可以提高滿意水準、市場占有率、降低吸引新客戶的成本。

表達之後可能伴隨著退出和持續光顧，例如，表達不滿意之後，消費者仍然持續光顧。相反地，表達不滿意之後，消費者可能停止光顧，同時進行負面口語傳播。表達和文化、市場結構如抱怨管道、抱怨經濟學和消費心理有關。個人主義和平等文化的消費社會抱怨情況明顯，處理負面口語傳播更有經驗，也更能提供企業正面的回饋。在美國，抱怨行為會隨著種族和次文化產生變化。西語裔消費者通常較會抱怨，包括對於交貨遲延；波多黎各裔由於文化和價值因素，抱怨情況較少。年齡、所得、教育、態度和個人主義也是衡量抱怨行為的重要指標。一般而言，抱怨者較非抱怨者，更為年輕、高所得和低品牌忠誠。

抱怨率也會隨著不同的政治文化產生變化，例如，宿命論文化、互依文化、極權政治的消費抱怨率較低。抱怨體系尚未成熟或消費權力認知缺乏的市場，消費抱怨率也明顯較低。近年來網路為抱怨者提供更多的表達管道。無論如何，消費者認知產品的重要性會提高抱怨行為，認知企業充分掌握產品失靈和成功原因，消費者也更有可能進行抱怨。同樣地，企業認知抱怨的成本可以降低抱怨行為。另一方面，消費者認知抱怨的心理成本可以降低不滿，但是會衍生出被動的抱怨行為，例如，視抱怨為一種對抗，擔心受到企業威脅或譴責，以及被貼上是麻煩製造者的標籤。相反地，激進的消費者認知抱怨的心理成本較低，因此，非常可能訴諸第三者表達抱怨。不過，部份消費者可能藉由惡意抱怨（fraudulent complaining），意指透過合法的抱怨途徑取得非法的結果。

持續光顧

滿意、忠誠和持續光顧（continued patronage）緊密相關。滿意是一種購後狀態，反應出產品或服務的利益被實現。忠誠（loyalty）超越滿意，意指承諾繼續光顧。雖然環境和行銷因素可能導致行為轉換，然而，對於產品或服務的偏好始終一致。忠誠包括準備重複購買和對於競爭者的抵制。忠誠可以提高企業獲利，正面口語傳播，消費滿意水準。即使企業績效不彰仍能維持消費忠誠。消費滿意導致忠誠和持續光顧。如果消費忠誠主要基於較高的轉換成本，則滿意降低不至於導致行為轉換，除非不滿意水準接近門檻。因此，即使不喜歡飛行仍持續搭乘飛機。研究顯示消費滿意的背叛率仍達九成，因此，產品品質或轉換成本並非持續光顧的決定因素。

企業關心如何提高和維持消費忠誠，雖然消費者表示會持續支持良好品牌，但是不代表會轉換成一致性的重購行為。八成五到九成五的汽車消費者感到滿意，但是只有三成到四成會回到持續重複購買。丹麥研究指出，只有一成三的消費者會在各種市場和競爭誘因之下，持續購買和消費特定的品牌。

持續忠誠除了是一種滿意也是一種長期結果，它可以抵制競爭者的品牌轉換訴求，如果產品消費和社群成員的認同有關，消費忠誠可以被高度強化。例如，美國牛仔對於Wrangler牛仔褲、Justin牛仔靴、Resistol帽子、Skoal雪茄等表現消費忠誠。另外，當消費難以進行也會影響消費忠誠，例如，長途旅行導致未來無法持續光顧忠誠的特定髮廊。最後，低轉換成本的競爭市場，滿意和持續光顧的關係並不顯著。例如，當消費者表示普通的滿意水準，它提供了市場其他品牌有利的轉換機會。易言之，滿意不足以確保消費持續光顧。

扭　曲

除了退出、表達或持續光顧之外，人們也會藉此在市場上重組意涵、角色和目標，表現出包括正面和負面的扭曲（twist）行為。正面的扭曲行為，例如，Tattered Cover書店準備搬遷，忠誠的消費者全力給予協助。一般而言，忠誠的消費者較能表現正面、自願和獨特行為。上述行為在非營利組織特別普遍，例如，教會勸募大多仰賴義工協助。至於負面的扭曲行為，包括表達抗議或抵制。上述行為有時會被組織化。抵制也可以是個人化行動，包括惡搞產品包裝（把高價品換成低價品），濫用折價券或會員卡（非會員使用會員價）等。近年來抵制行為也進入網路世界，例如，駭客進入公司網站張貼負面文宣，以及消費者透過部落格、噗浪、臉書等工具表達意見，網路創造了消費者權力（consumer power）年代，消費問題透過網路被擴大宣傳。近年來集體扭曲行為深受重視，*Adbusters*季刊是知名的反消費主義雜誌，成立宗旨包括提升商業意識、媒體認知、宣導反消費主義運動。例如，*Adbusters*拍攝許多反商業網路廣告，包括不購物日和無電視週。無論如何，抗議和抵制行銷的行動有逐年增加的趨勢。

14.4 結　論

滿意和愉快的實現水準有關，包括低度和過度實現。滿意判斷和所有的購買和消費過程有關，包括正面和負面情感。不同的人對於相同績效的滿意判斷不同，背後涉及文化價值、意涵、情感、群體和衝突。長期而言，消費滿意和消費忠誠是行銷的成功關鍵。滿意的期望和實現則是重要的衡量基礎，儘管滿意的期望不一致模型存在許多限制，不過，仍能充分掌握期望和滿意的相互關係。其他重要的滿意判斷指標還包括欲望和公平。另外，滿意的類型可以包括滿足、愉快、欣喜、舒解和矛盾。滿意與否的情感回應，可以包括退出、表達、持續光顧、扭曲。退出通常是因為不滿意所致；持續光顧則是代表高度的忠誠和承諾；扭曲則是透過特殊的正面或負面行為加以回饋；表達可以是恭維、認同和抱怨，抗議也可以是重要的象徵作為。弔詭的是，消費主義也可以把抗議變成利潤，例如，透過創造激進和獨具風格的產品。無論如何，消費像是一種浪漫的儀式，一種追求歡愉的欲望：想望本身，而非擁有。消費提供了滿足的許諾，而非實物的擁有。本章標題指出，欲望達成是幻滅的經驗，期待和幻滅的輪迴驅動了消費欲望。從文化產業的角度，文化產品提供了白日夢的素材，但是產品本身並非白日夢。

延伸閱讀

1. Arnould, E., Price, L. and Zinkan, G (2002), *Consumers*, 2e, McGraw-Hill.

2. Bocock, Robert (1993). *Consumption*. London: Routledge.

3. Storey, John (1999). *Cultural Consumption and Everyday Life*. London: Arnold.

4. Robert A. Westbrook and Richard L. Oliver, "The Dimensionality of Consumption Emotion Patterns and Consumer Satisfaction," *Journal of Consumer Research* 18 (June 1991), pp. 84-91; and Linda L. Price, Eric J. Arnould, and Sheila L. Deibler, "Service Provider Influence on Consumers' Emotional Response to Service Encounters," *International Journal of Service Industry Management* 6, no. 3 (1995), pp. 34-63.

5. David T. Botterill, "Dissatisfaction with a Construction of Satisfaction," *Annals of Tourism Research* 14, no. 1 (1987), pp. 139-40; and John Deighton, "The Consumption of Performance," *Journal of Consumer Research* 19 (December 1992), pp. 362-72.

6. Craig J. Thompson, William B. Locander, and Howard R. Pollio, "Putting Consumer Experience Back into Consumer Research: The Philosophy and Method of Existential Phenomenology," *Journal of Consumer Research* 16 (September 1989), pp. 133-47.

7. Craig J. Thompson, "Caring Consumers: Gendered Consumption Meanings and the Juggling Lifestyle," *Journal of Consumer Research* 22 (March 1996), pp. 388-407; and Susan Fournier and David Glen Mick, "Rediscovering Satisfaction," *Journal of Marketing* 63 (October 1999), PP. 5-23.

8. Slavenka Drakulić, *Café Europa: Life after Communism* (New York: Penguin Books, 1996).

9. Christopher W. L. Hart, "The Power of Unconditional Service Guarantees," in *Keeping Customers*, ed. John J. Sviokla and Benson P. Shapiro (Cambridge: Harvard Business School Press, 1993), pp. 151-66.

10. Werner Reinartz and V. Kumar, "The Mismanagement of Customer Loyalty," *Harvard Business Review*, July 2002, pp. 86-94.

11. Madhav Srinivasan, "Keeping Your Customers" *Business and Economic Review* 43, no. 1 (1996), pp. 1-8.

12. "India: Zen Best Small Car, Says J. D. Power Asia Pacific," *Business Line*, March 24, 1999; and Richard L. Oliver, "Whence Consumer Loyalty?" *Journal of Marketing* 63, Special Issue (1999), pp. 33-44.
13. Leonard A. Morgan, "The Importance of Quality," in *Perceived Quality*, ed. Jacob Jacoby and Jerry C. Olson (Lexington, MA: Lexington Books, 1985), pp. 209-32. See also David A. Garvin, "What Does 'Product Quality' Really Mean?" *Sloan Management Review*, Fall 1984, pp. 25-43.
14. Steenkamp, "Conceptual Model of the Quality Perception Process"; and William R. Darden and Barry J. Babin, "Exploring the Concept of Affective Quality: Expanding the Concept of Retail Personality," *Journal of Business Research* 29 (February 1994), pp. 101-9.
15. David Garvin, "Competing on the Eight Dimensions of Quality," *Harvard Business Review*, November-December 1987, pp. 101-9.
16. P. Bonner and R. Nelson, "Product Attributes and Perceived Quality: Foods." in *Perceived Quality*, ed. J. Jacoby and J. Olson (Lexington, MA: Lexington Books, 1985), pp. 64-79.
17. A. Parasuraman, Valarie A. Zeithaml, and Leonard L. Berry, "SERVQUAL: A Multiple-ltem Scale for Measuring Consumer Perceptions of Service Quality," *Journal of Retailing* 64, no. 1 (Spring 1988), pp. 12-40.
18. Colby H. Chandler, "Quality: Beyond Customer Satisfaction-to Customer Delight," *Quality Progress*, October 1988, pp. 20-23.
19. Michael D. Johnson, George Nader, and Claes Fornell, "Expectations, Perceived Performance, and Customer Satisfaction for a Complex Service: The Case of Bank Loans," *Journal of Economic Psychology* 17 (1996), pp. 163-82.
20. Christy Fisher, "The Not-So-Great American Road Trip," *American Demographics*, May 1997, pp. 42-49.
21. Gardial et al. "Comparing Consumers' Recall of Prepurchase and Postpurchase Product Evaluation Experiences."
22. Richard L. Oliver, "Cognitive, Affective and Attribute Bases of the Satisfaction Response," *Journal of Consumer Research* 20 (December 1993), pp. 418-30.
23. Mark M. Davis and Janelle Heineke, "How Disconfirmation, Perception and Actual

Waiting Times Impact Customer Satisfaction," *International Journal of Service Industry Management* 9, no. 1 (1998), pp. 64-73.

24. Jochen Wirtz and John E. G. Bateson, "Introducing Uncertain Performance Expectations in Satisfaction Models for Services," *International Journal of Service Industry Management* 10, no. 1 (1999), pp. 82-99.
25. Sidney J. Levy, "Interpreting Consumer Mythology: A Structural Approach to Consumer Behavior," *Journal of Marketing* 45 (Summer 1981), pp. 49-61.
26. Roy Furchgott, "Rebel without an Engine," *Business Week*, September 15,1997, p. 8.
27. Rami Zwick, Rik Pieters, and Hans Baumgartner, "On the Practical Significance of Hindsight Bias: The Case of the Expectancy-Disconfirmation Model of Consumer Satisfaction," *Organizational Behavior and Human Decision Processes* 64 (October 1995), pp. 103-17.
28. David Glen Mick and Susan Fournier, "Technological Consumer Products in Everyday Life: Ownership, Meaning and Satisfaction," Marketing Science Institute, report no. 95-104, May 1995; and Fournier and Mick, "Rediscovering Satisfaction."
29. Susan M. Keaveney, "Customer Switching Behavior in Service Industries: An Exploratory Study," *Journal of Marketing* 59 (April 1995), pp. 71-82.
30. Oliver, *Satisfaction*; and Cathy Goodwin and Ivan Ross, "Consumer Responses to Service Failures: Influence of Procedural and Interactional Fairness Perceptions," *Journal of Business Research* 25 (1992), pp. 149-63.
31. Marielza Martins and Kent B. Monroe, "Perceived Price Fairness: A New Look at an Old Construct," in *Advances in Consumer Research*, vol. 21, ed. Chris Allen and Deborah Roedder John (Provo, UT: Association for Consumer Research, 1994), pp. 75-78.
32. Dwayne D. Gremler and Stephen W. Brown, "The Loyalty Ripple Effect: Appreciating the Full Value of Customers," *International Journal of Service Industry Management* 10, no. 3 (1999), pp. 271-93.
33. Eric J. Arnould, Linda L. Price, and Patrick Tierney, "High Water, Low Water: The Emotional Moments of River Rafting," working paper, University of South Florida, Tampa, 1997.
34. Malcolm Gladwell, "Annals of Retail: Clicks and Mortar," *The New Yorker*,

December 6, 1999, pp. 106-15.

35. Kate Waterhouse and Ann Morgan, "Using Research to Help Keep Good Customers," *Marketing and Research Today*, August 1994, pp. 181-94.
36. Paul R. Timm, "Use the Profit Power of Customer Service," *Executive Excellence* 7 (June 1990), pp. 19-20.
37. Alan R. Andreasen, "Consumer Responses to Dissatisfaction in Loose Monopolies," *Journal of Consumer Research* 12 (September 1985), pp. 135-41.
38. Claes Fornell and Robert A. Westbrook, "The Vicious Circle of Consumer Complaints," *Journal of Marketing* 48 (1984), pp. 68-78.
39. Claes Fornell and Nicholas M. Didow, "Economic Constraints on Consumer Complaining Behavior," in *Advances in Consumer Research*, vol. 7, ed. Jerry Olson (Ann Arbor, MI: Association for Consumer Research, 1980), pp. 318-23.
40. Chow-Hou Wee and Celine Chong, "Determinants of Consumer Satisfaction/Dissatisfaction towards Dispute Settlements in Singapore," *European Journal of Marketing* 25, no. 10 (1991), pp. 6-16.
41. Claes Fornell and Birger Wernerfelt, "Defensive Marketing Strategy by Customer Complaint Management," *Journal of Marketing Research* 24 (November 1987), pp. 337-46; and Claes Fornell and Birger Wernerfelt, "A Model for Customer Complaint Management," *Marketing Science* 7 (Summer 1988), pp. 287-98.
42. Marsha L. Richins and Bronislaw J. Verhage, "Cross-Cultural Differences in Consumer Attitudes and Their Implications for Complaint Management," *International Journal of Research in Marketing* 2 (1985), pp. 197-206.
43. Fornell and Westbrook, "The Vicious Circle of Consumer Complaints." See also Rom Zemke and Kristin Anderson, "Customers from Hell," *Training* 27 (February 1990), pp. 25-33; and "Study Says It Pays to Settle All Complaints," *DM News*, September 1, 1984, p. 21.
44. Jacob Jacoby and Robert W. Chestnut, *Brand Loyalty: Measurement and Management* (New York: Wiley, 1978); and Alan S. Dick and Kunal Basu, "Customer Loyalty: Toward an Integrated Conceptual Framework," *Journal of the Academy of Marketing Science* 22 (Winter 1994), pp. 99-113.
45. Michael A. Jones and Jaebeom Suh, "Transaction-Specific Satisfaction and Overall

Satisfaction: An Empirical Analysis," *Journal of Services Marketing* 14, no. 2 (2000).

46. Terence A. Oliva, Richard L. Oliver, and Ian C. Macmillan, "A Catastrophe Model for Developing Service Satisfaction Strategies," *Journal of Marketing* 56 (July 1992), pp. 83-95.
47. George B. Sproles and Elizabeth L. Kendall, "A Methodology for Profiling Consumers' Decision Making Styles," *Journal of Consumer Affairs* 20 (Winter 1986), pp. 267-79.
48. Oliver, "Whence Consumer Loyalty?"; Hugo Tranberg and Flemming Hansen, "Patterns of Brand Loyalty: Their Determinants and Their Role for Leading Brands," *European Journal of Marketing* 20, nos. 3-4 (1986), pp. 81-109.
49. Leonard L. Berry, *On Great Service: A Framework for Action* (New York: Free Press, 1995).
50. Steven Skinner, "Individuals' Commission of Customer Fraud Acts: Theory Development and Managerial Insights," manuscript under review, *Journal of Marketing*, 1999.

第十五章
處置宣告新的姿態
Disposition creates a new attitude

廢棄是超出產品預期價值的生產和消費過程的副產品。處置是丟棄不希望獲得的產品和服務，它是消費循環中無可避免的一環。處置有何魅力？處置如何成為競爭利基？本章聚焦於處置史觀、處置過程、自願和非自願，以及各種處置類型。其次，探討影響處置的重要變數，包括產品、競爭和生命週期等。最後，探討綠色區隔與環保兩難困境。

15.1
瘟疫和神殿

消費處置（disposition）有何魅力？第一，處置是一項成長產業，包括汙染防制和廢棄處理。例如，Aeroquip環保公司資本額三千萬美元，銷售額達到三億萬美元。英國Stonyfield酸乳酪農場採用環保概念重新設計製程，透過裝設汙水熱源回收系統，每年節省數以千計美元。迄今，許多企業發展同時兼顧獲利、環保和社會責任。事實上，環保設計（design for environment, DFE）已經成為重要的競爭策略，意指產品設計更易於回收再用。1991年，Xerox宣告環保為企業經營使命；1999年，該公司回收一億六千萬磅廢棄物，等於十萬名美國人一年垃圾產量，另外，透過零組件回收再用系統，工廠減廢、再用和回收，該公司節省了五千萬美元。Energy Star公司推動產品製程節能策略，每小時節省電力足供三十萬美國人一年的電燈耗能。Volvo汽車採用水塗料製程降低環境副作用，加上投入昂貴的空汙設備，結果導致Volvo汽車更具綠色競爭力。同樣地，日本Mazda汽車推出燃料電池和氫引擎等環保產品。

第二，處置是重要的公共政策議題，西方國家擁有重要的環保監測系統，產品製造及使用的環境污染，都受到政府立法規範限制。德國綠色法案（take-back）嚴格管理包裝廢棄回收。事實上，公共政策議題範圍廣泛，包括何謂有機食品？誰該負責放射性廢棄物？何者屬於危險廢棄物？例如，近年來歐洲萊茵河流域六國簽署禁倒廢棄物公約。波蘭、德國和捷克的共同邊界俗稱《黑色三角區》，電廠廢棄物嚴重汙染環境。美國原住民部落希望透過開放廢棄物儲存場，為窮困的原住民保留區增加稅收，不過，同樣遭到鄰近州鎮的強力反對。

第三，處置具有管理實務的意涵，不同消費循環階段的處置問題，可以創造許多潛在的消費商機，近年來環保責任逐漸受到重視，它會影響消費價值和經營成本。處置也提供了重要的消費行為觀點，例如，透過垃圾分類可以分析有用的資訊，關於消費偏好、購買行為和品牌忠誠。相較於實際宣稱和回收行為，垃圾提供更確切的購買、消費和拋棄資訊。

人類向城鎮和都市移居，處置問題隨處可見。從史前到古文明時代，垃圾經常被人丟在住家旁邊，當作廢棄物或建材新料。在古希臘和羅馬，垃圾常被丟向街道或沿著城市河岸漂流。中東國家如敘利亞、伊拉克、以色列和伊朗，垃圾星羅棋布終至成為一座小山。事實上，許多古代建築遺跡都是連續的堆放廢棄物所致，例如，馬雅人利用家庭廢棄物建立知名的馬雅神殿。另外，古代的廢棄物加工再用案例不勝枚舉。古代陶器類似現代玻璃或塑膠，回收之後的陶瓷碎片常被用來重新鍛鍊，成為陶瓷新品的製造原料。石造建築物如大理石，則是經常被切割成為餐具，其他包括利用廢棄大理石和石頭，建造出垂直的建築物羅馬競技場，它是當今全球知名的露天礦場。

處置已經成為全球重要問題。歐洲中世紀末，無法妥善處置的城市廢棄物，導致黑色瘟疫造成四分之一人口死亡。工業時期，許多家畜經常漫步都市街道，造成市街滿佈垃圾成為飼養場。迄今，基於健康、惡臭和流行病等因素考量，溫泉區和夏日遊樂場開始著手廢棄回收。雖然美國政治家富蘭克林（Ben Franklin），最早呼籲訂定廢棄物處理法，然而，直到十九世紀，廢棄物處置系統才在美國開始普及。至於第三世界的回收系統則略有不同，例如，胡志明市、開羅、馬尼拉或墨西哥市，拾荒者（*pepenadores*）依靠城市廢棄物生活，他們系統性回收都市垃圾，包括空瓶、硬紙、金屬、紙、塑膠和骨頭廚餘。效率的拾荒系統明顯地影響環保政策。二十一世紀，類似的經濟型態也在美國真實上演，波士頓後灣地區原是一塊優美濕地，目前堆放著大量砂礫和垃圾，許多美國搭荒者也是憑藉它而生活。

事實上，美國早期歷史強調儉約價值，不過，隨著消費文化發展逐漸消失，經濟蕭條期間，節約再度成為重要美德；第二次世界大戰期間，美國政府大力宣揚節能和回收，全民支持戰備令人深刻印象，當時共回收了三千萬噸紙張、八億磅錫罐，不過，戰後民眾對於節約興趣缺缺。1960年，詩人藝術家Beat再度宣告節約價值；1970年，節約成為新興的環境運動；1973～74年，中東石油禁運，美國政府再度提倡及獎勵儉約價值和行為。無論如何，節約議題已經顯著地影響環境、公共政策以及全球消費文化。

15.2 處置作為一種分離

處置（disposition）不是一個事件而是一個流程，包括群體或個人與實體或情感。處置包括二項分離概念：第一、實體和空間；第二、意涵和感情。人們對於遺失、毀壞、被竊或遺棄特別懷念，主要是這些不存在的事物，仍然聯結特殊情感和意涵，例如，閣樓、地下室、衣櫃和貯藏室內，許多不常使用卻又無法割捨的物品。拍賣和跳蚤市場，透過面對面接觸和故事與資訊交換，提供物品順利移轉給他人的機制。另外，拍賣甘迺迪夫人賈姬的隨身物品，對於夫人而言，具體展現了實體和空間分離。然而，對於購買者而言，可以貼近六〇年代甘迺迪總統傳說中的意涵。

圖15.1顯示處置模型，從原料進入製程、分配、再由家庭或企業獲得、使用和處置，產品殘餘可以直接成為廢棄物，也可以透過間接蒐集和處理再用，例如，橡膠輪胎和煤渣路基。以下說明幾項重要處置方式：

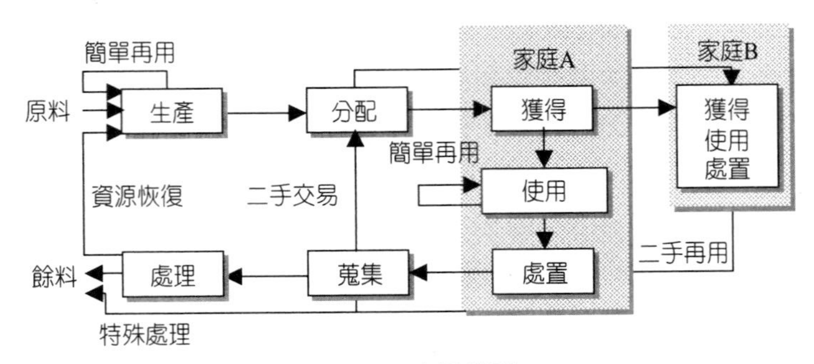

圖15.1 處置模型

簡單再用（simple reuse），意指不同於產品最初使用目的，例如，空瓶用來儲存物品；報紙和木條用來點火；廚餘用來餵養寵物；古董家具整修再用，簡單再用，包括從一種使用情境到另一種使用情境，以及從一種生產情境到另一種生產情境。

二手再用（secondhand reuse），意指用來贈送、銷售、或是與其他產品進行交易，這種交易稱為橫向回收（lateral recycling），包括跳蚤市場、拍賣網站、報紙分類等。另外，非洲塞內加爾民眾用馬口鐵罐作成行李，落後國家以廢棄報紙作成小屋，其他包括企業銷售二手機械給其他公司。

二手交易（secondhand trade），意指使用過的產品轉移給中間商再分配給新的使用者，例如，Second Harvest公司蒐集餐廳剩餘食品分配給二百家以上的食物銀行；二手汽車零件交易和房屋拍賣也是類似案例。對於特定市場區隔，二手產品具有獨特的附加價值，可以藉此表達自我特殊的理念或情感。二手產品通常維持最初的功能形式，例如，回收空瓶清潔之後，裝填相同的液體重新銷售。1930～40年是美國回收飲料空瓶的全盛時期。然而，由於此一回收系統並不周延，零售商和消費者開始產生抗拒。實務上，美國的空瓶回收率不高，除了少數幾州如紐約州和密西根州。部份歐洲國家，透過產品回收押金提高回收率。產品履歷（product biography），意指產品隨著時間變化的過程，包括從進入和退出市場，從一位消費者到另一位消費者，例如，女性經常從其他女性手上收到瓷盤、銀碟、亞麻製品等，這種獲得的感覺和價值，經常代表特殊的意涵和價值。另外，蒐藏家和博物館為古物或藝術品建立系譜，中國古畫卷中的紅色印記，代表先前蒐藏和象徵突然中斷。

資源回收（resource recovery），意指碎裂產品與重製新品，包括作為二手資源的產品或零件，例如，玻璃瓶或鋁罐重新鑄造，舊報紙漿化重新造紙，石膏板作為農場基底，塑膠瓶熔塑紡織成為衣服，庭院落葉作為農場或花園堆肥。許多企業成功地投入資源回收產業獲利。資源回收與零售退還有關，政府或企業經常遭遇後向通路（backward channel of distribution）的管理問題，上述通路的產品移動和傳統通路相反，意即從消費者到生產者。例如，胡志明市擁有複雜的廢棄物後向通路回收系統。杜邦公司透過廢棄物回收計畫成功創造後向通路，無論如何，成功發展資源回收取決於後向通路，其他包括市場成熟程度和立法配合。

特殊處置（special treatment），意指從處置到餘料的過程。危險廢棄物經常必須特殊處理，例如，特殊焚化。廢棄物若未能特殊處理，可能導致嚴重的問題。無論如何，全球資源回收產業蓬勃發展，而處置過程中，供給和需求角色出現反轉，意即廢棄物由消費者生產，而由生產者負責消費。

表15.1詳列自願和非自願（voluntary and involuntary）處置行為。自願處置行為，意指當產品價值低於成本，人們會考慮各種處置方法。處置過程未必合理，感覺和情感扮演重要角色，衝動購買也有衝動的處置原因。特殊的文化把自願處置視為理所當然，例如，佛教。佛教認為想望擁有是一切問題的根源，佛教接受人們可以擁有但不要過度。自願處置未必符合經濟觀點，但卻影響消費態度和信仰，它會降低物質主義和欲望，提升自我並將擁有與他人分享。

表15.1　自願和非自願處置

自願	焦點		
	個人	人際	社會
銷售（轉換金錢）	拍賣網站銷售不需要的商品	出賣身體、血液、藝術、蒐集、手藝或想法；跳蚤市場	銷售能源、廢料、無線頻道、二手商品和武器
交易（轉換特定資源）	交換工作、睡眠、休閒時間；表皮移植	勞力交換、想法交換、球員交易、日間托兒	相對交易
贈送（轉換特定意涵）	利他主義、歸屬動機	器官捐贈、慈善、舊衣轉贈、房屋繼承、提供建言	土地、勞力、社會、服務和時間重新配置
回收（轉換其他物品）	回收再製物品、舊屋木板作為相框、堆肥	回收排泄物、報紙、鋁、輪胎、紙	回收建物、街道、廢水、礦物或設備、廢墟
丟棄（社會允許）	垃圾桶、汙水系統、掩埋、減肥、放棄不健康生活方式	離婚、分手或斷絕	棄置外太空或海洋、儲備核子化學廢棄物
丟棄（社會不允許）	丟棄於公共場所	遺棄家人和寵物、違反行為規範、背信	遺棄窮人、遊民、殘障者、弱勢族群、政治夥伴、環保責任
耗盡（具體消費）	飲食、非再生資源、衣服或工具毀損	占用辦公時間和他人資源	生態系統、徵召打仗
破壞（蓄意損壞）	自殺、縱火、撕毀舊照或情書	縱火、安樂死、殺嬰、謀殺、恐怖主義、街坊變紅燈區	戰爭、屠殺、革命、刺殺

表15.1　自願和非自願處置（續）

非自願	焦點		
	個人	人際	社會
消耗	意外或不經意消耗財產、食物和時間	會議冗長費時、他人消耗資源或產品	臭氧層、深海漁業、新鮮空氣和乾淨水源
移轉（合法）		專利或智慧財產到期、離婚損失財物和小孩、房屋或汽車回收、遺產分配	戰爭賠款；邊界重劃
移轉（非法）		搶劫、偷竊、勒索、行賄、侵害專利或智慧財產、水貨市場	藝術品或古物遭竊、戰爭失去的土地和人口、黑市
損失	失去物品、資訊、時間	愛人死亡、朋友失聯	古蹟、檔案、記錄、英雄事蹟、價值、歷史忽視
破壞	毀壞、死亡	破壞或竊盜、謠言或八卦、敗光家產	過多人口或汙染破壞自然資源或生態；戰爭或傳染病消滅人口；濫用化學導致男性精蟲降低

非自願處置行為，例如，收到不合時宜的生日或結婚禮物、結婚戒指遺失或遭竊、典當、離婚放棄家產。死亡是最後一種非自願處置行為，因為你不可能帶到另一個世界。表15.1指出非自願處置行為類型，其中非自願性的失去非常普遍，例如，美國人的離婚比率接近五成。同樣地，歐洲和非洲的離婚情況也很普遍。離婚經常導致人們的財產損失，其中以女性受到較大損害。另外，民眾因為偷竊、搶劫或搶劫未遂造成財產損害，受害

者多數是女性、年長者、單身和貧窮者。搶劫、侵入、認知個人失去控制，以及被汙染等具有共同的感覺。迄今多數民眾，接受以保險來確保各種損失賠償，不過，類似的產品或服務，並非始終有效，其間是否存在許多潛藏危機？

15.3 木乃伊上太空

處置的類型很多，人們經常想到的方式就是拋棄（discard），而不是再用或回收。美國是一個廢棄物製造社會。在美國，每年廢棄物達到一百二十億公噸，平均每人每天達到二公斤。美國人每年出產超過二十公噸二氧化碳；加拿大人十九公噸；德國人十公噸。雖然日本人每天廢棄物只有一公斤，然而，日本是一個典型的拋棄文化，由於新產品單價過高，以及討厭使用二手商品。東京每週廢棄物數量驚人，許多產品處於全新狀態，因此，學生等族群擁有許多再用產品選擇。消費社會愈多樣和新奇，人們愈常選擇拋棄。富裕國家的拋棄數量高於貧窮國家，提供消費者更多樣和新奇的產品，可以進一步催化消費者的拋棄行為。

二手市場、橫向回收、跳蚤市場、車庫銷售都是現代消費社會特色。處置銷售（selling），意指在非正式市場交易用過的產品。三成四的美國家庭用品常被交換或銷售給他人，包括面對家庭生命週期改變、遷居、角色轉型如離婚。相較之下，傳統回收的使用方式和使用者都在改變。然而，二手市場和橫向回收，使用者改變但使用方式仍然不變。至於車庫銷售，六〇年代初期流行於美國加州，隨後遍佈全美。最初銷售規模不到一千萬美元，目前每年達到二十億美元，二〇和三〇年代，參與者多數是勞動和中產階級。網路拍賣eBay可以視為電子跳蚤市場，它促進了橫向回收但不利於傳統跳蚤市場。迄今，eBay經營品項超過四千類，包括汽車、古董、紀念品、電腦、玩具、畫像、錢幣、郵票、書、雜誌、音樂、陶器、玻璃、照片、電子產品、珠寶飾品等。每天拍賣金額達到四百萬美元，網路拍賣不像傳統市場，它也提供社群需求，例如，網友聚會分享共同興趣。車庫銷售具有四項主要動機：第一、創造一種許可和賦權的感覺。第二、創造一個反應共同興趣的感覺。第三、創造一種降低仰賴傳統零售的感覺。第四、創造一種共同社群橫向回收的感覺。另外，車庫銷售品項可以反應出性別規範和價值，特殊的品項吸引特殊的性別，男性通常偏好工具、娛樂、傳動裝置和電腦設備，透過價格協商可以展現男性的專門知識。最後，處置可以宣告實體和情感分離，透過銷售分離個人意涵和擺脫過去，包括一個不美好的過去自我、離婚配偶、已逝家人。銷售可以是一種情感事件，具有獨特的剝奪儀式意涵，例如，淨空、分類、佈置和標識，透過移轉儀式可以淨空產品意涵。

慈善被視為是一項重要的美德。捐獻（donation）雖然會隨著不同文化產生變化，不過，它是天主教、伊斯蘭和許多新興教派的共同特色。另外，每年數百萬人捐血給國際紅十字會，捐獻是全球慈善組織的重要生存命脈，包括美國最大的飢餓救援組織（second harvest），全美共有二百個食物銀行，透過五萬個慈善機構發放食物給饑餓者，每年拯救二千六百萬人免於饑苦，其中八百萬人是兒童。許多國家也會鼓勵人們捐出身體器官，例如，眼睛、器官、精液。其他包括捐獻衣服給慈善團體，不過，部份二手衣會被出口到非洲零售商店獲利。捐獻屬於獨特的處置行為，不像一般的行銷交換，偶爾，捐獻過程反應出嚴肅或歡樂的感覺。捐獻不同於送禮，同時考量到互惠和維持關係，捐獻即使接受任何報償，經常也是無形的或延遲的。

贈予（gift）是消費和獲得也是處置。繼承（inheritance）意指年長者贈予傳承物給年輕人表達回憶，不同的社會存在不同的繼承方法，包括有形資產（不動產和動產）和無形資產（經驗知識）。西方社會的繼承具有平等主義精神。1995年和2000年間，嬰兒潮贈予金額達到一百萬兆美元，它是美國最大的跨世代財富移轉。日本的繼承和美國存有明顯的文化差異，八成四的美國人和四成四的日本人，採取平等繼承方式。隨著人口逐漸老化，繼承問題逐漸受到關注，它提供了許多新興行銷機會。在南亞和非洲，女方嫁妝和男方聘禮代表另一種準繼承（pre-inheritance），金額規模隨著不同社會地位產生變化。嫁妝和聘禮規模明顯地影響新家庭的生活，消費創新擴散可以透過上述習俗加以移轉，女性可以透過嫁妝規模在新的家庭發揮影響。

儲存（store）功能多數由零售通路進行。一般而言，人們也會儲存食物、有價的和神聖的物品，例如，澳洲原住民透過存放雕刻彩板alcheringa祭祠神靈。個人、群體或組織把個人或組織歷史存在博物館裡。現代人把老舊家庭用品放在家中角落。家是重要的儲存空間，儲存可以穩定人們的生活。另外，時間鑲飾產品（time-marketed good）包括戰利品、紀念品、獎品、宗教手工藝、結婚禮物和照片等，可以讓人回憶過去和發現自己的改變，人們也會隨身攜帶許多物品，透過記憶拯救當下和支持自我的感覺，消費選擇時也可以作為內在搜尋的參考。

家庭的閣樓或地下室，經常成為特殊擁有的儲藏空間，上層階級家庭透過蒐集儲藏來宣告差異和優勢地位；一般人則是藉此傳達獨特意涵和自我，這些儲藏物品包括祖傳物、亞麻布製品、年鑑、黃頁、舊玩偶等。人們經常表示儲藏物品具有未來需求。閣樓和地下室讓人消磨時間，儲藏讓人回憶，回憶讓人新生。儲藏空間讓人回憶自己、事件、他人和過去時光。

現代消費社會的儲藏現象創造許多行銷機會，包括透過購買紀念品可以保留旅遊經驗記憶。另外，許多企業提供特殊化的儲藏產品和服務，例如，美國猶他州Summum公司採取埃及木乃伊作法，把往生者屍體保留移至博物館供子孫憑弔，最低收費四萬美元，儲藏方式還有眾多選擇，迄今，全球喪葬產業規模高達百萬兆美元。

回收（recovert）一直是消費行為的重要議題，特別是面對能源危機、世界大戰、垃圾掩埋空間短缺等問題。八〇年代中期，全球環保概念興起，提高人們對於回收問題的關注。研究顯示廢棄物回收率，主要受到立法和課稅影響，近年來各國特別強調包裝回收，例如，歐盟和美國都嚴訂廢棄包裝回收比率，荷蘭推出新環保政策計畫II，要求生產者必須負責產品回收。上述法令顯著影響企業的包裝設計可以回收再用。例如，Body Shop美容、KLC航空、Nestle食品、Volvo和BMW汽車，都紛紛投入回收製程和產業。封閉製造（close-manufacturing），意即在產品設計階段納入回收概念，它開始於北歐、德國和日本。例如，BMW和VW Golf汽車設計可以完整回收；Detroit 汽車的封閉製造可以回收塑膠零組件和煞車墊；日本也正由政府立法持續推動類似計畫。

15.4
有星號、沒星號、有星號

影響處置的因素很多，產品因素方面可以分為內在和外在，內在因素方面，原料、價格和替換成本影響處置決策。例如，產品原料屬性會影響回收，由於鋁和鋁礦價格較高，因此鋁製品容易回收，其他包括紙、塑膠和有機物等。橡膠回收市場已經相當成熟，不過，硫化橡膠輪胎則是較難回收的產品。另外，高成本降低處置行為，銷售成為最佳處理策略，高價產品可以透過次級市場達到回收目的。

外在因素方面，情境因素包括財務、儲藏空間、流行改變、使用背景、獲得方法、合法性如避稅和罰款、外部性等都會影響處置行為。付費和課稅可以促進回收行為，其他包括不同的利益社群和公共政策態度和壓力，例如，雨林行動網（Rainforest Action Network）和綠色和平組織（Greenpeace）成功遊說IKEA公司，減少或停止銷售原木家具。政府法規方面，例如，1999年，殼牌石油支付三百萬美元解決違反政府環保法案罰款。綜合言之，發展回收市場可能比包裝回收更為重要。事實上，人們對於環保的承諾，通常只是扮演被動盡責的角色，產品價格和不方便情境因素等，對於綠色消費行為更會造成負面影響。一般而言，人們不願意自己的行為和環保產生關聯，價格也比環保因素更會影響消費購買決策。

競爭壓力方面，包括市場需求和產業競爭，例如，1994年，美國纖維原料供應短缺，最後每一短噸價格飆至一百四十美元，供應短缺導致回收需求提高。產業競爭壓力也會促進廢棄物處理。例如，Ford汽車承諾提高休旅車三成節能效率，通用和

CHRYSLER也提出類似宣言，Saturn汽車訴求值得信賴的環保設計，藉此創造獨特差異化的市場定位，殼牌石油則是宣稱產品可以降低溫室氣體排放，技術水準超過京都環保議定書規定。產業競爭壓力也會被視為是產業自我規範，ISO 140000就是重要環保管理標準，它能讓企業減少浪費，提高效能，宣告企業對於環保的友善承諾。競爭壓力也會影響人們的處置行為，Dr. Seuss曾經寫過一段有趣的童話，Sneetches是一群利用星號來揭示自我優越的生物，結果一位行銷人員，帶來了一部可以標識和移除星號的機器，他幫有星號的去星號，沒星號的打星號，有星號、沒星號、有星號、沒星號，直到行銷人員賺飽了離開，Sneetches終於明白流行的荒謬。

生命地位變化也會影響人際互動的規範和期望。生命地位變化包括出生、成長、結婚和死亡，例如，生理和心理、工作和財富、家庭生命週期、遷移和失去關係等變化，它會影響人們的處置行為，透過處置某些象徵物品可以表達上述變化。回收行為也和家庭生命週期有關，沒有小孩的年輕家庭的回收率較高，有小孩的家庭的回收率遞減接近至零，空巢期特別是老夫妻和成年小孩的回收率又開始上升。自願和非自願的生命地位改變也很重要，前者包括自願遷移、就業和結婚，人們經常願意拋棄先前生命階段的財產，例如，日本年輕暴走族結婚或踏入職場，很快拋棄珍愛的摩托車和獨特服飾，藉此宣告不再認同暴走精神。後者包括失業、被迫遷移、退休、愛人死亡或離婚。自願和非自願的處置方式非常不同，例如，十九世紀的摩門教難民，艱苦遷移至北美最終抵達猶他州，即便面對生命艱險階段，他們仍然堅持保留許多珍藏的物品。

財務惡化也是非自願改變，它會讓人減少消費或處置不必要的休閒產品，其間可能產生心理反抗（psychological reactance），意指對於自由受到威脅的回應。離婚也是非自願的改變，必須面對先前象徵角色的處置行為。年老、退休和死亡也有必須克服的特殊、緊張、複雜的處置問題，人們經常不願意討論年老處置問題，老年人的擁有代表生命歷程和情感，擁有的價值取決於擁有的時間長度，擁有提供人們回憶過去生命意涵，延續或拋棄經常是一種痛苦的過程，對於老年人非常重要。協助老年人處置珍藏物品的事業商機無限，透過產品和服務來記錄和儲存特殊的擁有意涵。

最後，疾病和死亡也要面對複雜的處置問題，它會產生一個自願和最終的非自願的處置行為。疾病如同是自我失控和自我縮小，它可以改變對於自我的感覺。了解死亡的知識，可以改變對於物質擁有的執著，至於死亡之後，擁有則可以成為記憶的重要象徵。另外，死亡也能成為一種無意識的欲望，一種追求無窮刺激就此停歇，如同弗洛依德指涉近乎死亡的涅槃（nirvana）滿足。消費主義就連上述死亡滿足也能照單全收，比如，恐怖殺戮的線上遊戲和報章書籍。

15.5 慢活的囚犯困境

傳統的行銷目標包括二項：第一、滿足消費需求；第二、達成組織目標，例如股東財富、市場占有率和銷售。二十一世紀，人們更期待企業達到第三項目標——永續行銷：綠色導向可以作為市場區隔，意指行銷應該與生態環境相容，強調降低成本和提高社會福利。綠色區隔（green segment）意指消費行為與環境態度緊密相關的特殊群體，例如，減少消費和購買有機或回收產品，表15.2顯示各種綠色區隔。棕色區隔則是漠不關心環保的一群，該群的所得、教育和環境知識、自我效能感覺較低，較不關心環境、製造、包裝和廢棄處置。1998年，加拿大研究指出，民眾關心產品包裝可否回收（五成）、綠色（六成）、自然有機（五成）；一成五認為自己是環保消費者，五成以上表示環保會影響購買行為，一成三表示並不關心環境。另外，2001年，荷蘭研究發現，七成三民眾表示對抗環境污染刻不容緩，四十六到六十歲較二十五歲以下更警覺環保問題，七成八表示會努力保護環境，其中有九成七會進行垃圾分類，八成一會有效使用能源，七成八會有效使用水資源，六成會搜尋綠色包裝產品。

綜合言之，綠色區隔特質包括：心理如同其他消費動機、知識、情感、經驗和涉入明顯地影響處置行為。相較之下，綠色區隔年紀輕、高教育和高所得；性別、政治屬性和社會階級與綠色消費行為無關。綠色區隔意識到和極小化消費的隱藏成本，並且自願朝向簡化消費。綠色區隔展現強烈的自我效能，期望創造一個正向的環境效應。美國綠色消費研究指出，許多心理區隔指標，包括認知消費效益、利他主義、生態導向、簡樸主義等，可以用來代表綠色區隔生活型態，美國的綠色區隔人口約占總人口的一成三。因此，許多企業行銷吸引上述區隔，訴求包括：「節能」「慢活」「簡樸」。例如，伊利諾Bensenville麥當勞設立低耗能餐廳，包括高效能空調和天窗，減少戶內照明，強調創新環保和永續行銷。另外，環保運動服飾Patagonia訴求：「簡樸就是少買，但是Patagonia除外」。

在產品選擇方面，產品的處置會影響產品的選擇。許多綠

表15.2　綠色區隔

調查公司	區隔	特色	%
Roper/S.C. Johnson	忠實者（true-blue greens）	關心環保和實際行動一致	11%
	闊氣者（greenback greens）	願意購買高價綠色產品表達承諾	11%
	新生者（sprouts）	關心環保和行動表現普通	26%
	牢騷者（grousers）	批判他人不夠環保	24%
	冷漠者（basic browns）	不認為解決環保問題具有人際差異，行為低調	28%
Green MarketAlert	理想者（visionary greens）	堅信環保是生活方式而非只是購物型態，對於環保表達熱情承諾	5-15%
	馬虎者（maybe-greens）	高度關心環保議題，行為表現偶爾隨性	55-80%
	反對者（hard-core browns）	環保反對者其所得和教育水準較低	15-30%
Simmons Market Research Bureau	優質者（premium green）	言行表達都非常忠於環保，願意付出高價	22%
	傳統者（red white and green）	言行表達同樣忠於環保，偏重於自我領域和生活方式	28%
	口號者（no-costs ecologists）	感覺像是積極投入者，但很少行動或付出金錢，政府例外	28%
	隨性者（convenient greens）	環保態度強烈但行動隨性只求生活便利	11%
	冷漠者（unconcerneds）	極度冷漠環保議題	19%

色區隔認知到生產、行銷和處置過程，將會導致龐大的社會和環境成本，因此，他們透過購買決策行為極小化上述成本，研究顯示企業環保聲譽明顯地影響消費決策。不過，經濟理性同樣明顯影響環保消費決策，例如，環保產品提供價格折扣。無論如何，迄今綠色產品價格經常高於傳統產品。因此，創新設計和製程是重要的策略優勢。最後，環保問題如同是囚犯困境（prisoners dilemma）理論，意即所有人遵守規則可以獲利，若少數人不遵守其利得將超過他人。因此，不信任可能導致綠色行為降低，如果企業希望提高消費者對於綠色行銷的熱情，行銷溝通必須考量各種抗拒行為和潛在的囚犯困境。

15.6 結　論

處置和其他消費行為緊密相關，處置不是一個事件而是一個流程，它涉及了實體和空間，意涵和情感，以及自願和非自願。處置類型包括拋棄、捐獻、銷售、贈予、儲存和回收等。情境和個別因素會顯著地影響處置，心理和社會因素同樣顯著地影響處置行為。其他包括人口統計、價值、態度、知識和信仰則較不明顯。綜合言之，影響處置的因素可以包括產品因素、競爭壓力、生命地位改變等。近年來綠色區隔深受矚目和重視，象徵高度涉入的處置行為顯著地影響消費。無論如何，處置可以是一種被動的懸空（弔），讓人把意涵和感覺加以延擱，將盡未盡，利於獨特的情感意涵延伸拉長。另外，處置也可以是一種積極的宣告姿態，宣告一種「後」——新的從前。對付過去的方法，成為過去，現在就是從前，從前因此失去了魔咒。

延伸閱讀

1. Arnould, E., Price, L. and Zinkan, G (2002), *Consumers*, 2e, McGraw-Hill.
2. Bocock, Robert (1993). *Consumption*. London: Routledge.
3. Storey, John (1999). *Cultural Consumption and Everyday Life*. London: Arnold.
4. William Rathje and Cullen Murphy, *Rubbish: The Archaeology of Garbage* (New York: Harper College, 1992).
5. Catherine A. Roster, "Letting Go: The Process and Meaning of Dispossession in the Lives of Consumers," in *Advances in Consumer Research*, vol. 28, ed. Joan Meyers-Levy and Mary Gilly (Provo, UT: Association for Consumer Research, 2001), pp. 425-30.
6. Calvin Trillin, "One More Lot," *The Nation* 262 (May 20, 1996), p. 6.
7. Simone Field, Hazel Barrett, Angela Brown, and Roy May, "The Second-Hand Clothes Trade in the Gambia," *Geography* 81, no. 4 (1996), pp. 371-74.
8. Chad W. Autry, Patricia M. Daugherty, and R. Glenn Richey, "The Challenge of Reverse Logistics in Catalog Retailing," *International Journal of Physical Distribution & Logistics Management* 31, no.1 (2001), pp. 26-37.
9. Jacob Jacoby, Carol K. Berning, and Thomas F. Dietvorst, "What about Disposition?" *Journal of Marketing*, April 1977, pp. 22-28.
10. Scott Dawson and Gary Bamossy, "If 'We Are What We Have,' What Are We When We Don't Have?: An Exploratory Study of Materialism among Expatriate Americans," *Journal of Social Behavior and Personality* 6, no. 6 (1991), pp. 363-84.
11. Paul Hawken, "Resource Waste," *Mother Jones*, March-April 1997, pp. 44-46; and United Nations, *Human Development Report 1998* (New York: United Nations Development Program, 1998).
12. John Clammer, "Aesthetics of the Self: Shopping and Social Being in Contemporary Urban Japan," in *Lifestyle Shopping: The Subject of Consumption*, ed. Ron Shields (London and New York: Routledge, 1992), pp. 195-215.
13. Elizabeth Razzi, "A Profitable Way to Ditch Your Junque," *Kiplinger's Personal*

Finance Magazine 50, no. 6 (1996), pp. 100-2.

14. Stephen M. Soiffer and Gretchen M. Hermann, "Visions of Power: Ideology and Practice in the American Garage Sale," *Sociological Review* 35, no. 1 (1987), pp. 48-83.
15. Gretchen M. Hermann, "His and Hers: Gender and Garage Sales," *Journal of Popular Culture* 29, no. 1 (Summer 1995), pp. 127-45.
16. Karen Tranberg Hansen, *Salaula: The World of Secondhand Clothing and Zambia*, (Chicago, University of Chicago Press, 2000); and George Packer, "How Susie Bayer's T-Shirt Ended Up on Yusuf Mama's Back," *New York Times Magazine*, March 31, 2002, pp. 54-59.
17. Debra S. Judge and Sarah Blaffer Hardy, "Allocation of Accumulated Resources among Close Kin: Inheritance in Sacramento, California, 1890-1984," *Ethnology and Sociobiology* 13 (1992), pp. 495-522.
18. "Baby-Boomers Slated to Inherit Nearly $10.4 Trillion," *Trusts & Estates*, September 1994, pp. 6-10; and "Baby Boomers Slated for Inheritance Windfall," *Journal of Accountancy*, July 1994, pp. 17-21.
19. Margaret Popper, "Not So Fixated on Bequests," *Business Week*, December 24, 2001, p. 26.
20. T . G. H. Strethlow, *Aranda Traditions* (Melbourne: Melbourne University Press, 1977); and A. Guillou and P. Guibert, "Le froid domestiqué : l'usage du congélateur," *Terrain* 12 (1989), PP. 7-14.
21. Peter Menzel, *Material World: A Global Family Portrait* (San Francisco: Sierra Club Books, 1994).
22. "The Death Business: Staying Alive," *Economist*, August 5, 2000, p. 61; Roy Rivenburg, "Return of the Mummy," *Los Angeles Times*, January 27, 1993, pp. E1, E27; and Thomas Lynch, "Socko Finish," *New York Times Magazine*, July 12, 1998, pp. 34-36.
23. "Waste Disposal: More Rubbish," *The Economist*, August 24, 2002, pp. 45-46.
24. OECD, *OECD Environmental Data* (Paris: Organization for Economic Cooperation and Development, 1995).
25. Raymond Communications, *News: How Do Countries Stack Up on Recycling*

Rates? (Riverdale, MD: Raymond Communications, 1995).

26. Paul Raeburn, "Don't Write off Energy Conservation, Mr. Cheney," *Business Week*, May 14, 2001, p. 46; and Shell International Petroleum Company, *How Do We Stand? People, Planets and Profits: The Shell Report 2000* (London: Shell International Petroleum Company, 2000).
27. Richard R. Wilk, "Learning Not to Want Things," working paper, presented at the annual meetings of the Association for Consumer Research, Tuscon, AZ, October 1996, pp. 10-13.
28. "Curbing Pollution an Urgent Task," *Beijing Review* 39, no. 32 (1996), p. 4; Joseph Weber, "3M's Big Cleanup," *Business Week*, June 5, 2000, pp. 96-98; and Shell International Petroleum Company, *How Do We Stand*?
29. Suzanne C. Gruenert, "Everybody Seems Concerned about the Environment, but Is This Concern Reflected in (Danish) Consumers' Food Choices?" working paper. First European Association for Consumer Research Conference, Amsterdam, 1991.
30. Russell W. Belk, "Moving Possessions: An Analysis Based on Personal Documents from the 1847-1869 Mormon Migration," *Journal of Consumer Research* 19 (December 1992), pp. 339-61.
31. Donald A. Fuller, *Sustainable Marketing* (Thousand Oaks, CA: Sage Publications, 1999), p. 4.
32. Minette E. Drumright, "Socially Responsible Organizational Buying: Environmental Concern as a Noneconomic Buying Criterion," *Journal of Marketing* 58 (July 1994), pp. 1-19.
33. Paul H. Ray, "The Emerging Culture," *American Demographics*, February 1997, pp. 28-34, 56; and Robert D. Straughan and James A. Roberts, "Environmental Segmentation Alternatives: A Look at Green Consumer Behavior in the New Millennium," *Journal of Consumer Marketing* 16, no. 6 (1999), pp. 558-75.
34. Henry David Thoreau, *Walden* (New York: Random House, 1937).
35. Fuller, *Sustainable Marketing*, pp. 338-41; and George M. Zinkhan and Les Carlson, "Green Advertising and the Reluctant Consumer," *Journal of Advertising* 24, no. 2 (1995), pp. 1-6.
36. Suzanne C. Grunert, "Green Consumerism in Denmark: Some Evidence from the

KO Foods Project," *Der Markt* 126, no. 3 (1993), pp. 140-51.

37. Lalit M. Johri and Kanokthip Sahasakmontri "Green Marketing of Cosmetics and Toiletries in Thailand," *Journal of Consumer Marketing* 15, no. 3 (1998), pp. 265-81.
38. Robert N. Bellah, Richard Madsen, William M. Sullivan, Ann Swidler, and Steven M. Tipton, *Habits of the Heart* (Berkeley: University of California Press, 1985).
39. Naoki Hori, "Eco-Friendly Laws Turn Fabrics Green," *Nikkei Weekly*, March 12, 2001, p. 16.

索引

財經新視界 018

消費是一種翻譯

作　　者　陳智凱 (268.3)
發 行 人　楊榮川
總 編 輯　龐君豪
主　　編　張毓芬
責任編輯　侯家嵐　余欣怡
封面設計　盧盈良
出 版 者　博雅書屋有限公司
地　　址　106台北市大安區和平東路二段339號4樓
電　　話　(02)2705-5066
傳　　真　(02)2706-6100
劃撥帳號　01068953
戶　　名　五南圖書出版股份有限公司
網　　址　http://www.wunan.com.tw
電子郵件　wunan@wunan.com.tw
法律顧問　元貞聯合法律事務所　張澤平律師
出版日期　2010年10月初版一刷
定　　價　新臺幣350元

國家圖書館出版品預行編目資料

消費是一種翻譯 / 陳智凱著. — 初版. —
臺北市：博雅書屋, 2010.10
面； 公分
含索引
ISBN 978-986-6614-81-1 (平裝)
1.消費
551.85　　99015880